天下文化
BELIEVE IN READING

漫步華爾街

A Random Walk Down Wall Street

50週年增訂版

The Best Investment Guide That Money Can Buy

超越股市漲跌的成功投資策略

墨基爾 Burton G. Malkiel———著

楊美齡、林麗冠、蘇鵬元、陳儀、林俊宏———譯

目錄

Part 1　股票與股價

一門值得終生學習的學問

周行一
政治大學財務管理系名譽教授

多年前，當天下文化邀我擔任舊版《漫步華爾街》翻譯稿的校訂時，我著實興奮了一陣子，因為這本書是投資實務的經典之作，常為美國著名大學 MBA 投資學課程的指定參考書。它不像坊間一般的投資指南，缺乏堅實的理論及實證基礎，或完全以線圖或心理分析方法剖視投資，間接鼓勵了投機風氣。此書結合了投資理論及實務，深入淺出介紹投資理論，並巧妙轉換理論成實用的投資理財法則，對一直嘗試傳播正確投資觀念於國內的學者來說，這本書正是能幫助正確投資觀在國內迅速萌芽生根的利器，我怎能不興奮呢？

本書作者不斷修訂《漫步華爾街》，每次修訂版都有與時俱進非常值得閱讀的新材料，例如：新金融商品的介紹，他會分析不同商品對投資人的意義，建議投資人應以分散風險的角度評估新商品的投資效果，避免單純的投機行為。他也強調市

場泡沫是歷史的一部分，會一再的重演，投資人應從中學習教訓，不要一再受傷害，而且投資應以人生理財規劃為基礎，認識風險，了解人生不同階段的理財目標以及自己承擔風險的能力。最重要的是，作者強調被動型指數投資法並未因時空改變而失去其價值，不論新金融商品如何讓人目眩神迷，一般投資人還是應以分散風險，長期投資的角度切入投資，不能掌握這個原則的人，經常都是最後吃虧的人。

晚近投資學領域中最引人入勝的研究方向——行為財務學也已被納入，這是學術界針對傳統投資學的缺陷所產生的顛覆性論述。傳統上，財務經濟學家假設投資人會做出理性的決策，但是卻發現以這種假設為基礎所引伸出的理論無法解釋許多投資行為，例如：投資人會捨不得賣賠錢的股票，卻會趕緊獲利了結；有時投資人顯得信心滿滿，但有時又踟躕不前；投資人好像缺乏主見，喜歡跟著大家走。學者結合心理學的研究發現，解釋為何投資人會有不符合理性假設的行為，並提出一些方法，幫助投資人避免因心理作怪做出錯誤投資決策的機會。

很難想像，本書出版迄今已50年，算是非常少見的長青書，主要原因之一是，本書與時俱進，隨著時代不斷演進，這一次修訂是規模最大的，把近代發生的投資事件，有系統的介紹給大家，並且加以演繹，例如加密貨幣的投機、新冠疫情中產生的迷因股等，但是給讀者最重要的訊息仍舊是，被動、長期性的指數型投資仍舊是最適合投資人的投資方法，作者對於50年前給

的建議，隨著新的研究發現，信心更加堅定，歷久彌堅。

讀了本書之後，投資人會了解，投資不是畫畫股價線，看看電視上分析師的解說，或聽聽股友的小道消息，即可成功的。成功的投資人必須有正確的投資觀念，而觀念的建立必須植基於對投資學的理解，所以值得終生學習。一般人對投資學教科書望而怯步，乃因深奧繁複的數學公式，使讀者難以理解公式中的投資道理；本書幾乎沒有數學公式，即使有，也是極簡單的代數式，偶爾有計算的例子，數字演算過程也極簡單，這是本書的主要優點之一。作者以淺白易懂的文字講解投資理論及實證經驗，只要粗具算術底子的人便能看懂。但本書不是漫畫，隨意瞄過即可一窺堂奧，讀者需有反覆閱讀的心理準備，方能真正理解其內容。不過我認為本書對投資人最有用的訊息，在於將作者建議的投資原則應用在實務上是非常簡易的，只要願意有紀律的執行，任何人都可以輕而易舉的投資。

建立自己的投資觀

投資是理念的實踐，而非專靠投機碰運氣。就像遊戲，有的簡單無比，不需要花腦筋，例如：翻書比賽，翻單頁的贏，雙頁的輸，不需要任何學習，經驗累積也無多大用處；有的遊戲需要不停的練習，大量的思考才能增加贏的機會，例如：下象棋，象棋高手都有一套下棋理念，決定其下法。投資也是一

樣，經由不停的學習及經驗累積，投資人可以發展出一套適合自己的投資理念，這種理念也可稱作投資觀，是可以經由學習而進步的；學習的過程也許困難，但成果卻非常值得努力，讀者如果持學習的心態，願意花功夫去增進投資觀，本書可以給你無窮的益處。

好的投資理念，有賴於對投資理論及實證經驗的理解。舉個簡單的例子，報酬率與風險的關係為正比，所以長期投資所承擔的風險應比短期投資高，這是因為長期投資人不需於不利時機調整投資組合而遭受損失，因此可獲得較高的平均報酬。但不明此理的投資人於短線投機時，通常挑選風險最大的股票一搏，反而不符投資原則。

《漫步華爾街》的寫作目的，即在幫助投資人了解投資理論與實務，以培養健康的投資觀念，保障生活並增加財富。作者墨基爾以「漫步」為書名，語帶雙關，饒富深意。「漫步」給人的印象原應是輕輕鬆鬆、無憂無慮的；對情侶來說，更是羅曼蒂克的。但在投資學裡的含意，此二字卻能使以畫股價線圖為分析基礎的技術師或投資人毛骨悚然。因為它在投資學裡指的是，當時間改變時，資產報酬率的形態沒有規則可循，無法預期，致使報酬率呈現隨機「漫步」的情況，令搶短線的投機客非常頭痛，因為股價基本上是無法以線圖或其他已知的資料預測的。

投資不同於投機

　　每一個投資人都無可避免的想預測投資，因為正確預測股價的報酬實在太大了，代表的是無盡的財富。由於看圖說故事不需要投資分析的訓練，一般投資人自然習以為常的依賴技術分析線圖、市場耳語或消息為買賣依據，尤其台灣投資人的金科玉律是，不停的逢低買進或逢高賣出才可迅速累積財富，投機與投資沒有分別，所以「人氣」、「心理」、「消息」比任何因素都重要。但若股價果真這麼容易預測，為什麼我們周遭很少短期投資致富的人，反而常見到親朋好友損失不貲，股市大戶垮台的事情呢？

　　本書開宗明義即指出，兩大投資分析的理念；它們是偏重心理面的技術分析，與偏重預測公司表現的基本面分析。前者與作者所謂的「空中樓閣」（castles in the air）關係密切，而後者即作者所謂的「磐石理論」（firm-foundation theory），為當代新投資理論的基礎。墨基爾並不絕對排斥技術分析，而且認為技術分析可能獲利，但他建議投資人以理性的態度，把投資當作終生規劃的工具。

泡沫形成如出一轍

　　本書以介紹西方歷史上有名的投機泡沫開始，可見作者希望讀者避免參與類似投機而追悔不及的苦心。當人們基於預期

心理一窩蜂追逐股價，股價即會愈飆愈高，遠離其應有的價值，而形成「泡沫」，此時任何風吹草動都可能震破泡沫，使股價急劇下跌。最倒霉的當然是在泡沫破滅前承接的人，而在其他時間買進的投資人也不見得好過，因為泡沫一下子就破了，價格下跌速度非常之快，而且交易量極少，此即俗稱的「無量下跌」。古今中外泡沫形成及破滅的過程極為類似，墨基爾於書中所舉的 17 世紀荷蘭鬱金香投機熱潮、美國 1960 年代科技股價的瘋狂震盪情況與 20 世紀末的網路泡沫、21 世紀初的全球金融危機，形成的本質雷同，與 1989 到 1990 年台灣股市的情形，如出一轍。如果墨基爾也研究台灣股票的話，一定會大書特書這個泡沫的。

　　相信心理面為決定股價最關鍵因素的人，自然以預測泡沫的形成為目標，而以技術分析的線圖為預測方法，冀望從線圖中解析市場心理。墨基爾特別告訴投資人，群眾心理不可恃，並在書中仔細解讀了學術界對報酬是否呈漫步形態的研究。股價「漫步」是很多實證研究的結果，即使有時股價走勢有跡可尋，但扣除進進出出的交易成本及所承擔的風險，按這類蛛絲馬跡交易通常是划不來的，預測短期股價更是幾乎不可能，所以投資人頻繁進出股市，長久以後並不有利。

　　而不相信心理面的人，採用的則是基本面分析，即墨基爾所謂的磐石理論。他們認為股價之基礎為盈餘，未來賺錢愈多的公司，現在的股價應愈高。但作者指出，這種較理性的方法其實用

性有限，主要因為盈餘預測不易，且常受公司操縱。作者亦以美國安隆公司倒閉為例，說明公司會因公司治理機制不佳而產生傷害投資人權益的弊端，想要以選股獲利的人，不可不慎。

風險量化

投資學的理論基礎，到 1960 年代馬可維茲提出以投資組合來分散風險的理論，才漸漸建立起來。馬氏的主要貢獻在於證明當投資組合的資產數目增加時，可以在不減少預期報酬率的情況下，將風險數量化，並喚起大家對風險的注意。但風險的降低有其極限，任何一個投資組合的總風險，有一部分的確會隨資產數目增加而減少，這部分稱為「可分散風險」；而剩下的一部分是無法分散掉的，叫做「系統性風險」。植基於馬氏的理論，爾後發展出在實務界耳熟能詳的資本資產定價模型（CAPM），即強調資產報酬率完全由其系統性風險決定，既然如此，只要能估計系統性風險（貝他值），就能按貝他值選擇投資組合，使其系統性風險符合自己的偏好，或者按系統性風險，挑揀價格偏低的股票。

但 CAPM 不是萬靈藥，實證研究發現，在很多情況下，貝他無法完全解釋資產報酬產生的許多異常現象（anomaly）；例如：週一的報酬為什麼特別低？現在較流行的是探究哪些非貝他因素可以更精確的預測股價，例如：公司規模及股價淨值

比等等。墨基爾對從 1960 年代至今的理論及實證研究有簡單明瞭的解析，並說明其在實務上的應用。

　　近來衍生性金融商品及五花八門的新金融商品已成為家喻戶曉的名詞，本書亦重點介紹了期貨、選擇權、指數股票型基金（ETF）以及房地產證券化、黃金、骨董藝術品、加密貨幣等商品，並特別提醒投資人這類交易的風險及應用之道，最後本書以個人理財規劃為結束，建議個別投資人按自己的財務條件，生活目標及風險偏好，做投資規劃，並且提供了作者個人數十年來成功投資的經驗法則。作者特別強調，年齡與風險承擔能力息息相關，年輕時不注意長期投資的好處，或年老時承擔太高的風險，都是不智的。

　　不少投資人冀望「明牌」，讀了本書之後你應當會了解，靠明牌獲利的機會不大，因為如果全靠明牌即可獲利，那麼市場就太沒有效率了，與本書回顧的學術發現不符。《漫步華爾街》不是一本報明牌或讓讀者可以出奇制勝，馬上獲暴利的書，而是幫助讀者，建立合理投資觀念的書。觀念的改變不在一朝一夕，其收穫亦是點點滴滴累積起來的。要做個心理面或基本面的投資人是你的選擇，但如果放棄了改變觀念的機會，你就少了一項選擇！對作者而言，一個最簡單的選擇是採用被動的指數型投資方法，既不需要畫技術分析圖、搶短線、晚上睡不著覺，也不需要花時間選股，更可避免行為財務學所指出的心理陷阱，是種便宜又大碗的投資方式，您應該認真的考慮！

認識指數化投資,為人生加分

綠角
暢銷財經作家

讀者朋友,您手上的書具有極高歷史定位,它開啟了全新的投資世代——指數化投資。

指數化投資的目的是取得股市、債市或特定金融市場的完整報酬。譬如有個投資人從 30 歲開始累積資產,預計 65 歲退休後使用。那麼透過長期持有指數化投資工具,他很方便的就可取得這 35 年間的市場報酬。

指數化投資不需操作,也不需選股。買進之後,就是長期持有到需要用錢的時間點。這樣一個看似過度單純的投資方法,成效如何呢?

非常強大。

實證資料顯示,高達八到九成的主動基金經理人,長期成果會落後該市場的指數化投資工具。

所以指數化投資已被廣泛採用了嗎?

可惜的是，經過半世紀的發展，美國指數化投資的資金總量，去年才達到美國基金資產總值的一半。在台灣，指數化投資仍非主流。原因在於，指數化投資違背直覺且遭遇許多反對。反對理由之一就是：指數化投資只會取得「平庸」報酬。

實際上，指數化投資取得的是市場報酬。

假如某年美國股市上漲 10％。那麼這一年，全部投資該市場的投資人就是取得 10％的報酬（尚未扣除投資成本）。不是 20％，也不會是 10.1％，就是 10％。

市場報酬就是參與該市場的投資人整體所能取得的最高報酬。假如某人說市場報酬只是平庸，或許你可以問：「那你有投資這個報酬平庸的市場嗎？」

說市場報酬平庸的人，言下之意是自己的研究與操作會帶來遠遠勝過市場的績效。問題是，一個市場裡所有主動投資者，大家都用功一點，大家都會拿到勝過市場的報酬嗎？

這是邏輯上的不可能。

另一個反對指數化投資的理由是，市場不具完美效率。

市場實際狀況的確可能是過度反應資訊或延遲反應。效率並不完美。但不少人將市場不具完美效率，解釋成市場不具效率。然後，進一步推論，只要花點心力研究，就可勝過市場。

實際情形是，在一個報酬 10％的市場，假如有人透過主動選股，多買進一些表現勝過大盤的證券，少持有一些表現落後市場的證券，取得高於 10％的報酬。那麼，就一定會有人

多持有一些表現落後的證券，少持有一些勝出的證券，得到落
後市場的成果。

　　不管市場有沒有效率，有人勝出就一定有人落後。這是數
學上的必然。市場效率較低，不代表贏家就會比較多。

　　1973 年，《漫步華爾街》首次刊行，得到低落的評價。
1976 年，先鋒集團（Vanguard）發行首支指數型基金，資金
募集困難，被合作發行商建議中止。

　　但指數化投資的先行者們堅持下來。《漫步華爾街》今年
發行 50 週年增訂版。Vanguard 整體美國股市指數型基金（代
號：VTSAX）資產總值 1 兆 3,000 億美元，是全球規模最大
的基金。

　　我在 2006 開始投資時，讀過 2003 年發行的《漫步華爾
街》，其後又看了好幾個版本。新版除了用更新的資料，再次
加強指數化投資的立論之外，也會對期間的重大金融事件或是
新的金融工具進行分析。

　　這十幾年來，我自己完全由指數化投資工具組成的投資組
合，也帶來遠超過年輕時候的我當時想像的資產成長。

　　指數化投資不僅讓我的財務狀況走上正軌。也讓我不需要
為投資花費太多心力，有更多時間投入自己的工作、家庭與興
趣上。此刻回顧，能認識與實行指數化投資，是一生當中，高
度加分的重大正面事件。

　　假如你還不知道指數化投資，給自己一個機會，看完此

書，了解這個對人生有重大助益的投資方法。假如你已經實行指數化投資，這本書可再次強化你的信心與毅力。

　　《漫步華爾街》是當代投資人不能錯過的投資經典。

致謝

50 年不變的信念

　　我希望特別致上謝意，感謝許多人協助提供必要資訊，讓我能夠更新實證分析內容，使書中建議得到更堅實的佐證。如今距離《漫步華爾街》初版問世已過了 50 年，但我對於書中最早的論點卻更加有信心。根據我過去半個世紀投資經驗累積的資料，清楚證明「廣基型的指數投資」（broad-based indexing）就是財富管理的最佳策略。

　　對於過去版本已經感謝的對象，到了本版我依舊要致上誠摯謝意。但除此之外，仍要特別感謝一些對 50 週年增訂版有特殊貢獻的對象。路佛集團（Leuthold Group）的克里斯坦·帕里伯格（Kristen Perleberg）更新了一些計算結果，有助於解釋過去證券報酬的模式。賴瑞·史維卓（Larry Swedroe）特別參考投資組合的環境、社會與治理面向，分析證券報酬的因子結構與歷年結果，並提供我這些資料。傑洛米·修瓦茲（Jeremy Schwartz）與傑洛米·席爾格（Jeremy Siegel）也更新對長期股票報酬的計算。史考特·唐諾森（Scott Donaldson）

則是提供年度報酬的最新資訊。

　　本書提供的投資建議有許多圖表作為佐證，而背後所依據的共同基金數據，許多要感謝先鋒集團（Vanguard Group）的安德魯‧休曼（Andrew Shuman）收集提供。我在普林斯頓大學的大學生助理夏茲拉‧拉札（Shazra Raza）也提供了研究上的協助。詹姆斯‧朗格（James Lange）對此週年增訂版也提供多方的支持。

　　我與諾頓公司（W. W. Norton）向來合作無間，特別感謝布倫丹‧柯里（Brendan Curry）與卡羅琳‧亞當斯（Caroline Adams），為本書的出版提供不可或缺的協助。

　　過去這九個版本的書得以順利完成，我的妻子南西‧墨基爾（Nancy Weiss Malkiel）居功至偉。她除了給我最深情的鼓勵與支持，還仔細讀過各個版本的草稿、提供無數建議，讓語意更清晰、文字品質大幅提升。她也總是能找到逃過我、校對與編輯眼下的錯誤。最重要的是，她是我生命中無限喜樂的源頭，沒人比她與她的摯友派普爾（Piper）更值得我題獻此書。

墨基爾

普林斯頓大學

2022 年 7 月

點石成金

初版《漫步華爾街》出版距今已有 50 年，當時書中所提的投資建議其實很簡單：比起買賣個股或主動式管理的共同基金，投資人購買並且持有指數型基金可以得到更高的報酬。當時我就大膽主張，任何會影響個別公司前景的資訊，都會迅速反映在股價上。而在這種情況下，就算把一隻黑猩猩帶來蒙上眼睛，對著一張股票列表隨便扔飛鏢，選出來的投資組合績效都很有可能和專家精挑細選的投資組合不相上下。當然，我可不是在建議投資人真的去扔飛鏢，反而是更偏向建議應該扔白毛巾投降，別再自己挑股票，改為買進並持有廣泛股市指數的投資組合。這樣的投資組合，績效很有可能超越由專家操盤的股票基金；股票基金有高昂的年費、交易成本與稅務要求，對投資報酬不太有利。

如今過了 50 年，我對原先的理論甚至更有信心，而且超過七位數美元的獲利也足以作為證明。如果有一位投資人，在 1977 年初(也就是首次出現指數型基金的時候)投資 1 萬美元，

並且把所有股利再投入同一檔標的，到了 2022 年初，他的帳上將會擁有 214 萬 3,500 美元。再假設有另一位投資人，在同樣的時間以同樣金額買進一般的主動式共同基金，這筆投資只會成長為 147 萬 7,033 美元。兩者的差異顯而易見。截至 2022 年 1 月 1 日，指數投資人的獲利高出 66 萬 6,467 美元，或者說是足足高出 100 萬美元的三分之二。

如今，已經有許多人相信指數投資是最佳的投資策略。目前投入股票型共同基金（equity mutual fund）的資金當中，一半投資的都是指數型基金。此外還有高達數兆美元，投資的是指數股票型基金（exchange-traded fund，縮寫為 ETF；也就是在公開證券市場交易的指數型基金）。但想當初，主張投資人應該購買指數型基金，還會被嘲笑是愚蠢、不經大腦的想法。

光是說《漫步華爾街》當初得到的反應不太正面，或許還太輕描淡寫。初版發行當時，《商業周刊》（*BusinessWeek*）找來某位股市專家擔任書評，把這本書批得一文不值，認為書裡的概念說得好聽是天真，說得難聽點就是未經大腦。在那位評論者看來，書裡的策略只能讓投資人得到「注定平庸」的結果，要以此為滿足簡直是不可思議。也有其他評論者認為，我說我們的金融市場具備合理的效率，是「經濟思想史上最顯著的一項錯誤」。

但幸好我沒有因此意志消沉。我當時就想，要是沒有人討厭你寫的東西，可能代表的是你連被批評的價值也沒有吧。如

果什麼都不說、什麼都不做，當然也就不會招人批評了。

等到《漫步華爾街》初版發行過了三年，先鋒集團時任執行長約翰・伯格（John Bogle）推出第一檔可供大眾購買的指數型基金。而這個「史上第一檔指數型基金」得到的反應，和《漫步華爾街》可謂難兄難弟。先鋒集團當時請來一群華爾街投資銀行家，希望為這檔新基金募集 2 億 5,000 萬美元的資金，結果只募到僅僅 1,100 萬美元。儘管先鋒集團祭出「零佣金」的優惠，買氣依舊低迷。我曾經和約翰・伯格開玩笑說，股東可能只有我們兩個人吧。當時許多人都說這檔基金是個敗筆，是「伯格的笨把戲」（Bogle's Folly），說它「注定失敗」，甚至說它「一點都不美國」。在那之後許多年間，指數型基金都未能得到各方資金的青睞。雖然伯格對指數型基金抱持樂觀的態度，但就算是他，也無法想像指數型基金最後竟吸引到數兆美元的資金。

本書會舉出相當多證據，告訴讀者我們的市場會迅速對新的資訊做出回應，而且效率極高。此外，根據多年累積而來的鐵證如山，應該就連那些心有懷疑的人，也已經願意相信我所主張的指數投資信念。而最重要的是，我寫這本書的目的，一直都希望能夠作為一部全面的投資指南，清楚解釋種種概念，真正能為讀者所用。但在我們開始之前，我還是希望能夠以盡可能簡單的方式，談談「效率市場」（efficient market）究竟是什麼意思，以及在媒體上又是怎樣經常對這個詞有所誤解。此

外，我也想闡明幾項可謂常識的論點，主張任何人如果想要有舒適的退休生活或財務安全，都應該以指數型基金作為核心投資。

關於最好以指數投資作為投資組合的核心，背後的理論有個聽起來很了不起的名稱，叫做「效率市場假說」（efficient market hypothesis，縮寫為 EMH）。對於假說與理論，愛因斯坦曾經這麼說：「如果你沒辦法解釋到讓六歲的小孩能懂，那你自己其實也不懂。」所以，就讓我試著簡單解釋一下。

效率市場假說有兩項基本信條。第一，效率市場假說認為，公開資訊會立即反映在股價上，毫無延遲。不論任何金融工具，只要出現會影響未來價格的資訊（不管是正面或負面），都會立刻反映在今日的資產價格上。假設有一間藥廠目前股價為 20 美元，一旦有新藥得到核准，能夠讓公司明天的價值來到每股 40 美元，股價就會立刻飆到 40 美元，而不是慢慢漲上去。原因在於，只要能夠以低於 40 美元的價格購入這檔股票，都能立刻獲利，所以可以想見市場參與者會義無反顧不斷出價，直到股價來到 40 美元。

當然，市場參與者也有可能並沒有立刻全盤掌握這項新資訊，或許某些人嚴重低估新藥的重要性，又或者某些人反而嚴重高估新藥的重要性。於是，市場對這項資訊就可能反應不足或反應過度。新冠病毒的全球大流行就是個很好的例子，可以讓我們看到由於投資人的情緒難以捉摸，又不容易預料後續經

濟動盪的範圍與嚴重程度，都可能使市場波動加劇。但是，對股市投資人來說，市場如果對於最新資訊出現系統性的反應不足或反應過度，究竟會不會成為他們賺取超額獲利（extraordinary profit）的契機？這一點目前還很難說個清楚。不過，正是從這一點當中，帶出了效率市場假說的第二個信條（在我看來，這也是這項假說最根本的信條）：在效率市場中，如果不承擔超額的風險，就不可能得到超額的獲利。

金融學界有個很流行的笑話，常用來說明我們為什麼很少有機會取得超額獲利。有一位支持效率市場假說的教授和一名學生一起走在街上。學生看到地上有一張百元美鈔，彎下腰正想去撿。「別麻煩了，」教授卻說：「要真是百元美鈔，才不會一直在地上沒人撿呢。」如果把這個故事講得現實一點，或許教授會叫學生趕快把鈔票撿起來，否則沒多久肯定就被別人撿走。在效率市場裡，正是因為有不斷的競爭，就算出現機會能讓人取得風險調整後的超額獲利，這樣的機會也不可能一直存在。

效率市場假說並不代表價格永遠是「對的」，也不代表所有的市場參與者都永遠是理性的。大量證據指出，許多（甚至是大多數）市場參與者實在稱不上理性，並且在資訊處理與交易習慣上都有系統性的偏見。然而，就算股價永遠都交給理性的投資人來決定，還是會因為投資人只能根據對未來不完美的預測而訂價，因此股價永遠不可能真正是「對的」，反而只會

永遠是「錯的」。然而，就效率市場假說的角度來看，我們也永遠無法確定當下的價格究竟是太高還是太低。如果有哪一項判斷是因為預測得比市場共識更準確、於是讓人有機會得到超額獲利，背後也肯定承擔比起購買廣基型指數型基金遠遠高出許多的風險。

對於股市可能犯下多嚴重的錯誤，我再清楚不過。在2021 年 1 月，網路上就有一群狂熱的散戶，硬生生把 GameStop 的股價從 15 美元一路炒到將近 500 美元，但股價在 2 月跌回原形。至於整體股市，市值也曾在 2000 年代初飆升到前所未有的水準，而進入下一個時期後，那些原本一飛沖天的龍頭股市值就跌掉九成以上。然而，就算是這場規模驚人的泡沫（人們普遍認為這是能夠用來反駁效率市場假說的「確鑿證據」），也沒能讓人以簡單的辦法輕鬆取得超額獲利。

沒有人能夠預測泡沫會膨脹到多大、又會在什麼時候一夕破滅。到了 1996 年，股價與評價關係已經漲到非同小可的地步，本益比高到叫人瞠目結舌。這讓美國聯邦準備理事會（Federal Reserve Board，簡稱聯準會）主席艾倫・葛林斯潘（Alan Greenspan）跳出來發表那篇著名演說，警告股市進入泡沫行情，投資人表現出「非理性繁榮」（irrational exuberance）。但在這之後，美股還是連續四年強勢上漲，在演說後買入股票的長期投資人，得到極為亮眼的報酬率。

我們現在（事後）知道，美國股市是在 2000 年初來到泡

沫高峰,然而當時並沒有人能夠準確的提前斷定泡沫出現的時機。事實上,有大量證據顯示,不論是個人或法人,愈想抓住市場的時機,就會錯得愈離譜,反而在一片樂觀的時候買在市場最高點,並且在一片悲觀的時候賣在市場最低點。雖然某些投資人確實能在特定時間點上,做出比市場共識更準確的判斷,並取得超額報酬,但是這並不代表他們真的抓到某種還不為人知的套利方式,能夠毫無風險的取得超額獲利。那樣的交易伴隨著極高的風險,許多想要賭一把、逆風操作的人,最後就落入財務的深淵。就連某些避險基金,也因為看空GameStop,於是在它股價飆升天際的時候,承受了簡直瀕臨破產的損失。

　　要是說市場能以合理的速度來處理新資訊、過程中沒有延遲,這樣的概念會連結到另一個觀點:股價會隨著時間改變,而變動的方式就像隨機漫步。所謂的隨機漫步(random walk)原本是個數學概念,描述一個數列中的數字獨立存在,不受前後數字的影響,也無法預測下一個數字是什麼。據說,這個詞最早出自《自然》期刊(*Nature*)在 1905 年一篇和通訊有關的文章,探討如果有個醉鬼被丟在荒郊野外,怎樣會是最好的搜索方式。答案其實很複雜,但討論的起點很簡單,那就是從他被丟下的地方開始找,因為他如果真的移動了,大概會用一種隨機、不可預測的方式,走得跟跟蹌蹌。

　　同樣的,如果股市的價格徹底反映所有市場參與者的資訊

與預期，股價肯定就會隨機變動。當然，股價是隨著市場揭露新資訊而變動，但真正的新聞都是隨機發生，無法依據過去的事件加以預測。所以，在一個資訊傳遞有效率的市場上，我們並無法預測股價會如何變動。但是所謂的股價隨機變動，並不代表股市不講道理。市場的隨機，反映的其實是市場運作良好而有效率，並非市場沒有理性。

只要股價合理反映所有已知的資訊，那麼即使是一無所知的投資人，只要依目前的市價買進多元分散的投資組合，得到的報酬率也應該會像專家得到的一樣豐厚。

當然，股市也有可能無法完全反映某些新聞事件。有些時候，每天的股價變動並不是完全隨機。所以，一種有用的應對方式，就是在談股市效率的時候，該以「相對」而非絕對的角度來看待。麻省理工學院的經濟學家羅聞全（Andrew Lo）就說，工程師測試一部引擎的時候，不太會要求必須達到絕對的效率，反而只是想知道，相對於完全無摩擦的理想狀態，這部引擎的效率有多高？同理，如果要金融市場達到絕對的效率才願意接受效率市場假說，就是個不切實際的想法了。但我相信，目前的各個市場在「整合各方資訊、將資訊反映在股價上」已經表現絕佳，股市的效率已然算是可圈可點。此外，如今鐵證如山：指數型基金雖然成本低廉，但績效表現可一點也不平庸。相較於主動式基金的平均表現，指數型基金為投資者提供的報酬要高出整整一個百分點。

　　股市價格確實偶爾會出現瘋狂的走勢，而讓許多人難以相信效率市場假說（就算談的只是相對效率）。然而，就算不信這套理論，仍然應該將指數型基金視為最佳投資組合。即使市場效率不盡理想，指數型基金的表現應該還是會繼續超越主動式基金。

　　讓我們看看以下的三段式推論。毫無疑問，任何市場的所有股票都會由某些人持有。以美國股市為例，所有股票都會由個人或法人持有。因此，所有投資人的總報酬（gross return）將會等於整個股市所產出的報酬。所有指數型基金作為一個群體，既然持有整個市場裡的所有股票，得到的獲利率將會等於市場報酬率。但這樣一來，對於主動管理投資組合的所有投資人來說，買到的是整個市場投資組合中的一部分，所以他們仍然會得到整個市場的總報酬率。

　　目前由於競爭，各檔指數基金的費用率已經幾乎降到零。但另一方面，主動式基金的投資人每年還是得繳出將近1%的費用（這是主動式基金平均的費用率）。所以，指數型基金投資人每年的淨報酬，就會比主動式基金投資人平均高出近1%。此外，這筆差額甚至還沒談到指數型基金（不必經常換股操作）的交易成本較低，課稅也較少。

　　在我看來，要說股市極有效率，最有說服力的證據就在於，我們很難得到擊敗大盤的績效。如果市場價格大致上是由非理性的投資人決定，而且我們也能根據某些模式輕鬆預測證

券的報酬，或是找出股價上能鑽的漏洞，那麼專業經理人的績效應該要能夠擊敗大盤才是。在本書中，稍後我就會攤開全部證據，讓各位看看那些主動式基金的表現有多糟糕。但這裡先簡單一提，在專業經理人管理的股票投資組合當中，每年都有高達三分之二的投資組合績效根本不如簡單的指數型基金。至於剩下三分之一的投資組合，常常就算在當年擊敗大盤，到了隔年的表現又會輸給大盤。所以，如果觀察主動式基金 10 年、15 年間的績效表現，會發現高達九成的績效都不如市場。我並不是要說主動式基金絕無勝出的可能。但是，想找到真正的明星選股人，簡直如同大海撈針。如果你想挑到一個未來之星，很有可能績效還不如投資簡單的指數型基金。而且，單純因為某位經理人在去年、甚至是過去十年打敗大盤，並不代表他在接下來這一年仍然能夠打敗大盤。由於專業經理人的薪資結構，讓他們有強烈的動機要打敗大盤，但只要直接看他們究竟實際賺到多少錢，這就是市場效率最有說服力的證據。如同知名的華爾街格言所說：「在你確定自己掌握打敗市場的鑰匙時，鎖就會被換掉了。」

　　本書最基本的論點，就是「市場是有效率的，指數投資是投資人的最佳策略」；而如果這一點始終都正確，為什麼在出版後的 50 年間，這本書還要這樣一路出到第 13 版？答案是，大眾可以運用的金融工具出現巨大的變革，而且證據一路累積，強力佐證了我推薦的投資策略有效。本書初版發行的時

候，指數型基金這種產品甚至根本還不存在。而如果我想用這本書為散戶提供全面的投資指南，就必須更新內容，並涵蓋所有市面上的投資產品。此外，我也希望整理學界與業界專家提供的豐富新資訊，提供批判性的分析，以通俗易懂的形式，呈現給所有對投資感興趣的人。關於股市，實在有太多令人眼花撩亂的說法，應該要有一本書來正本清源。

在過去 50 年間，我們已經習慣科技在身邊的環境不斷迅速變化。時至今日，我們比較有可能在家裡透過串流服務看電影、打電玩，而不是真的跑去電影院或購買遊戲光碟。而且雖然新冠疫情已經逐漸和緩，在線上開會與社交互動並未隨之退散。我們愈來愈習慣透過網路取得每天的新聞，而最新的醫學進步也讓生活品質大有提升。電動車與自駕車已經不只存在於科幻小說裡，人類的學習能力也因為人工智慧而得到提升。雲端技術讓企業加速創新、提高業務敏捷度，還能降低成本。

與此同時，金融領域的創新也同樣快速。1973 年本書初版發行時，市面上還沒有貨幣市場基金（money-market fund）、自動櫃員機、指數型基金、ETF、免稅基金（tax-exempt fund）、新興市場基金、目標日期基金（target date fund）、浮動利率債券（floating-rate note）、波動性衍生性商品（volatility derivatives）、抗通膨證券、權益型不動產投資信託（equity REIT）、資產擔保證券（asset-backed security）、羅斯退休帳戶（Roth IRA）、529 學費儲蓄計畫（529 college savings plan）、零

息債券（zero-coupon bond）、金融期貨與商品期貨、選擇權，也沒有後續那些創新的交易技術，以上還只是整體投資環境的部分變動而已。

如今，我們可以零手續費買賣股票，還能透過智慧型手機操作。而且，透過幾乎免年費的基金與 ETF，也能輕鬆進行指數投資。本書後續版本所加入的新內容，許多都是為了解釋各項金融創新，並點出散戶能夠如何從中受益。也因為書中加入大量新內容，所以就算讀者過去曾在大學或商學院時期讀過先前的版本，也很可能會發現這個50週年增訂版依然值得一讀。

基本上，本書仍然是為散戶撰寫、易讀易懂的投資指南，並強調如果想要累積財富，**唯一可靠的方式**就是定期儲蓄，以及投資指數型基金。而根據過去的教訓，也讓我們知道分散投資（diversification）與再平衡（rebalancing）都能有效減低風險。本書也點出高費用率如何吃掉投資報酬，以及所謂的理財專員怎樣表現出矛盾的行徑，把自己的利益放在客戶的利益之前。此外，書中也強調稅務管理的重要性，並提出如何透過各種計畫，讓散戶既能將報酬複利成長、又能合法避稅。

最重要的是，這本書希望提升讀者的自信，讓各位覺得權力掌握在自己手中。書中不但會告訴你股票市場的運作方式，還能讓你克服那種覺得自己無法做出最佳投資決策的無力感。市場上的專業人士常常會說，正確的投資太過複雜，不是一般人憑著一己之力就能做到。但這和事實相差了十萬八千里。最

好的投資策略其實簡單得不得了。我希望讓各位看到，只要用非常容易的方式，就能做出明智、有效的投資決策，實現自己的目標，打造穩定的財務狀況。不要相信那些說你做不到的論點，你的財務狀況絕對能由自己決定。只要你相信自己能夠掌握各種儲蓄與投資選項，就能過得更滿足、更有自尊，情緒也更健康。

事情並不複雜。想當一個績效超越平均值的投資人，再簡單也不過。生活常常都是這樣，做起來最簡單的事，正是最聰明的選擇。乍看之下叫人難以相信的是，隨著世界愈變愈複雜，一套單純的投資方式，也愈來愈成為邁向投資成功最可靠的路徑。不過困難的地方其實在於要能嚴守紀律，規律的存下小額金錢，而且就算遇上無可避免的危機，看著新聞報導講得似乎天已經要塌下來、經濟災難肯定已經就在眼前，也要繼續堅持下去。事實上，投資能帶來最豐厚利潤的時候，正是那些市場情緒最悲觀的時候。

讓我們以實際的先鋒股市指數型基金淨報酬為例，就能作為這項論點強力的佐證。假設有一位投資人，早早就開始投資，並且也只選擇某檔多元分散的股票指數型基金，當作唯一的投資工具。（其實，我建議剛起步的年輕人就應該這麼做，挑定一檔追蹤指數的股票基金來累積財富。）要是這位投資人是在 45 年前、真正的指數型基金初登場時就開始投資，他得到的成果將會相當驚人。假設這位投資人第一筆投入 500 美

元，接著每個月再固定投入 100 美元到這檔基金中。這樣算下來，在這位投資人的一生中，總共投入 5 萬 3,200 美元。而要是他選擇把所有股利都再投入同一檔基金，到了 2022 年 1 月 1 日當天，這項投資組合的價值已經累積到接近 150 萬美元。

在這 45 年間，我們有許多次都覺得似乎已經見到世界末日。像是 1987 年，股市在一天內就跌掉 20％。2000 年網路泡沫破滅的時候，一些最知名的成長型公司都跌掉大部分市值，例如蘋果（Apple）的股價下跌超過 80％，亞馬遜（Amazon）的市值更下跌超過 90％。再到 2007 年至 2008 年的金融危機期間，已經有人寫下資本主義制度的訃聞。等到 2020 年新冠肺炎全球大流行，許多新聞報導都言之鑿鑿，說世界已經從根本上出現無可挽回的變化。

話雖如此，其實真正的重點是，如果這段期間有位投資人每個月都存下 100 美元、投入股票基金，他就能滾出百萬美元的獲利。

當然，上述這些以先鋒指數型基金為基礎的計算就只是個假設案例。但我可以保證，有無數投資人都聽從了這些建議，如今正在豐收成果。我收到許多讀者感激的來函，這讓我相信靠著本書所提出的簡單投資策略，確實產生堪比上述案例的成功結果。

我很高興《漫步華爾街》歷久彌新。這本書協助推動投資業進一步了解被動投資的好處，也讓大眾更接受指數股票型基

金（ETF；也就是持續在有組織的證券市場進行交易的指數型基金）。本書得到全球各地許多大學與商學院青睞，作為學生的教材使用，也推廣一些永不過時的投資組合建議，像是成本極小化、定期儲蓄、分散投資、再平衡、稅務管理。但這些成就的重要性，都比不上本書的建議幫助了諸多一般大眾，讓他們實現自己的財務目標。

對我來說，自從本書初版上市這 50 多年來，最大的滿足感是來自於收到無數讀者來信，知道他們聽從我的建議後，得以白手起家、累積可觀的財富。曾有一位讀者寫信告訴我，他一輩子只是領著微薄的死薪水，但靠著每個月存下一小筆錢、投入指數基金，現在得以享受舒適無憂的退休生活；這讓我感到無比滿足。

人總是希望自己的專業活動能夠真的為社會的幸福美好有所貢獻。而評判一本建議書（advice book）的時候，如果是以「這本書是否帶來什麼好處？」作為標準，那麼《漫步華爾街》顯然通過了測試。

PART 1

股票與股價

第 1 章

磐石與空中樓閣

何謂憤世嫉俗的人？

就是知道所有事物的價格，卻不知道它們的價值的人。

——王爾德（Oscar Wilde）

《溫夫人的扇子》（*Lady Windermere's Fan*）

　　在本書裡，我要帶領你漫步華爾街，為你導覽這個複雜的金融世界，並且針對投資策略與機會提供實用的建議。許多人都說，現在的散戶沒有機會和華爾街的專家抗衡。他們舉專業投資策略為例，例如複雜的衍生性投資工具與高頻交易，還有他們在報紙上讀到的案例，像是做假帳、巨額併購，以及獲得大量資金的避險基金等。這些複雜的金融活動似乎都顯示出，現今市場當中已經沒有散戶的生存空間。這真是錯得離譜的見解；散戶可以做得和專家一樣好，甚至更好。2020 年 3 月股市崩盤時，能夠保持冷靜看著股價回溫，並持續獲取優異報酬的人，正是那些穩健的投資人。2008 年，許多專家卻因為買進不熟悉的衍生性證券，輸得傾家蕩產，就跟他們在 2000 年代早期買進太多價格過高的科技股如出一轍。

　　本書為散戶提供簡明的指引，涵蓋從保險到所得稅的所有知識，也會告訴你如何選購壽險，或是避免受到銀行和經紀商剝削的方法，還會談到黃金、鑽石與加密貨幣的投資。不過，重點還是在股票，這項投資工具至今為止提供優異的長期報酬，未來好幾年也有優秀的投資潛力。

　　在第四部中，收錄人生四季的投資規劃，針對不同年齡層的不同理財需求，提供特定的投資組合建議，包括退休的理財規劃建議。

什麼是隨機漫步？

　　凡是未來的發展與方向不能依據過去行為來推測，就叫作「隨機漫步」。用在股票市場上，指的是短期的股價變動無法預測，理財顧問、盈餘預測或技術線圖都幫不上忙。在華爾街，「隨機漫步」是個骯髒的字眼，學術界創造這個名詞來侮辱專業分析師。說得極端一些，隨機漫步意味著蒙眼的猴子對著股票清單射飛鏢選出來的投資組合，也會和專家挑出來的組合一樣好。

　　不過，穿著條紋西裝的分析師可不喜歡和光屁股的猴子相提並論。他們反脣相譏，嘲笑學者整天埋首研究方程式與希臘字母，更別提那些一本正經的無聊文章，恐怕連多頭市場與空頭市場都分不出來。為了對抗學術界的炮火，這些市場專家拿

出基本面分析或是技術分析武裝自己；我們將在第二部細看這兩套分析方法。

學術界的反擊則是把隨機漫步理論細分為三種令人混淆的形式：弱式、半強式、強式，並創造出一套「新投資技術」（new investment technology）的理論。這套理論中提出一項觀念，稱為貝他值（Beta），包括 Smart Beta 策略商品，我將會對這個概念稍加批判。到了 2000 年代早期，甚至有些學者加入華爾街專家的陣營，支持股市變動多少可以預測的說法。目前，這場激戰還在持續，因為賭注極高，雙方都想置對方於死地，學者賭的是終身職，華爾街專家賭的是高額獎金。所以我認為你一定會享受這趟隨機漫步華爾街的旅程，它具備精采戲劇的一切要素，包括財富的來去得失，還加上箇中原因的精闢分析。

開始之前，也許我應該先自我介紹，表明我的嚮導資格。在寫這本書時，下列三方面的資歷惠我良多，每一份資歷都提供透視股票市場的不同角度。

第一是我在投資分析與投資組合管理的專業資歷。我一開始是華爾街一間大型投資公司的市場專業人員，後來在一間跨國保險公司投資委員會擔任主席，並且擔任一家國際大型投資公司的董事多年。這些經歷對我來說相當重要。畢竟，未經世事的少女難以洞悉人生，在股市中，情況亦然。

第二則是我目前以經濟學家的身分，同時擔任幾個投資委

員會的主席。我專攻證券市場與投資行為學，因此能深入了解
學術研究與各種投資機會的細節資料。

最後一項重要的資歷是，我是終生投資而且很成功的股市
投資人。到底有多麼成功，恕我不能直言，因為學術界有種奇
怪的想法，認為教授不應該賺錢。教授可以繼承大筆財富、和
有錢人結婚，也可以花錢闊綽，就是絕對、絕對不可以賺大
錢，賺錢不符合學術作為。總之，教師應該要犧牲奉獻，至少
政客和官員是這麼說，尤其當他們要為學術界的低薪找理由的
時候。讀書人應當追求知識，而非金錢報酬。因此，我將會以
追求知識的態度，向你訴說我在華爾街的斬獲。

本書採用許多例證與數據，但是各位不用擔心，這些都是
特別為金融門外漢撰寫的內容，我只提供實用、證明可行的投
資建議。你不需要具備任何背景知識，只要有興趣、有投資致
富的渴望就夠了。

投資充滿樂趣

寫到這裡，我最好先說明所謂的「投資」是什麼，它和「投
機」又有什麼區別。我認為，投資是購買資產、獲得合理的可
預期收入（如股利、利息或租金），或是讓獲利長期增長的一
種方法。而投資與投機的區別通常在於，獲得投資報酬的期間
長短，以及報酬金額的可預測程度。投機客想要買到在數天或

數週以內就可以短期獲利的股票,而投資人會買進的股票是,
在數年或幾十年內可能產生源源不絕的現金收益與資本利得。

　　先把話說清楚,本書不是投機指南,也不是給被零佣金誘
惑的操盤手看,好讓他們在每小時波動的股價上賭博。老實
說,這本書的副書名應該叫作「緩慢而穩定的致富書」(*The
Get Rich Slowly but Surely Book*)。請記住,就算只要求損益平
衡,投資報酬率至少必須和通貨膨脹率相等。

　　2000 年代的前幾十年,美國與大多數已開發國家的通貨
膨脹率都跌到 2％以下,儘管通貨膨脹在 2020 年代初期達到
顛峰,許多分析師仍然認為,最終將回歸相對穩定的物價波動
趨勢。他們預測,通貨膨脹極不可能發生,未來十年間,通貨
膨脹可能很輕微,但我認為,投資人不能因而輕忽顯著的通貨
膨脹有可能成為未來的趨勢。歷史告訴我們,在 1990 年代和
2000 年代初期生產力加速時,生產力提升的步調總是不平
均。而且,對於一些以服務為主的生產活動,生產力變得更難
提升。即使到了 21 世紀,表演弦樂四重奏還是需要四位音樂
家,盲腸手術也要有一位外科醫生執刀。如果音樂家和外科醫
生的薪水隨著時間經過逐漸上漲,音樂會門票的價格與盲腸手
術的費用也會提高。因此,物價勢必有上漲的壓力。

　　即使通貨膨脹率保持在 2 ～ 3％這樣遠低於 1970 和 1980
年代早期的水準,依然會對我們的購買力產生嚴重的影響。表
1-1 顯示,在 1962 ～ 2021 年期間,平均將近 4％的通貨膨脹

表 1-1　通貨膨脹的侵蝕

	1962 年 平均價格	2021 年 平均價格	增加比例	年化通貨 膨脹率
消費者物價指數	30.20	273	804%	3.8%
好時巧克力	$0.05	$1.00	1,900%	5.2%
《紐約時報》	$0.05	$3.00	5,900%	7.2%
平信郵資	$0.04	$0.55	1,275%	4.5%
汽油（加崙）	$0.31	$3.18	925.8%	40%
（麥當勞雙層）漢堡	$0.28[*]	$4.79	1,611%	4.9%
雪佛蘭汽車（全配）	$2,529	$27,500	987.4%	4.1%
冰箱	$470	$1,498	218.7%	2.0%

[*]1963 年資料。
資料來源：1962 年物價參閱 1977 年 11 月 1 日《富比士》雜誌（*Forbes*）；
　　　　　2021 年物價參閱眾多政府數據與私人蒐集的資料。

率帶來的影響。我看的早報漲價 5,900％，我下午吃的好時巧
克力棒貴超過 20 倍，分量卻比 1962 年我在研究所念書時還
小。如果通貨膨脹率持續不變，到了 2023 年，一份早報要價
將超過 5.5 美元。很顯然的，就算只是面對輕微的通貨膨脹，
我們也必須採取適當的投資策略來維持實質的購買力，否則生
活水準注定會日益降低。

　　投資需要下苦功，也不能犯錯。在愛情小說中，經常出現
豪門世家因為疏忽或理財不善而家道中落的劇情。誰能忘記契
訶夫（Chekhov）的名劇中櫻桃樹被砍倒的聲音？讓朗涅夫斯

基（Ranevsky）家族家道中落的不是馬克思體制，而是自由企業，因為他們不曾努力保有財富。就算你要把所有資產交付給投資顧問，或是全部拿去買進共同基金，也必須知道如何選擇最適合的顧問或基金幫你管理資產。當你吸收完本書提供的資訊，將會發現自己比較容易做出投資決策。

事實上，最重要的是，投資充滿樂趣。樂趣在於和廣大的投資族群鬥智，然後發現資產日漸增加。檢視投資報酬，看著報酬累積的速度超過薪資存款，實在令人興奮。學習商品與服務的新觀念、金融投資的創新，都讓人精神振奮。成功的投資人都知識廣博，並懂得善用與生俱來的好奇心與求知欲。

兩大投資理論

不論是購買股票或稀有鑽石，所有的投資報酬多少都和未來的事件有關，這正是投資迷人的地方，這是一場依據預測未來的能力來決勝負的活動。傳統上，投資專家會採用「磐石理論」（firm-foundation theory）或是「空中樓閣理論」（castle-in-the-air theory）來評估價值。這兩種理論讓某些人賺到大錢，也讓某些人虧損不少。更有趣的是，它們看來完全相互矛盾。如果你想做出明智的投資決策，就必須先了解這兩種理論，它們是讓你避開錯誤、明哲保身的先決條件。在 20 世紀末，學術界創造出第三種理論：「新投資技術」，它在華爾街逐漸風

行。在稍後的章節我會詳述這項理論，並說明它在投資分析上
的應用。

磐石理論

　　磐石理論認為，不論股票或房地產，每一種投資工具都有
明確的價格標準，稱為「內在價值」（intrinsic value），可以經
由仔細分析目前的狀況和未來的展望計算出來。當市價跌破或
突破內在價值時，就是買進或賣出的時機，因為根據磐石理
論，價格波動終究會得到修正。如果這項理論正確，投資就會
變得乏味而單純，因為我們只需要比較市價和內在價值就好。

　　在《投資價值理論》（*The Theory of Investment Value*）中，
約翰‧布爾‧威廉斯（John Burr Williams）提出一套以股利收
入為基礎的公式，可以用來計算股票的內在價值。為了不讓事
情看起來太過簡單，他相當聰明的引進「折現」（discounting）
的概念；折現基本上就是把未來的收入往前倒推，也就是說，
不考慮明年有多少獲利（假設投資 1 美元到獲利率 5％的標的
上，明年就有 1.05 美元），而是考慮未來的收入換算成現值後，
會比現在減少多少價值（因此，明年的 1 美元，現在僅價值 0.95
美元，在 5％的投資報酬率下，0.95 美元在明年就變成 1 美元）。

　　威廉斯嚴肅看待折現的概念，他主張股票的內在價值等於
未來所有股利的現值（折現值）。因此，他建議投資人把未來
取得的收入折算成現值。由於過去很少有人了解折現的概念，

現在反而在投資人之間開始流行並受到重視。此外，耶魯大學教授暨知名經濟學家與投資人爾文・費雪（Irving Fisher）對折現概念的擁護，也產生推波助瀾的效果。

磐石理論的邏輯條理清晰，非常適合以股票來說明。這項理論強調的是，股票的價值應該以穩定的獲利為依據，而獲利則是來自公司未來能發放的股利，以及買回的庫藏股。順理成章，現在發放的股利愈高、股利增加愈多，股票就愈有價值。因此，成長率的差異是衡量股票價值的主要標準，但如今就連對未來的預測這種靠不住的小變數也會產生影響。證券分析師不僅要預測長期成長率，還要預測成長可以持續多久。當市場持續過度樂觀的看待未來榮景時，華爾街就會開始主張：未來的股票折現率正在增加，而且可能連更久遠未來的股票折現率都上升了。所以，要注意的是，磐石理論仰賴投資人對未來的成長幅度與成長期間所做的不可靠預測，內在價值的基礎也不如這套理論擁護者宣稱的那麼可信。

磐石理論不只在經濟學家之間廣為流行；班傑明・葛拉漢（Benjamin Graham）與大衛・陶德（David Dodd）寫了《證券分析》（*Security Analysis*）這本很有影響力的書，拜這本書之賜，當時華爾街有一整票證券分析師都加入磐石理論的陣營。這些分析師學到一套健全的投資管理方法，只要買進價格暫時低於內在價值的股票，賣掉價格暫時比內在價值高太多的股票，就這麼簡單。葛拉漢與陶德的追隨者當中，最成功的投資

人非華倫‧巴菲特（Warren Buffett）莫屬，這位精明的中西部
人有「奧馬哈的智者」（the sage of Omaha）之稱，他的傳奇投
資紀錄，據稱是遵行磐石理論的結果。

空中樓閣理論

　　空中樓閣的投資理論則是強調心理因素。著名的經濟學家
暨一流投資人約翰‧梅納德‧凱因斯（John Maynard Keynes）
在 1936 年把這項理論闡釋得最清晰。他認為，專業投資人不
會把精力花在估算股票的內在價值，而是偏好分析投資大眾未
來的行為，以及他們在樂觀時期會如何把希望拿來蓋空中樓
閣。成功的投資人會試圖搶得先機，先推測哪種情況最容易推
動大眾去蓋空中樓閣，然後比他們早一步買進。

　　凱因斯認為，磐石理論太麻煩，而且效果可疑；他對自己
提出的空中樓閣理論身體力行。當倫敦金融業人員在擁擠的辦
公室辛苦操勞時，他每天早上窩在床上操盤半小時，就輕輕鬆
鬆賺進數百萬英鎊，也讓他任職的母校劍橋大學國王學院
（King's College, Cambridge）校產基金增值達十倍。

　　凱因斯在經濟蕭條的時期聲名大噪，大多數人只注意到他
提出的刺激經濟理念。因為在那個艱苦的時代，任何人要蓋空
中樓閣都很困難，也很難想像其他人會那麼做。然而，凱因斯
在《就業、利息和貨幣的一般理論》（*The General Theory of
Employment, Interest and Money*）中以整整一章的篇幅，說明

股票市場與投資人預期心理的重要性。

提到股票時，凱因斯表示，沒有人能夠確切知道哪些因素會影響未來的收益與股利政策，因此他指出，大多數人「關心的不是準確預測投資的長期收益，而是更在意比一般大眾早一步預見傳統評價基準的改變」。換句話說，凱因斯是用心理學原則來解讀股市，而不是用財務學上的評估。他寫道：「如果你相信三個月以後某項投資的市場價格只有 20 英鎊，即使你認為它預期應該價值 30 英鎊，也沒道理付 25 英鎊來買進。」

凱因斯用英國同胞很容易了解的敘述，說明股票市場的運作：這好比參加一場報紙選美評審競賽，你必須從上百張照片中挑出六張最漂亮的面孔，選出最接近全體參賽者喜好的照片就能獲獎。

聰明的玩家都知道，個人的審美偏好在競賽中無關緊要，比較好的策略是挑選其他人偏好的臉孔。不過，這套邏輯很容易如滾雪球般愈滾愈大，因為其他參賽者很可能至少都能想到這一步。因此，最佳策略不是挑選你認為最漂亮的臉孔，也不是其他人偏好的臉孔，而是預測一般人會推測的普遍意見，或是順著這套邏輯向下推演。英國的選美不就是這麼回事。

在報紙選美的比喻裡，參賽者的推論正是空中樓閣理論中評定價格最重要的形式。買家認為某項投資值得用某個價值買進，是因為他預期能以更高的價格賣給別人。換句話說，投資標的的價值是由它的價格決定，所以新買家當然也預期未來會

有人以更高的價格接手。

在空中樓閣理論的世界裡，每分鐘都有乳臭未乾的傻瓜誕生，他們願意付出更高的價格購買你的投資標的。因此，只要別人願意出高價，價格根本不是問題。這沒什麼道理可言，純粹是大眾心理。聰明的投資人要做的就是比別人搶先一步，在最剛開始就進場。這項理論說得難聽一點，可以稱為「更大的傻瓜」理論（"greater fool" theory）。你大可付投資標的價值三倍的價格買進，只要之後找到願意出五倍價格買進的傻瓜就好。

空中樓閣理論在金融圈或學術界都有許多支持者。諾貝爾獎得主羅伯特・席勒（Robert Shiller）在暢銷書《非理性繁榮》（*Irrational Exuberance*）中指出，1990 年代末期的網路與高科技股票狂熱，僅能用「大眾心理」來解釋。在學術界，所謂的股市行為學理論強調群眾心理，在 2000 年代初期廣受歡迎。心理學家丹尼爾・康納曼（Daniel Kahneman）為行為財務學發展提供重大貢獻，在 2002 年獲得諾貝爾經濟學獎。更早以前，奧斯卡・摩根斯坦（Oskar Morgenstern）是空中樓閣理論的頭號擁護者，他主張，尋找股票的內在價值好比大海撈針。他認為每位投資人都應該在書桌前張貼下列這句拉丁格言：

物品的價值只值其他人願意付錢購買的價格。

（Res tantum valet quantum vendi potest.）

請隨我漫步

導論已經結束，請隨我輕鬆的走進投資樹林，隨機漫步華爾街。我的第一項任務是讓你熟悉過去的各種訂價模式，以及這些模式如何影響前文提及的兩種投資訂價理論。喬治·桑塔亞那（George Santayana）曾提醒過，如果不能記取過去的教訓，必定會重蹈覆轍。因此，我會列舉一些不可思議的瘋狂行為作為參考，其中有些發生在很久以前，有的則是近在眼前。各位讀者當中也許有些人會對 17 世紀荷蘭人搶購鬱金香鱗莖（tulip bulb），或是 18 世 紀 英 國 的「南海泡沫」（South Sea Bubble）嗤之以鼻。但是，沒有人會漠視 1970 年代的「50 檔熱門成長股」（Nifty Fifty）狂潮、日本房市與股市令人目眩的榮景和 1990 年代初期同樣壯觀的大崩盤、1999 年與 2000 年代初期的網路泡沫，以及 2006 ～ 2007 年美國房市泡沫。除此之外，2020 年代所謂的迷因股（meet stock）與加密貨幣投機熱潮也再再提醒我們，市場或許會改變，它的基本運作方式仍舊保持不變。這些事件一再提醒我們，不論散戶或投資專家都很難避免重蹈覆轍。

第 2 章

瘋狂的群眾

10 月是從事股票投機很危險的一個月份;其他也很危險的月份
是 7 月、1 月、9 月、4 月、11 月、5 月、3 月、6 月、12 月、
8 月以及 2 月。

——馬克·吐溫(Mark Twain)
《傻子威爾森》(*Pudd'nhead Wilson*)

　　歷史上每一次的極端投資狂熱都會展現一種明顯的特質,
就是近似瘋狂的貪婪。市場參與者由於賺錢心切,寧可將價值
這項基準拋諸腦後,一頭熱的相信可疑但刺激的假設,自認為
可以藉由蓋起空中樓閣大賺一筆。這種想法甚至席捲全世界。

　　這種投機心理就是一座荒謬的劇場,在本章裡,會有幾齣
好戲上演,分別由荷蘭的鬱金香狂熱、英國泡沫,以及美國美
好舊時光的藍籌股(blue-chip stock)*熱潮時期的人們登場,蓋
起空中樓閣。在每一個案例中,或許有些人真的賺到錢,但是
只有極少數人全身而退。

---

* 編注:即大型績優股。

　　歷史在這方面的確給我們留下教訓：儘管空中樓閣理論很能解釋投機的狂熱心理，但是想要猜透善變群眾的反應實在非常危險。古斯塔夫・勒龐（Gustave Le Bon）在 1895 年出版的群眾心理學經典中說：「當群眾聚在一起時，集體展現的是愚蠢，而非智慧。」這本書顯然很少人讀過。單純靠心理因素支撐的高漲行情，必然會因為財務重力法則而導致崩盤。不合理的高價或許可以持續幾年，但終究還是要反轉，而且將伴隨突如其來的震盪。行情愈瘋狂，反轉後價格就跌得愈深。當一切土崩瓦解之際，那些不顧一切的築夢者當中，只有極少數人足夠機警能預期到行情反轉，及時逃脫。

鬱金香狂熱

　　鬱金香狂熱是歷史上最壯觀的一次暴富熱潮。尤其是這起事件居然發生在 17 世紀初沉靜古老的荷蘭，更顯得超乎尋常。事件起源於 1593 年一位來自維也納的新任植物學教授，他將原產於土耳其的新奇植物帶到萊登市（Leiden）。荷蘭人著迷於花園裡這些新寵，不過很不滿意教授開出來的價格（教授希望開高價大賺一筆）。於是，某個夜晚，小偷闖入教授家偷取鬱金香鱗莖，後來還用比較低的價格出售，但依然賺了不少錢。

　　在接下來十多年內，鬱金香成為荷蘭人庭園裡流行的昂貴珍品。許多鬱金香感染非致命的嵌紋病毒（mosaic virus），反倒

引起瘋狂的熱潮，因為這些花瓣會長出色彩對比強烈的條紋或是火焰般的紋路。荷蘭人愛極了這些染病的鱗莖，甚至稱它們為「奇異」（bizarre）。在短時間內，大眾的喜好使得愈「奇異」的鱗莖價格愈高昂，從而引發一場瘋狂的投機熱潮。

　　鬱金香狂熱漸漸加溫。剛開始，花商只是預測來年最受歡迎的斑紋樣式，就像服飾製造商預測大眾喜愛的布料、顏色、衣長一樣。接著，他們大量買進，坐等價格上漲。於是鬱金香鱗莖的價格開始飆漲，價格漲得愈高，人們就愈覺得這些植株值得投資。查爾斯・麥凱（Charles Mackay）在《異常流行幻象與群眾瘋狂》（*Extraordinary Popular Delusions and the Madness of Crowds*）中詳細記錄這次事件，並提到荷蘭的一般產業因為鬱金香投機熱潮而萎縮：「貴族、平民、農人、工人、船員、男僕、女僕，甚至就連掃煙囪的人和年老的洗衣婦都來『玩』鬱金香。」每個人都認為鬱金香狂熱會永遠持續下去。

　　認為花價不可能繼續上漲的人，滿懷懊惱的看著親朋好友賺大錢，實在很難抗拒一起參與的誘惑。這股熱潮最後幾年，大概是 1634 ～ 1637 年初，人們甚至不惜以物易物，拿土地、珠寶與家具換取鱗莖，希望變得更有錢，導致價格達到高不可攀的地步。

　　金融市場有項天賦，當人們需要投機的機會時，市場都能提供工具。這項引誘鬱金香投機者的工具叫做「買權」（call option），和現今股市盛行的選擇權買權類似。

持有買權的人，有權利在某段期間內以特定的價格（通常接近市價）購買鬱金香鱗莖（要求交割）；買進選擇權的權利金約為當時市價的 15 ～ 20%。所以，舉例來說，市價 100 荷蘭盾的鱗莖，買權大約只要 20 荷蘭盾。當鱗莖的市價漲到 200 荷蘭盾，持有買權的人就可以執行選擇權，以 100 荷蘭盾買進鱗莖，再以市價 200 荷蘭盾賣出，獲利 80 荷蘭盾（買賣鱗莖的價差為 100 荷蘭盾，再減去買權費用 20 荷蘭盾）。如此一來，投資人等於賺了 4 倍，如果直接買賣鱗莖卻只能賺 2 倍。選擇權是利用槓桿原理增加潛在報酬的一種投資方法，不過，風險也會隨著大幅增加。這種方法與其他類似機制可以擴大市場參與的程度，和今日金融市場的做法如出一轍。

洋蔥悲劇

這段歷史充滿各種悲喜情節。其中一段故事的主角是一位歸航水手，他到富商家中報告新貨到岸的消息。富商端出上等的紅鯡魚早餐獎勵他，而他看見長桌上放著一顆「洋蔥」，壓根沒想到這顆「洋蔥」被放在絲緞和天鵝絨上有多不合理，就拿它當鯡魚的配料吃下肚。他哪裡知道，這顆「洋蔥」的身價可以養他們全船的人吃一年；它就是身價不凡的鬱金香品種「永遠的奧古斯都」（Semper Augustus）。水手為這餐佐料付出慘重的代價，對他已經毫無感激的富商以重罪控告他，水手為

此下獄好幾個月。

　　歷史學家經常把過去的事件搬出來重新解釋，有些金融史學者在重新檢視過去許多金融泡沫的證據後提出論證，認為部分價格波動還是保有理性。彼得・嘉寶（Peter Garber）就屬於這類歷史修正主義者，他認為 17 世紀荷蘭的鬱金香價格波動，比一般人的認知還要更符合理性邏輯。

　　嘉寶的論點有幾分道理，我也認為那段時間的花價並非完全失去理性。以「永遠的奧古斯都」為例，它的確稀有而美麗，根據嘉寶的考證，早在鬱金香狂熱之前它就身價不凡。嘉寶的研究還指出，即使在市場崩盤後，稀有花種的價格縱然只剩下顛峰時期的零頭，卻依然昂貴。不過，嘉寶仍然無法解釋，為什麼 1637 年 1 月鬱金香鱗莖的價格會暴漲 20 倍，緊接著 2 月卻出現更大幅度的暴跌。顯然，這個現象就像所有投機熱潮一樣，當價格爬升得太高，總會有人居高思危，開始獲利了結，其他人很快也跟進賣出。在這之後，鬱金香鱗莖的價格就像雪球滾下山一般，以愈來愈快的速度貶值，市場沒多久就受到恐慌籠罩，價格一瀉千里。

　　政府官員公開發表聲明，表示鱗莖的價格跌得毫無道理，但無人理睬。花商一一破產，不再履約購買鬱金香鱗莖。即使政府提出計畫，調降履約價至合約面值的 10％，也一樣受挫，因為鱗莖價格跌得比調降後的履約價還要低。而且價格一路下滑，不斷探底，跌到大多數鱗莖幾乎一文不值，甚至和洋

蔥價格相當為止。

南海泡沫

假設你的股票經紀人打電話來，推薦你投資一間沒有業績、沒有獲利、只有光明前景的新公司，當你問：「這間公司是做什麼的？」對方回答：「很抱歉我不能透露，但保證絕對是一本萬利。」你會說這是一場騙局，而且你可說對了。但是，在 300 年前的英國，這類投資卻炙手可熱。如你所料，所有投資人都玩火自焚到重傷。這個故事告訴我們，欺騙是如何驅使貪婪的人更迫切與自己的錢財分道揚鑣。

南海泡沫時期正是英國人在市場撒錢的好時機，由於長期經濟繁榮，國內儲蓄過多、投資支出過少。在當時，持有股票被視為是一種特權。舉例而言，直到 1693 年，東印度公司只有 499 位股東，他們都透過持股獲利，尤其股利也不用課稅。股東當中有男也有女，因為股票是女性可以獨立擁有的少數幾種財產。為了幫助政府重建債信，南海公司（South Sea Company）於 1711 年創立，「正好」滿足大眾對投資工具的需求。這間公司承接將近 1,000 萬英鎊的政府債務，因而獲得所有在南海貿易的獨占特權。大眾認為在南海貿易有厚利可圖，於是對這間公司的股票情有獨鍾。

打從一開始，南海公司就是靠著犧牲別人來發財。由於政

府公債持有人的債權被轉移給南海公司，投資人直接把債券換成南海公司股票。事先知道債權將移轉的人，則悄悄的以 55 英鎊的低廉價格買進政府公債，等南海公司成立時再換成票面價值 100 英鎊的南海公司股票。這間公司沒有一位董事具備南美貿易的經驗，但他們還是很快就準備好運送非洲奴隸的船隻（當時奴隸買賣是南美貿易其中一項黃金業務）。可是，奴隸在運送船上的死亡率實在太高，這項生意並不賺錢。

　　不過，這間公司的董事相當善於經營門面。他們在倫敦租下氣派的辦公室，董事會議室裡放進 30 張以山毛櫸木製作、鍍金釘子裝點、好看卻不好坐的黑色西班牙式軟墊座椅。與此同時，這間公司有一船羊毛原本應該送到急需羊毛的墨西哥維拉克魯茲市（Veracruz），卻被誤送到哥倫比亞卡塔赫納市（Cartagena），又因為沒有買家，羊毛就在碼頭上腐壞。儘管如此，南海公司的股票絲毫不受影響，在往後幾年內，即使因為配發股利而稀釋獲利，還碰上英國與西班牙交戰導致貿易暫時中斷，股價依然緩緩上漲。寫下出色史書《南海泡沫》（*The South Sea Bubble*）的約翰・卡斯威（John Carswell）如此形容當時大力炒作股票的董事約翰・布朗特（John Blunt）：「他若無其事的右手拿著祈禱書、左手拿著股票公開說明書過活，卻絕不讓右手知道左手做了什麼壞事。」

　　在海峽對岸，有一個被流放的英國人約翰・羅（John Law）在法國創立另一間公司。羅的人生大志是以紙幣代替金

屬貨幣，創造更多流動性。（比特幣提倡者接續的是這樣悠久的傳統。）為了達成這個目的，他收購一間荒廢的密西西比公司（Mississippi Company），把它發展成企業集團，並成為有史以來資本最大的公司。

密西西比公司向歐洲大陸的投機客吸收資金，「百萬富翁」（millionaire）這個詞就是在當時創造出來。也難怪短短兩年內，這間公司的股價毫無理由的從 100 英鎊漲到 2,000 英鎊。密西西比公司在法國的股票總市值，甚至一度超過法國所有黃金與白銀總價值的 80 倍。

同一時間，回到海峽這一側的英國，有些沙文主義者開始出現在議會裡，質疑「為什麼錢都要流往法國的密西西比公司？」「英國沒有類似的公司嗎？」答案是「有」，就是前景略見好轉的南海公司，特別是有消息傳出英國將與西班牙和談，在南海的貿易從此通行無阻。此外，墨西哥也等著要淘空金礦，交換英國盛產的棉花與羊毛產品，這正是自由企業的大好時機。

1720 年，貪得無厭的董事決定要藉著公司的聲譽謀利，南海公司承擔整個國家高達 3,100 萬英鎊的債務。此舉雖然大膽魯莽，大眾卻反應良好。當法案送入國會時，股價迅速由 130 英鎊上漲到 300 英鎊。

所有對法案有興趣並協助法案通過的人，都得到免費的股票作為回報，他們可以等股價上漲後再「賣回」給公司，坐收

差價。受贈者包括英國國王喬治一世的情婦，還有她那些和國王容貌相似的「姪女」。

國王也很難抗拒

　　1720 年 4 月 12 日，法案通過五天後，南海公司以每股 300 英鎊發行新股。投資人可以分期付款，頭期款 60 英鎊，餘額分八期繳清。這種好機會連英國國王也難以抗拒，認購高達 10 萬英鎊的股票；還有投資人因為搶購股票而大打出手。為了滿足大眾的胃口，南海公司董事宣布再度發行新股，每股價格 400 英鎊，依然搶購一空，股價在一個月內就漲到 550 英鎊。6 月 15 日，又有另一批新股上市，付款方式更輕鬆，頭期款只有股價的 10％，而且買進第一年不必額外支付任何費用。於是，股價馬上飆到 800 英鎊。有一半的上議院議員和超過半數的下議院議員都買了股票。最後，這波投機熱潮完全沸騰，股價幾乎觸及 1,000 英鎊。

　　最後，連南海公司也無法滿足這麼多急著撒錢的傻瓜。投資人開始尋找新的冒險機會搶進，如同今日的投機客在尋找下一個微軟（Microsoft）一樣，在 1700 年代初期的英國，投資人都想要找到下一個南海公司。證券發行人不得不把大量新股送進市場，以滿足永不饜足的投資需求。

　　日子一天天過去，從新穎到荒謬的新融資提案層出不窮，例如從西班牙進口大量公驢（雖然英國公驢量充足），或是海

水淡化計畫;推銷的投資計畫也日益浮誇,部分還帶有詐欺手段,好比推廣要用木屑製作木板等。當時有將近一百種不同的投資計畫,一項比一項更誇大不實,但是都提供無窮的致富希望。那些計畫很快便獲得「泡沫」的美名,這個比喻真是再恰當不過,它們就像泡沫一樣,一下就破滅,通常只維持一週左右。

當時的群眾似乎什麼都要買。在那段期間內尋求融資的新公司名目五花八門,像是造船抵禦海盜、促進英格蘭育馬事業、真髮交易、為私生子建醫院、從鉛金屬提煉銀、從小黃瓜當中萃取太陽光,甚至建造一個永遠不停止運轉的輪子。

最荒謬出眾的是由一位不知名人士所創立的「財源持續滾滾來,沒人知道怎麼來」公司,公開說明書上保證投資人可以獲得前所未聞的厚利。股票認購名冊在早上 9 點開放,各行各業的投資人蜂擁而入、爭先恐後,還把門都擠倒了。五小時內就有 1,000 名投資人捧著鈔票來換新公司的股票。不過,這位股票發行人並不貪多,他迅速關上店門前往歐洲大陸,從此下落不明。

更傻的傻瓜

並不是所有泡沫公司的投資人都認為公司的計畫可行,在這一個層面上,他們倒是顯得「太明智」。然而,他們相信「更傻的傻瓜」理論,認為股價一定會漲,一定找得到接手的買

家、自己一定會賺錢。所有投資人都自認為是出於理性才認購股票，並預期能在「次級市場」（aftermarket）溢價賣出，也就是說，可以在之後的交易市場用比較高的價格脫手。

正所謂「神在毀滅一個人之前，必先嘲弄他一番」，末日將至的徵兆顯示在一組「南海撲克牌」上。這組卡牌裡的每一張牌分別印有一間泡沫公司的諷刺畫，配上一段對應的說明文字。其中，帕克爾機械公司（Puckle Machine Company）成立的目的是製造圓形與方形的砲彈與子彈發射器，他們宣稱這些產品將改變戰爭的藝術。南海撲克牌的「黑桃八」（圖 2-1）上如此描寫這間公司：

> 毀滅群眾的罕見發明，
> 只毀滅國內傻瓜，卻不毀滅國外敵人；
> 我的朋友啊，別害怕這恐怖的機器，
> 它只會傷害那些股東。

許多個別的泡沫被戳破並沒有讓投機狂熱降溫，1720 年 8 月，南海公司的泡沫破滅已經無可挽回，行情才終於崩盤。事件由南海公司的董事與職員一手造成，他們明白公司實際的前景不足以支撐股價，便於夏季出清持股。

消息走漏後，股價跟著下跌，崩盤以及恐慌很快就接踵而至。圖 2-2 顯示南海公司的股價大起大落，連政府官員都無力

圖 2-1　南海撲克牌的「黑桃八」牌面圖案

圖 2-2　1717 ～ 1722 年英國南海公司股價走勢

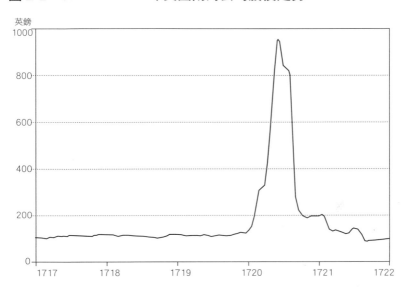

資料來源：Larry Neal, *The Rise of Financial Capitalism* (Cambridge University Press, 1990)。

挽回大眾的信心，政府債信幾乎全面破產。同樣的，當群眾終於明白過多紙幣並不能增加實質財富，只會帶來通貨膨脹的時候，密西西比公司的股票也跌得不值錢了。南海泡沫的大輸家包括知名科學家牛頓（Issac Newton），據聞他曾經說過：「我可以計算天體運行，但無法計算人類的愚蠢。」空中樓閣就是如此。

　　為了避免大眾再度受到愚弄，英國國會通過《泡沫法案》（Bubble Act），禁止公司發行股票。直到 1825 年法案廢止前，

英國股市的股票數量實在寥寥無幾。

華爾街一敗塗地

　　鬱金香狂熱與南海泡沫都已經是陳年舊事。現代社會有可能重演類似的事件嗎？讓我們把眼光拉到近代，看看 1920 年代的美國，這塊機會樂土在強調自由與成長之下，卻產生文明社會裡最壯觀的投機熱潮以及崩盤。

　　此時的美國經歷無可比擬的繁榮，正好是投機的理想環境。人人都對美國企業信心十足，正如卡爾文・庫里吉（Calvin Coolidge）所言：「美國的事業才叫事業。」商人被比擬為傳教士、幾乎被神化，人們甚至反向形容這樣的類比關係，例如廣告公司 BBDO（Batten, Barton, Durstine & Osborn）的布魯斯・巴頓（Bruce Barton）在《無人了解的人》（*The Man Nobody Knows*）中，就將耶穌比喻為「第一位生意人」，而耶穌的寓言則變成「史上最強大的廣告宣傳」。

　　到了 1928 年，股市投機已經成為美國全民的休閒活動。1928 年 3 月初到 1929 年 9 月初的股價漲幅，完全和 1923 年到 1928 年年初的漲幅相等，產業龍頭公司的股價有時還會一天上漲 10 ～ 15 美元，參見表 2-1。

　　並不是「所有人」都在股市裡投機，但是融資買進股票的交易金額的確由 1921 年的 10 億美元，增加到 1929 年的近 90

表 2-1　1928 年 3 月～ 1929 年 9 月
美國產業龍頭公司的股價漲幅

股票名稱	1928/3/3 開盤價	1929/9/3 盤中最高價 *	18 個月以來 的漲幅
AT&T	179 ½	335 ⅝	87.0
伯利恆鋼鐵	56 ⅞	140 ⅜	146.8
通用電器	128 ¾	396 ¼	207.8
蒙哥馬利郵購	132 ¾	466 ½	251.4
國家收銀機	50 ¾	127 ½	151.2
美國無線電（RCA）	94 ½	505	434.5

* 數字已經根據 1928 年 3 月 3 日後的股票分割與股票股利進行調整。

億美元。雖然 1929 年大約只有 100 萬人融資買進股票，但是投機精神普遍深植人心，影響範圍和歷年幾次投機熱潮相同，狂熱程度卻是前所未見。更重要的是，股市投機已經成為文化主流。約翰・布魯克斯（John Brooks）在《在哥爾康達》（*Once in Golconda*）*中引述一位剛到紐約的英國記者說的話：「你可以談論禁酒、海明威、空調、音樂或賽馬，但是最後你一定要談到股票市場，談話才算是真正開始。」

　　不幸的是，有太多面帶微笑的股票作手熱心幫助大眾建造空中樓閣，他們炒作股票的做法，簡直恬不知恥到無以復加的

---

* 作者注：哥爾康達是一座印度城市，但現在已經成為廢墟。根據傳說，路過這座城市的人都會變有錢。

地步。股友社的運作就是最佳例子，有一間股友社在短短 4 天內把美國無線電公司（RCA）的股票炒高 61 美元。

　　股友社一方面靠著和大眾緊密合作來運作，另一方面則是蔑視大眾。這類組織通常剛開始是幾個交易員聚在一起炒作特定股票，他們會推派一個人擔任經理（這個人通常被視為高手），並保證不會私下操盤互相欺瞞、扯後腿。

　　股友社經理會在數週內默默吃貨，囤積大批股票，狀況允許的時候也會買進選擇權，以便未來能夠以目前的市價買進大量股票。接下來，他會努力拉攏證券交易的「專業經紀人」加入陣營。

股友社的把戲

　　股友社會員和專業經紀人同進同出，這些專業經紀人是證券經紀商的經紀人。如果一檔股票的市價是 50 美元，你指示經紀商要在 45 美元買進，經紀商通常會把這張訂單留給專業經紀人處理。當股價降到 45 美元，專業經紀人就會替你買進。這種在市價以下買進、在市價以上賣出的指令都記錄在專業經紀人（應該不會公開）的委託簿裡。現在你總算明白，為什麼專業經紀人對股友社這麼重要了吧！委託簿上記載著低於現價買進、高於現價賣出的委託單張數，盡可能多了解大眾手中的牌總是有幫助。現在，真正的好戲要上場了。

　　一般說來，這個時候股友社的經理會讓社員互相交易。舉

例來說，張三以每股 40 美元賣出 200 股給李四，李四再以每股 40.125 美元賣回給張三。接著，兩人再用相同的方式，以每股 40.25 美元與 40.5 美元互相交易 400 股。再繼續以每股 40.625 美元與 40.75 美元互相交易 1,000 股。這些買賣紀錄就透過電報紙條傳送到全美國，擠在證券行觀看行情的所有投資人，都看得到交易活動的錯覺，這類活動通常被稱為「沖銷交易」(wash sale)，可以讓人以為將會有大事發生。

此時，由股友社經理控制的記者與評論員開始報導令人興奮的進展。股友社的經理也會設法確保由公司管理階層流出的消息能展現愈來愈多的「利多」，只要一切順利，尤其正逢 1928 ～ 1929 年那種不可錯失的投機氣氛，再加上交易活動與新聞操作兩相結合，群眾就會跟進。

等到群眾跟進後，混戰就開始了，這也正是小心偷偷抽身的最佳時機。當群眾買進，股友社就賣出，股友社經理也開始把股票倒回市場，開始是小量的賣，然後在大眾察覺前漸漸增加賣出量、再放大交易量。最後，股價像雲霄飛車一樣一路下滑，股友社成員都大筆獲利入袋，群眾則是滿手握著突然貶值的股票。

不過，這種騙人的把戲不一定要結黨組成股友社才能玩，許多人自己就玩得很好，特別是公司高階主管與董事。以當時美國第二大的大通銀行(Chase Bank)老闆艾伯特・魏京(Albert Wiggin)為例。1929 年 7 月，魏京對於當時股票行情攀升到

極高點感到相當不安，因此不想再站在多方。（據謠傳，他參加股友社炒作大通銀行股價，賺進數百萬。）他相信大通銀行的股價前景黯淡，於是放空 4 萬 2,000 多股。「放空」是在股價下跌時賺錢的方法，做法是賣掉現在手中沒有的持股，期望以後用比較低的價格買回股票；這跟買低賣高的道理相同，只是順序相反。

魏京掌握住恰到好處的時機，在他放空之後，大通銀行的股價立刻下跌，秋天崩盤時更是急轉直下。到 11 月底結清時，他已經賺進數百萬美元，而且很顯然這種利益衝突的矛盾並沒有帶給他困擾。平心而論，我們必須指出，魏京在那段期間持有的淨部位仍然能讓他保有大通銀行的經營權。不過，現今法律已經禁止這種短線謀取暴利的內線交易了。

貝森缺口

1929 年 9 月 3 日，大盤指數達到此後 25 年都沒有追上的頂點。「無盡的繁榮之鏈」即將斷裂；不過早在這之前幾個月，一般商業活動其實已經在走下坡。第二天，股價開始下跌。再過一天，9 月 5 日股價暴跌，出現所謂的「貝森缺口」（Babson Break）。

「貝森缺口」是為了記念住在麻薩諸塞州威爾斯利鎮（Wellesley）的理財顧問羅傑・貝森（Roger Babson）。這位身形瘦弱、蓄著山羊鬍、看起來古靈精怪的金融專家，在 9 月 5

日某場金融午餐會上說：「我要重複去年和前年在這裡說過的話，提醒各位，股市遲早會崩盤。」華爾街專家則對這位「威爾斯利哲人」的宣言報以一貫的嘲笑。

如同貝森所說，他幾年前就已經預言到崩盤，但一直沒機會證實。當天下午兩點，新聞電報上引用貝森說的話（指道瓊財經新聞電報，每間券商公司都有一台新聞電報機，它是非常重要的設備），股價果真一落千丈。當天交易時間最後一個小時，行情完全失控，AT&T 下跌 6 美元、西屋電氣（Westinghouse）下跌 7 美元、美國鋼鐵（U. S. Steel）下跌 9 美元。預言就此成真，一個月前完全無法想像的股市崩盤，在貝森缺口之後，突然變成公眾談論的話題焦點。

市場信心搖搖欲墜。整個 9 月裡，壞日子遠比好日子還要多，有幾天股市更大幅下跌。銀行家與政府官員還向民眾保證，完全不需要憂慮。內在價值理論先驅、耶魯大學教授爾文・費雪（Irving Fisher）則提出一句流傳不朽的名言，表示股票已經達到「永久的高原」。

10 月 21 日星期一，歷史性的股市崩盤已經準備好要步上舞台。股價下跌導致許多融資投資人面臨更多保證金追繳，無力支付或不願意繳交保證金的投資人，都被迫出售持股。股價因此繼續下跌，被追繳的保證金愈來愈高，最後變成追繳與賣壓反覆的惡性循環。

這一天，成交量衝破 600 萬股，電報紙條多到來不及顯

示，全美國成千上萬名在證券公司觀看報價的投資人心焦不已。直到收盤後1小時又40分鐘，電報機才印出最後一筆交易。

　　不服輸的費雪不願意承認現實，他駁斥股價下跌是「把想要融資投機的瘋狂群眾震醒」。他甚至說，高點時的股價還沒反應出真正的價值，股價會再上漲。此外，他認為股價也還沒有反應出禁酒令的利多消息，因為禁酒令會讓美國工人「更有生產力、更可靠」。

黑色星期四

　　到了 10 月 24 日（這一天後來被稱為「黑色星期四」），成交量達到 1,300 萬股。有時候，交易價格還會一次下跌 5 美元、甚至 10 美元，許多檔股票更是在幾小時以內就下挫 40、50 美元。第二天，時任美國總統赫伯特·胡佛（Herbert Hoover）發表那一段知名的樂觀判斷：「本國產業的基礎……不但健全而且繁榮。」

　　1929 年 10 月 29 日星期二，紐約證券交易所（New York Stock Exchange）迎來歷史上最悲慘的日子，在這之後，只有 1987 年 10 月 19 日與 20 日的股災可以相比。1929 年的這一天，成交量超過 1,640 萬股；1929 年的 1,600 萬股，相當於現今的數十億股，因為現在市場裡的股票比較多。10 月 29 日這一天，股價幾乎是垂直下降，跌跌不休，表 2-2 可看出當年秋天與往後三年的下跌狀況。除了預期中比較「安全」的 AT&T

只跌掉 75％股價，其他大部分績優股都在 1932 年行情觸底前
跌掉 95％，或是更多。

　　這場災難的最佳結論，應該是娛樂週刊《綜藝》(*Variety*)
的封面故事標題：「華爾街一敗塗地。」投機行情死亡，數十
億美元的股票市值蒸發，數百萬人的美夢也泡湯了。隨著股市
崩潰，緊接而來的是歷史上最嚴重的經濟大蕭條。

　　不過，有些修正主義歷史學者又要說，1920 年代末期的
股市狂熱有道理可循。例如，哈洛德・比爾曼二世（Harold
Bierman Jr.）在《1929 年大迷思》(*The Great Myths of 1929*)中
指出，考量到無法完全預知未來的狀況下，1929 年的股價並
沒有明顯偏高，畢竟連費雪或凱因斯這等聰明人也認為股價合
理。比爾曼又說，要是沒有不當的貨幣政策作怪，當時市場上

表 2-2　1929 ～ 1932 年績優股股價變動

股票名稱	1929/9/3 盤中高價 *	1929/11/13 盤中低價	1932 年 最低價
AT&T	304	197 ¼	70 ¼
伯利恆鋼鐵	140 ⅜	78 ¼	7 ¼
奇異公司（General Electric）	396 ¼	168 ¼	8 ½
蒙哥馬利郵購	137 ⅞	49 ¼	3 ½
國家收銀機	127 ½	59	6 ¼
美國無線電（RCA）	101	28	2 ½

* 此表格已經根據 1929 年 9 月 3 日後的股票分割與股票股利進行調整。

瀰漫的極端樂觀氣氛將能夠鞏固股價。在他看來，聯準會提高利率來懲罰投機客的政策，才是引發崩盤的原因。他的話不是全無道理，現今的經濟學家也往往把 1930 年代的大蕭條歸咎於聯準會，是他們放任貨幣供給量大幅緊縮才導致惡果。不管怎麼說，歷史給我們的教訓是，股價突然大漲後，很少會平緩的回落到相對穩定的價格。所以，就算 1930 年代的景氣依然繁榮，股價也絕不可能維持住 1920 年代末的漲勢。

此外，封閉型基金價格的走勢很反常（我會在第 15 章談到），也是 1920 年代股市出現大規模不理性行為的鐵證。這些封閉型基金的「根本」價值，應該等同於基金持有股數的總價值。在 1930 年以後，這些基金都是折價出售，價格經常低於資產淨值的 10 ～ 20％。然而在 1929 年 1 ～ 8 月，一般封閉型基金卻是以溢價 50％出售，那些知名基金的溢價更是驚人。高盛交易公司（Goldman Sachs Trading Corporation）的基金價格是資產淨值的兩倍，三洲公司（Tri-Continental Corporation）的基金價格是資產淨值的 256％。這表示，如果你要買進 AT&T 公司，明明可以向券商以市價買進，但是如果透過基金公司買進，就要支付市價 2.5 倍的價格。正是這股不理性的投機熱潮，把這些基金的價格炒到遠高於它們持有股票的價值。

為什麼我們學不會教訓？

　　為什麼人們的記憶如此短暫？為什麼這些投機狂熱不會在歷史上留下教訓？我無法提出適當的答案，但是我贊成投資大師伯納德‧柏魯克（Bernard Baruch）的說法，他認為，研究這些歷史事件可以幫助投資人免於滅頂。根據我的經驗，總是在股市裡吃敗仗的輸家，正是那些無法抗拒鬱金香狂熱的人。然而，這麼顯而易見的危險，卻經常被人們忽略。

第 3 章

1960 ～ 1990 年代的投機泡沫

每件事情都有意義，端視你能否領會。

——路易斯・卡羅（Lewis Carroll）
《愛麗絲夢遊仙境》（Alice's Adventures in Wonderland）

　　群眾的瘋狂實在令人嘆為觀止。有鑑於我之前舉的例子，
還有其他我沒有提到的例子，愈來愈多人選擇把錢交給專業的
資產管理經紀人，這些經紀人負責管理大型年金、退休基金、
共同基金，以及投資顧問組織。群眾也許瘋狂，法人可不然。
說得太好了，我們現在來瞧瞧法人到底有多清醒。

法人壟斷市場

　　在 1990 年代以前，法人掌握紐約證券交易所 90％以上的
成交量。人們理所當然的認為，冷靜、審慎做決策的專家應該
可以確保過去不切實際揮霍資金的狀況不再出現。不過，在

1960 ～ 1990 年代間，專業投資人的確參與過幾次顯而易見的投機活動。每一次，這些專業的法人爭相搶進股票，都不是根據磐石理論判斷股票被低估，而是因為他們認為會有更笨的傻瓜用更高的價格接手。既然這些投機活動與今日的股市息息相關，多了解這些法人機構的過往應該會對你很有幫助。

股價起飛的 1960 年代

新「新紀元」：成長股與新股狂熱

　　故事得由 1959 年我剛進入華爾街工作時說起。在那個時候，「成長」是個充滿魔力的字眼，彷彿具有某種神祕的重要性。IBM 和德州儀器（Texas Instruments）等成長型公司的本益比暴衝到超過 80 倍（一年後，這兩檔個股的本益比就落到 20、30 多倍）。

　　只有極少數人質疑這些股票的評價是否合理。雖然這些成長股的股價在磐石理論的檢視下根本站不住腳，但是投資人依然相信會有買家願意出更高的價格。我想，凱因斯一定正在那些經濟學家死後將前往的世界裡看著一切，嘴角還帶著淡淡的微笑。

　　我依然清楚記得當時公司裡一位資深同事搖著頭感嘆，他說所有對 1929 ～ 1932 年大崩盤記憶猶新的人，都不會買進或是持有被高估的成長股，但是現在這些毛頭小子卻抱著這些股

票滿街跑。《新聞週刊》（*Newsweek*）引述一位經紀商的話，他指出投機者總是認為自己買的東西：「隔天就會漲一倍，但可怕的是，它真的發生了。」

不過，好戲還在後頭。證券發行人為了滿足投資人對 1960 年代太空世紀股（space-age stock）的無盡需求，把大量新股推上市。在 1959 ～ 1962 年間，新上市股票的數量比以往任何時期都還要多，而且無論是投資人的狂熱程度，或是發行新股的公司業務誇大不實的程度，都足以媲美南海泡沫。

這波熱潮又稱為電子熱（tronics boom），因為這批新股的名稱都刻意夾帶「電子」（electronics）這個詞來混淆視聽，公司業務卻和電子業完全無關。而投資人其實也不在意這些公司到底生產什麼產品，只要公司名稱聽起來夠「電子」，又讓人覺得深奧難懂就行了。舉例來說，美國音樂工會（American Music Guild）做的是挨家挨戶推銷黑膠唱片與唱機的生意，但在公開上市前改名為太空之音（Space-Tone），短短幾週內，股價就從上市價 2 美元漲到 14 美元。

德雷弗斯公司（Dreyfus and Company）的老闆傑克‧德雷弗斯（Jack Dreyfus）對這波熱潮評論道：

> 有一間做了 40 年鞋帶的小巧公司，本益比只有 6 倍，但是當它把公司名稱從鞋帶公司（Shoelaces, Inc.）改名為電子矽法伯公司（Electronics and Silicon Furth-

Burners）後，股價就跟著水漲船高。在現今的股市
中，「電子」與「矽」價值 15 倍本益比，接著，最重
要的是沒有人懂的詞「法伯」可以讓本益比再加倍。
所以，6 倍本益比來自鞋帶業務，15 倍來自電子與
矽，加起來是 21 倍，再因為法伯這個詞的加乘效
果，所以得出新公司的本益比應該是 42 倍。

　　表 3-1 的數字會說話，就連媽媽餅乾（Mother's Cookie
Corp.）這間公司也有不小的漲幅，試想，如果這間公司改名
為電子媽媽的電子餅乾（Motheertrons's Cookitronics），成績一
定更好。然而，十年後這些公司的股票幾乎一文不值；到了今
天，所有公司都已經不存在。

　　在這段期間內證券交易委員會（Securities and Exchange
Commision）到底跑去哪裡了？新股上市前，發行人不是要先

表 3-1　搭上新股熱潮的公司股價行情

股票名稱	發行日	發行價格	交易首日報價	1961 年最高股價	1962 年最低股價
布頓電子	1961/03/06	5½*	12 ¼*	24 ½*	1 ⅝*
美國地球物理	1960/12/08	14	27	58	9
水空科技	1960/07/19	3	7	7	1
媽媽餅乾	1961/03/08	15	23	25	7

* 每單位股票或權證的價格。

找它們登記嗎？難道發行人與承銷商不會因為提出不實和誤導的說明而受罰嗎？答案是，證券交易委員會的確有在管理，但他們只能依法袖手旁觀。因為只要公司提交合乎要求的公開說明書並提供給投資人，證券交易委員會一點辦法也沒有。舉例來說，當時許多個股的公開說明書封面上，都有用大寫註明的警告文字：

> 警告：這間公司沒有資產也沒有盈餘，而且在可預見的未來一段期間都無法發放股利，持股風險極高。

不過，就像香菸外包裝上的警示標語無法制止人們吸菸一樣，告誡人們這筆投資可能有礙健康的警告自然無法阻擋投機客掏錢。證券交易委員會可以警告傻瓜，但是無法阻止他們撒錢。況且，買進新股的投資人相當確信股價必定會上漲，所以承銷商要擔心的問題不是如何銷售股票，而是如何把股票分配給瘋狂的買家。

不過，「詐欺」與「操縱市場」則是另當別論，證券交易委員會終於可以插手，也的確採取強硬的動作。實際上，許多名不見經傳又圖謀不法的公司，不只負責大部分新股的發行，還出手操縱股價，最後都因為多項侵占罪名而遭到勒令停業。

電子熱在 1962 年終於從雲端跌回地面。昨日還炙手可熱的股票，今日則成了燙手山芋。許多專家都不願意承認自己是

胡亂投機，有一些人說，事後才說股價什麼時候太高、什麼時候又太低很簡單，馬後炮誰不會放。另外還有更小一群人表示，似乎沒有人知道股票的合理價位在哪裡。

綜效力量大：集團股熱潮

金融市場有項天賦，當人們需要某項產品時，這項產品就會應運而生。所有投資人都想要的產品是可以預期每股盈餘成長的公司股票，如果沒有任何名目可以證明成長的存在，多半就會有人想辦法創造。1960 年代中期，有創意的企業家發現，綜效（synergism）會帶來成長。

綜效可以讓 2 ＋ 2 的答案變成 5。也就是說，兩間各有 200 萬美元盈餘的企業合併以後，就能產出 500 萬美元的盈餘。這種神奇又保證有利可圖的新發明，就叫做「集團企業」（conglomerate）。

儘管當時的反托拉斯法規禁止大公司收購同業公司，但是司法部門並不干涉他們收購其他產業的公司。這些公司以綜效之名收購其他公司，表面上看來，合併後的集團企業會獲得更高的業績以及盈餘，這是個別企業很難達到的成果。

實際上，促使 1960 年代企業走向集團化的最大動力是，併購的過程就能提高每股盈餘。確實，集團企業的管理者通常都是財務專家，而不是可以把被收購公司獲利能力提高的營運專家。藉著簡單的小小戲法，大公司把一群沒有成長潛力的公

司聚在一起，製造出穩定增加的每股盈餘。現在，我們來看看這種見不得人的把戲怎麼操作。

假設有兩間公司各有 20 萬股流通在外，一間是電子業的艾伯電路加速公司，另一間是製造巧克力棒的貝克糖果公司。1965 年時，兩間公司的盈餘都有 100 萬美元，等於每股盈餘同樣是 5 美元。假定他們的業績都沒有成長，而且無論合併與否，盈餘水準皆不變。

但是，兩間公司的股價完全不同，艾伯電路加速公司屬於電子業，市場給出 20 倍的本益比，乘以每股盈餘 5 美元後，可以獲得 100 美元的股價。貝克糖果公司的業務比較不吸引人，本益比僅 10 倍，乘以同樣 5 元的每股盈餘後，股價只有 50 美元。

艾伯公司的管理階層想讓公司變成集團企業，提議以 2：3 的比例換股併購貝克公司。也就是說，貝克公司的股東可以用總價值 150 美元的 3 張貝克股票，換到總價值 200 美元的 2 張艾伯公司股票，顯然，貝克的股東應該會樂於接受。

兩間公司合併後的新集團名稱叫做新綜效公司，有 33 萬 3,333 股流通在外，盈餘 200 萬美元，每股盈餘 6 美元。我們可以發現，艾伯公司在 1966 年併購貝克公司後，每股盈餘由 5 美元變成 6 美元，成長 20%，於是先前的 20 倍本益比就顯得相當合理。而且，新綜效（原艾伯公司）的股價也從 100 美元漲為 120 美元，所有人皆大歡喜。此外，被收購的貝克公司

　　股東在賣出新公司股票之前,都不需要為額外的收入繳稅。表
3-2 中,表頭下方前三行顯示艾伯併購貝克前後的交易狀況。

　　一年後,新綜效發現一間盈餘 100 萬美元、有 10 萬股在
外流通、每股盈餘 10 美元的查理公司。查理公司做的是風險
比較高的軍事裝備事業,所以本益比只有 10 倍,等於股價只
有 100 美元。新綜效提議以 1 股換 1 股的方式併購查理公司,
查理公司的股東也樂意用市價 100 美元的股票,交換集團企業
市價 120 美元的股票。到了 1967 年底,這間集團企業有 300
萬美元盈餘,流通在外的股數共 43 萬 3,333 股,每股盈餘提
高為 6.92 美元。

表 3-2　新綜效集團併購前後的交易狀況

	公司名稱	盈餘 (美元)	流通在外 股數	每股盈餘 (美元)	本益比 (倍)	股價 (美元)
併購前 (1965年)	艾伯	1,000,000	200,000	5.00	20	100
	貝克	1,000,000	200,000	5.00	10	50
第一次 併購後 (1966年)	新綜效 (艾伯+貝克)	2,000,000	333,333*	6.00	20	120
	查理	1,000,000	100,000	10.00	10	100
第二次 併購後 (1967年)	新綜效 (艾伯+貝克 +查理)	3,000,000	433,333†	6.92	20	138.4

* 艾伯原有 20 萬股,加上交換貝克 20 萬股而新增的 13 萬 3,333 股,總計 33 萬
　3,333 股。
† 新綜效原有 33 萬 3,333 股,加上交換查理 10 萬股而新增的 10 萬股,總計 43
　萬 3,333 股。

　　這就是集團企業創造成長的案例。艾伯、貝克或查理公司完全沒有成長，就因為合併為集團企業，就能交出如表 3-3 的盈餘成長成績單：

表 3-3　新綜效公司每股盈餘變化

	1965 年	1966 年	1967 年
新綜效	5 美元	6 美元	6.92 美元

　　新綜效公司顯然是成長股，如此優異輝煌的績效表現，為它贏得迅速成長、甚至是以倍數成長的高本益比。

　　這種小把戲的祕訣在於，以高本益比的電子公司股票交換低本益比公司的股票。糖果公司只能用 10 倍本益比的水準「賣出」盈餘，但是當這些盈餘灌入電子公司以後，總盈餘（包括銷售巧克力棒的盈餘）可以達到 20 倍本益比。當新綜效併購的次數愈多，每股盈餘成長得愈快，顯現出本益比高得有道理，於是股票也就愈吸引人。

　　這一連串過程就像連鎖信一樣，只要併購能夠持續帶來指數性的成長，就沒有人會受傷。儘管這套做法不可能長久持續，但一開始就進場的人很難想像會發生這種事。華爾街的專業人士會因為這種集團把戲受騙上當，實在令人難以置信，但是他們的確被蒙在鼓裡好幾年。不過，或許他們也只不過是空中樓閣理論的信徒，相信其他人會落入陷阱。

　　自動灑水器公司（Automatic Sprinkler Corporation）就是把製造成長這套遊戲玩得淋漓盡致的好典範；這家公司後來改名為 A-T-O 公司，接著又在謙虛的總裁費吉先生（Mr. Figgie）敦促下改為費吉國際（Figgie International）。在 1963 ～ 1968 年間，他們的營收成長率為 1,400％，而這項了不起的紀錄完全歸功於併購。1967 年中，這間公司在 25 天以內完成 4 次併購，那些剛剛被收購的公司本益比都偏低，因此自動灑水器公司的每股盈餘急遽升高。市場上對如此「成長」的反應是，在當年就把本益比哄抬到 50 倍以上。於是，股價由 1963 年的 8 美元，攀升到 1967 年的 73.625 美元。

　　自動灑水器公司的總裁費吉善盡公關工作，提供必要的協助，讓華爾街建造空中樓閣。他還盡情揮灑充滿魔力的詞句，談論自由型態公司的活力，以及這種型態和時代變遷與科技的關係。他更謹慎的指出，每一次併購前他都會考慮 20 ～ 30 間公司。華爾街簡直愛死這些說法。

　　費吉先生不是唯一在華爾街行騙的人。其他集團企業的經理人也紛紛自創新詞，迷惑投資大眾，他們提出行銷矩陣（market matrices）、核心科技支點（core technology fulcrums）、模組積木（modular building blocks）與成長核心理論（nucleus theory of growth）等說法，華爾街沒有人知道這些詞的意思，卻都感受到身處在科技主流中的美好。

　　這些集團企業的經理人也找到新招來描述併購的事業，他

們把造船事業說成「海洋系統」；鋅礦開採說成「太空礦物部門」；鋼鐵製造廠變成「材料科技部門」；照明或製鎖公司則是「保護服務部門」。如果有個「不識時務」的分析師，例如來自紐約市立大學而非哈佛商學院出身的人，要是膽敢追問鑄造廠或肉品包裝廠怎麼可能有 15 ～ 20％的成長，會有人告訴他說，效率專家幫助這些公司降低數百萬美元的成本，或是市場研究人員發現無人踏足的新市場，所以很輕鬆就可以在兩年內把淨利率變成三倍。這些集團企業的本益比沒有隨著併購而下滑，反而上升了好一段時間。表 3-4 顯示幾個集團企業在 1967 年的股價與本益比。

　　1968 年 1 月 19 日，集團企業的發展從這一天開始突然變緩，因為近十年來每年保持 20％成長率的集團企業祖師爺利頓工業公司（Litton Industries）宣布，當年第二季的盈餘將遠遠不如預期。於是，一直以來都深信點石可以成金的人們遭到

表 3-4　1967 與 1969 年集團企業股的表現

股票名稱	1967 年		1969 年	
	最高價	本益比	最低價	本益比
自動灑水器（A-T-O）	73 ⅝	51.0	10 ⅞	13.4
利頓工業	120 ½	44.1	55	14.4
泰利黛妮	71 ½*	55.8	28 ¼	14.2

*已根據股票分割調整股價。

失望與震驚打擊，市場隨後就湧現賣壓，集團股股價下跌近
40％以後才稍微回穩。

　　正所謂禍不單行，同年 7 月，聯邦交易委員會（Federal
Trade Commission）宣布將深入調查集團企業的合併案，導致
股價再次下殺。證券交易委員會以及會計專家終於也採取行
動，釐清合併與併購報表的編制方法，於是賣單再度湧現。隨
後，證券交易委員會與負責反托拉斯的美國司法總長發表聲
明，強烈關注與日俱增的企業合併現象。

　　這一波投機熱潮的餘波，暴露出兩項令人不安的因素。第
一，集團企業可能無法管理迅速擴張的帝國；投資人不再受到
集團企業的數學算式迷惑，畢竟 2 ＋ 2 怎麼可能等於 5，有些
人甚至懷疑 2 ＋ 2 可能小於 4。第二，政府與會計專家非常關
心合併案的數量氾濫以及可能引發的弊端。這兩項因素讓投資
人不再冀望單靠合併就可以提高盈餘，集團企業的本益比因而
下降，甚至降到 0 倍。於是，以前那套鍊金術幾乎失效，因為
併購公司的本益比必須高於被併購公司，策略才有用。

　　有趣的是，到了 2000 與 2010 年代，集團分拆反倒蔚為流
行，將子公司分拆成獨立公司通常會得到股價上升的獎賞，而
且分拆後的公司總市值通常會比原來的集團企業還要高。

50 檔績優股

華爾街的專家在 1970 年代決心回歸「穩健原則」，於是概念股離場，換藍籌股上場。因為這些公司不至於像 1960 年代受歡迎的投機公司一樣崩盤，最明智的做法是買進這些股票，然後在高爾夫球場上輕鬆一下。

這種優秀的成長股大約有 50 檔，全是人們耳熟能詳的公司，例如 IBM、全錄（Xerox）、雅芳（Avon Products）、柯達（Kodak）、麥當勞（McDonald's）、拍立得（Polaroid）與迪士尼（Disney）等，合稱「50 檔績優股」（Nifty-Fifty）。這些個股的股本很大，即使法人買進龐大部位也不會影響市場。多數專家都明白進場時機很難掌握，所以買進這些績優股顯得很合理。就算暫時買太貴也無妨，因為它們必定會成長，價格遲早會跟著上漲。此外，因為這些股票就像傳家寶一樣，永遠不會出售，所以又稱為「一次決策」股，意思是只要做一次買進的決策，投資組合管理的問題就解決了。

除此之外，這些個股還提供法人另一層安全保障。這些公司聲譽卓著，所以你絕對不會因為投資 IBM 而受到質疑；儘管 IBM 股價下跌時，你還是會有損失，但不會被認為你不夠謹慎。大型退休基金、保險公司、銀行信託基金就像賽狗場上的靈緹追著機械兔子轉一樣，買足 50 檔一次決策的成長股。令人難以相信的是，他們開始在績優股上投機，表 3-5 說明了一切。滿心歡喜的法人忽略一項事實，沒有一間大型公司的成

表 3-5　50 檔績優股之死

股票名稱	1972 年的本益比 （倍）	1980 年的本益比 （倍）
索尼（Sony）	92	17
拍立得	90	16
麥當勞	83	9
國際香料（Int. Flavors）	81	12
迪士尼	76	11
惠普（Hewlett-Packard）	65	18

長速度能追上 80 或 90 倍本益比的水準。他們再次證明一項鐵律：包裝精美的愚蠢想法也可以聽起來很有智慧。

「50 檔績優股」的狂熱最後也像其他投機熱潮一樣退燒了。原先崇拜績優股的同一群經理人認定股票被高估，於是做出第二次決策，將股票賣出，隨即而來的崩盤使這些績優成長股魅力盡失。

喧囂的 1980 年代
新股熱潮捲土重來

1983 年上半年的高科技新股發行熱潮，幾乎是 1960 年代新股發行熱潮的翻版，只是名稱稍微有些不同，並納入生物科技與微電子等全新的產業領域。這一波熱潮的規模之大，反而

顯得 1960 年代證券發行人的作風過於保守。光是 1983 年新上市個股的總市值，就超過在這之前十年間所有新股的總市值。

　　因此，市場上出現「計畫」大量生產個人機器人的安魯伯公司（Androbot），以及紐澤西三間連鎖餐廳，名稱就叫做狼吞虎嚥公司（Stuff Your Face, Inc.）。當然，市場也喜愛「高品質」的新股，例如藝術品收購公司（Fine Art Acquisitions Ltd.）等，它可不是庸俗的廉價成衣店，也不是生產電腦硬體的公司，而真的是藝術事業。根據個股公開說明書，這間公司專門收購、買賣藝術印刷品與裝飾風藝術雕刻複製品，其中一項主要資產是「漂亮寶貝」布魯克・雪德絲（Brooke Shields）從嬰兒時期到進入普林斯頓大學前的一系列裸照。這些照片原本的主人是叫作蓋瑞・葛羅斯（Gary Gross）的男人（這件事千真萬確）。藝術品收購公司覺得布魯克青春期前 11 歲的照片沒什麼問題，但是她的媽媽不以為然。對布魯克而言，這件事算是圓滿落幕，照片回到葛羅斯的手上，藝術品收購公司從來沒有機會出售這些照片。但是，對藝術品收購公司或是趁著熱潮跟進的大部分新股而言，最後的結局就沒有那麼令人欣喜了。藝術品收購公司連同它在華麗的川普大樓（Trump Tower）裡的畫廊都變成狄安森公司（Dyansen Corporation），最終在 1993 年無力償還債務。

　　穆罕默德阿里公司（Muhammad Ali Arcades International）上市很可能是泡沫破滅的起因。和這段期間上市的其他垃圾股

相比，穆罕默德阿里公司其實沒有什麼突出的地方。不過，這間公司特別的地方是，它展現出 1 分錢仍然可以買很多東西的藝術。他們推出一項方案，1 股加 2 張認股權證只要 0.01 美元，雖然這個金額是內部員工認股價格的 333 倍，不過這種狀況很常見，不足為奇。然而，當人們發現這家公司明明是以拳王的名字命名，這位拳王卻能抵抗誘惑，一股也沒買的時候，大家才決定要看清楚到底是怎麼一回事。許多人看清真相之後相當不開心，於是小型股全面重挫，大跌 90％，尤其新股的首次公開募股股價跌得更慘。

穆罕默德阿里公司的公開說明書封面上，放了一張前任拳王站在倒下的對手身上的照片。阿里年輕氣盛時曾說，他可以「像蝴蝶般飛舞，像蜜蜂般叮咬」（float like a butterfly and sting like a bee）。結果，穆罕默德阿里公司完全無緣上市，另一檔計畫將於 1983 年 7 月上市的安魯伯公司也不見天日。但是，許多公司（尤其是最尖端的科技公司）上市了，和過去一樣，被叮的總是投資人。

Z 最好公司的最大泡沫

Z 最好公司（ZZZZ Best）的傳奇就像霍瑞修・愛爾傑（Horatio Alger）筆下的精采故事一樣吸引投資人。*1980 年代

---

* 編注：愛爾傑是 19 世紀一位多產的小說家，擅長描寫貧困的青年透過努力白手起家，最後取得成功的故事。

是商業發展迅速、企業家一夜致富的年代，貝利・米克（Barry Minkow）是當時真正的傳奇人物。他從 9 歲開始開展事業，當時家中請不起保母，所以小貝利常常跟著媽媽到她經營的地毯清潔公司工作，他在那裡學會打電話招攬生意，10 歲開始清潔地毯。接下來四年內，他利用夜晚與暑假打工，最後存下 6,000 美元，15 歲時買下蒸氣清潔設備，並在自家車庫展開他的地毯清潔事業，公司的名稱就叫「Z 最好」。當時，米克只是個高中生，還不到可以開車的年齡，所以他雇用助手收取、清潔地毯，自己則在課堂上煩惱如何發出每一週的工資。米克賣力工作，公司業務蒸蒸日上，最後還雇用雙親工作，並且引以為豪。18 歲時，他就成了百萬富翁。

　　米克對工作永無止境的狂熱也延伸到自我獎勵上。他開紅色法拉利，住在有大游泳池的豪華房子裡，游泳池底還有一個大大的黑色 Z 字。他寫了一本《在美國成功》（*Making It in America*），書中表示美國青年不夠努力工作。他在歐普拉的節目上化身為華爾街的聰明男孩，還出現在反毒廣告中疾呼口號：「我行事端正，那你呢？」（My act is clean, how's yours?）此時，Z 最好公司已經有 1,300 名員工，據點遍及加州，甚至拓點到亞利桑那州與內華達州。

　　以一間平凡的地毯清潔公司來說，超過 100 倍的本益比不嫌太高嗎？當然不會，因為這間公司的主事者是個強硬的成功企業家。米克最喜歡對員工說的一句話就是：「不聽話就

走路。」（My way or the highway.）他還曾經吹牛說如果媽媽
不按規定做事，也會被開除。當米克告訴華爾街，他的公司
經營得比 IBM 還好，鐵定要成為「地毯清潔界的通用汽車」
時，投資人聽得入迷。當時還有分析師對我說：「這回肯定錯
不了。」

　　到了 1987 年，米克的泡沫在轉瞬間突然破滅，原來，Z
最好公司不只洗地毯，也為匪徒洗錢。Z 最好公司遭指控為犯
罪組織提供掩護，他們讓犯罪組織用「髒錢」投資公司、購買
設備，換回合法清洗地毯賺得的「乾淨錢」。這間公司竟然是
用假合約、假信用卡帳單等手段，捏造出如此驚人的成長；公
司的營運模式也根本是一場大型的龐式騙局（Ponzi scheme），
資金只是從一群投資人手中流到另一群投資人手中。此外，米
克還因為私吞數百萬美元公款挪為已用遭到起訴，他和所有 Z
最好公司的投資人這下麻煩大了。

　　米克根據《破產法》第 11 章申請破產保護之後，進入了
人生的下一章。1989 年，年僅 23 歲的米克被控 57 項罪名、
判刑 25 年，並且必須償還他盜用的公款共 2,600 萬美元。美
國地方法院拒絕從輕量刑，法官對米克說：「你是個危險人
物，因為你口齒伶俐，又善於溝通，」他接著補充：「而且你
還缺乏良知。」

　　故事還沒有結束。米克在隆波克聯邦監獄（Lompoc Federal
Prison）待了 54 個月，服刑期間他成為重生的基督徒，並透

過函授的方式取得傑瑞·法威爾（Jerry Falwell）創辦的自由
大學（Liberty University）學士與碩士學位。1994 年 12 月出
獄後，他當上加州社區聖經教會的資深牧師，以傳遞福音的熱
切態度全心全意舉辦信眾集會。他還寫作好幾本書，例如《清
潔》（*Cleaning Up*）與《向下扎根，永不放棄》（*Down, But Not
Out*），就連美國聯邦調查局（FBI）也聘請他擔任揭發非法舞
弊的特別顧問。2006 年，米克案的主責檢察官詹姆士·阿斯
伯格（James Asperger）寫道：「貝利的浴火重生實在令人驚訝，
他不只努力改變人生，更在揭發曾經犯過的舞弊罪上不遺餘
力。」2010 年，電影《米克》（*Minkow*）開拍，宣傳文案上說
這是「一個獲得救贖與啟發人心的深刻故事」。不幸的是，這
部電影變成純屬虛構的故事，上映時間遙遙無期，因為米克在
2011 年涉入證券詐欺，遭求處五年徒刑；三年後，他承認曾
經在聖地牙哥社區聖經教會擔任牧師期間挪用 300 萬美元的公
款。米克從來沒有悔改。不過，這部電影最後還是在 2018 年
3 月上映，只是片名已經改為《詐財大騙子》（*Con Man*）。

歷史帶給我們什麼教訓？

　　股市過往的歷史帶給我們明明白白的教訓。投資人一窩蜂
追隨流行評價股票的方式，時常成為決定股價的關鍵。於是，
股市有時候會完全遵循空中樓閣理論發展，投資就此成為一場

相當危險的遊戲。

　　另一項不可忽視的教訓是，投資人在購買現今熱門的新股時要格外小心。大部分首次公開募股的個股表現都不如大盤；而且如果你在新股開始公開交易後才買進，通常會買在比較高的價格，虧損的機會也更高。

　　在過去，投資人利用首次公開募股的機會蓋起不少空中樓閣。但別忘了，這些新股最主要的賣家是公司的管理者，他們總是在公司最景氣、投資人最熱絡時，算準時機出脫持股。所以，如果只是趕流行跟著買進，不管買的是不是成長快速的產業個股，這股熱潮終究只會讓投資人必須面臨沒有獲利的繁榮假象。

日本房市與股市的泡沫

　　到目前為止，我只談到美國的投機泡沫，但是要請各位特別注意，投機泡沫不是只發生在美國。事實上，20世紀末期最壯觀的一次榮景與泡沫崩盤，也許就是發生在日本的房地產與股票市場上了。在1955～1990年間，日本房地產市場的漲幅超過75倍。到了1990年，根據統計，日本房地產的總價值達到將近20兆美元，超過世界總財富的20％，相當於世界股市市值的2倍。美國國土面積比日本大25倍，然而1990年日本全國房地產總價值卻是全美國的5倍。理論上，日本只要賣掉大東京地區，就可以買下美國所有房地產；賣掉皇居以及周

邊占地，就可以買下整個加州。

　　日本的股票市場也不甘寂寞，如同在無風狀態下的氫氣球一樣冉冉上升，股價在 1955 ～ 1990 年間大漲 100 倍。到了 1989 年 12 月的巔峰時期，日本股市市值高達 4 兆美元，幾乎是美國股市市值的 1.5 倍，占全球股市資本約 45％。支持磐石理論的投資人被這個數字嚇得張口結舌，因為日本的股價是每股盈餘的 60 倍以上，幾乎等同於淨值的 5 倍，而且比股利的 200 倍還要高。相較之下，美國的股價只有每股盈餘的 15 倍，英國倫敦更是只有 12 倍。如果以個股做比較，日本電信巨頭 NTT 公司的市值更是驚人，完全超過美國 AT&T、IBM、艾克森石油（Exxon）、奇異公司與通用汽車的市值總額。

　　對於外界拋出來的合理反對意見，日本股市的擁護者都有答案可以反駁。「本益比已經到達天價了嗎？」「日本華爾街」兜町的交易員回答:＊「還沒。因為折舊費用被高估，而且企業的盈餘沒有納入它們持有部分股權的子公司盈餘數字，所以相對美國而言，日本股票的盈餘算是被低估了。」也就是說，他們認為如果考量上述因素，實際的本益比應該比現在低很多。對於「殖利率根本不到 0.5％豈不是低得荒謬？」這個問題，他們這樣回答:「這不過是反映日本現在的低利率罷了。」被

＊ 編注:指東京日本橋兜町，是東京金融重鎮，也是東京證券交易所所在地，
　因此有「日本華爾街」之稱。

問到「股價是資產價值的 5 倍難道不危險嗎？」時，他們表示：
「一點也不，因為淨值沒有反映到日本企業擁有的土地大幅增
值後的價值。」至於日本土地的天價，他們則是用日本的人口
密度高、各種法令規章，以及稅法對可居住土地的使用限制等
五花八門的理由來「解釋」。

　　事實上，這些「解釋」沒有一項站得住腳。即使盈餘經過
調整，日本股市的本益比仍然遠遠高過其他國家，甚至和過往
的歷史紀錄相比，當時的本益比數字也是膨脹得離譜。此外，
日本的獲利能力正在衰退，強勢的日圓又為出口增添許多困
難。由於土地稀少，日本的製造業，如汽車業，轉而在國外尋
找廉價土地建立新廠。不只如此，租賃收入上升的速度遠不及
地價上漲的幅度，這表示房地產的投資報酬率正在下降。到了
最後，支撐市場的低利率也開始在 1989 年緩緩起漲。

　　到了 1990 年，日本的投機客陷入一片愁雲慘霧，他們一
直以來都認為日本不會受到財務重力的基本法則影響，沒想到
牛頓卻突然降臨日本股市。有趣的是，讓那顆蘋果掉下來的人
竟然是日本政府。日本銀行（Bank of Japan，即日本的中央銀
行）在支撐房市和股市大漲的借貸熱潮與活躍資本流動性當
中，看到通貨膨脹的力量正在蠢蠢欲動。於是，他們開始管制
信用貸款，設法引導利率上升，期望能夠抑制房地產價格上
升，讓股市平緩的下跌回穩。

　　然而，股市沒有平緩回穩，而是完全崩盤，暴跌的程度幾

乎和 1929 年底到 1932 年中的美國股市跌幅同樣劇烈。日經指
數（Nikkei Index）在 1980 年代最後一個交易日幾乎站上 4 萬
點的高峰，到了 1992 年 8 月中卻已經跌到 14,309 點，跌幅約
63％。圖 3-1 中清楚顯示 1980 年代中晚期日本股市的暴漲，
以及投資人對股市評價的轉變。1990 年後的股價下跌，只不
過是反映股價回歸到 1980 年代初期的股價淨值比而已。在接
下來的數十年間，日本股市的表現持續低迷。一直到 2022 年

圖 3-1　日本股市泡沫：1980 ～ 2000 年的股價淨值比

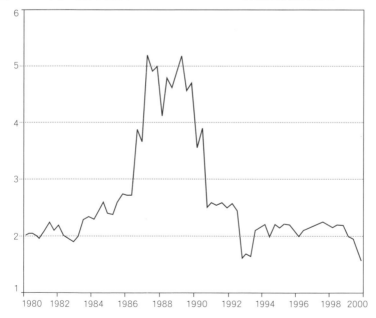

資料來源：摩根士丹利研究團隊（Morgan Stanley Research）與作者的評估數字。

年初時，日經指數還是不到 2 萬 9,000 點，遠低於 30 年前的表現。

　　進入 1990 年代早期後，房地產的汽球也迅速洩氣。許多評估報告都顯示，土地價格與房產估價的跌幅幾乎和股市一樣嚴重。這樣看來，財務重力法則沒有疆域之分。

第 4 章

2000 年代前幾十年的網路泡沫

如果你在周遭的人都失去理智時，還能保持頭腦清醒……
那麼地球和一切就會是你的……
——摘自魯德雅德・吉卜林（Rudyard Kipling）詩作〈如果〉（If—）

　　20 世紀最後數十年的泡沫對金融體系造成的毀滅性後果，難以和 21 世紀最初數十年的泡沫相提並論。當網路泡沫在 2000 年代初期破滅時，總計有超過 8 兆美元的市值蒸發，這相當於德國、法國、英國、義大利、西班牙、荷蘭與俄羅斯一整年的總產值。當美國房地產泡沫破滅，全球經濟幾乎崩壞，隨之而來的是全世界長期的大衰退。到了 2020 年代初期，我們又面臨迷因股以及加密貨幣價格的巨大泡沫。說實話，拿鬱金香狂熱和這些泡沫相比，對鬱金香實在不太公平。

網路泡沫的興衰

　　過往大多數的泡沫都和新科技有關，例如電子熱，或是和新的商業機會有關，例如在有利可圖的新貿易機會開啟時形成

的南海泡沫。但是，網路兼具這兩種特性，它不只代表新科技，也帶來新的商機，還保證以革命性的方式改變我們獲得資訊和購買商品與服務的管道。網路的繁盛前景孕育出股市中有史以來最多的財富，以及最大的毀滅。

羅伯特・席勒在《非理性繁榮》中描述泡沫是「正向的回饋循環」。當一批股票起漲時，泡沫就開始形成，而這一次是和網路有關的股票。

股價上漲會鼓勵更多人進場，也吸引更多電視與報章雜誌報導，這些報導又會推動更多人進入股市，讓買進網路股的早期投資人賺進豐厚獲利。成功的投資人總是會告訴旁人致富有多容易，於是股價愈漲愈高，拉著一批又一批的投資人進場。這整個過程有一點像龐式騙局，需要愈來愈多好騙的投資人從早期投資人手上接過股票，直到最後終於找不到更呆的傻瓜為止。

就連頗具聲望的華爾街公司都共襄盛舉，隨著熱空氣冉冉上升。知名的投資公司高盛集團（Goldman Sachs）在 2000 年中說，網路公司燒掉的現金主要是受到「投資人的情緒」影響，和產業（或是他們俗稱的「太空事業」）的「長期風險」無關。幾個月後，數百間網路公司破產，高盛的話不巧言中。燒掉現金的確不是長期風險，而是短期風險。

直到那個時候，任何一個懷疑「新經濟」潛能的人就像絕望的盧德分子。如圖 4-1 所示，代表高科技新經濟公司的那斯

圖 4-1　1999 年 7 月～ 2002 年 7 月的那斯達克綜合指數

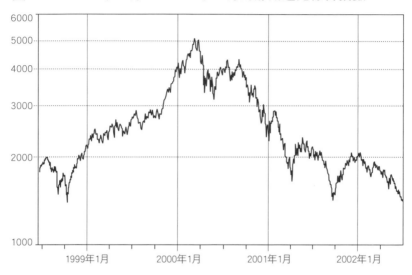

達克指數（NASDAQ Index）從 1998 年末到 2000 年 3 月上漲了 3 倍，指數成分股的本益比飆升到超過 100 倍。

大規模的高科技泡沫

2000 年初，針對投資人進行的多項調查顯示，他們對於股票未來的預期年報酬率落在 15 ～ 25％之間，甚至更高。以生產「網際網路骨幹」（Internet backbone）的知名公司思科（Cisco）而言，15％的報酬率顯然很容易達成。不過，思科當時的本益比高達三位數字，市值將近 6,000 億美元。假使思科每年都成長 15％，十年後的本益比依然會遠高於市場平均值；

如果未來 25 年思科每年還是成長 15％，美國經濟也繼續都每年成長 5％，思科的市值就會比美國整個經濟體的產值還要大。很顯然，股市的評價與合理的成長預期完全脫節。而且在泡沫破滅時，甚至思科這種績優股的市值也下跌超過 90％。後來，在接下來 20 年間，思科的確維持高本益比的成長率，然而比起 2000 年的泡沫顛峰期，2022 年的股價早已不如以往。

在電子熱潮期間，各式各樣的公司都在公司名稱後面加上「電子」來增加吸引力，網路狂熱時期也出現一樣的取名遊戲風潮。許多公司即使業務和網路沒什麼關聯，甚至八竿子打不著邊，都在公司名稱中加入和網路有關的字眼，例如「dot.com」、「dotnet」或是「Internet」等。這些公司在改名後十天的漲幅，比同類型但沒有改名的公司高出 125％，而且即使公司的核心業務和網路完全無關，股價也一樣上漲。不過，在隨後的市場下跌期間，這些公司的股票變得一文不值。如表 4-1 顯示，投資人蒙受懲罰性的損失，即使投資龍頭網路公司也逃不過虧損。

個人數位助理（Personal Digital Assistant，縮寫為 PDA）PalmPilot 的製造商 Palm 公司股價，完全展現出當時那種遠遠超過非理性繁榮的瘋狂行為。在那個時候，擁有 Palm 的 3Com 公司決定將這間公司分拆給股東。個人數位助理被捧為數位革命不可或缺的條件，大家都認為 Palm 是會讓人特別期待又興奮的股票。

2000 年初，3Com 透過首次公開募股的形式釋出 5％的

表 4-1　新經濟股票如何殘害投資人

股票	2000 年 高點	2001 ～ 2002 年 低點	跌幅 （％）
亞馬遜	75.25	5.51	92.7
思科系統	82.00	11.04	86.5
康寧	113.33	2.80	97.5
傑迪訊光電	297.34	2.24	99.2
朗訊科技	74.93	1.36	98.2
北電網絡	143.62	0.76	99.5
Priceline.com	165.00	1.80	98.9
雅虎	238.00	8.02	96.6

Palm 股份，並宣布有意將剩下的股份保留給 3Com 的股東。於是，Palm 的股價一飛沖天，市值躍升為 3Com 的兩倍。而 3Com 持有 Palm 的 95％股權，市場價值比 3Com 的市值高出 250 億美元，顯得像是 3Com 擁有的其他資產只價值負 250 億美元。如果你想買進 Palm，只要購買 3Com 的股票，就可以順便持有 3Com 的其他業務，而且每股價格還少了 61 美元。在盲目追求財富的過程中，股市創造出來的現象簡直是光怪陸離。

新股狂熱再現

　　2000 年第一季，916 間創投公司總共挹注 157 億美元的資

金給 1,009 間新創網路公司。整個股市彷彿被注射了興奮劑，這批新股當中不乏許多荒謬的例子，就像南海泡沫時期重演。同樣的，幾乎所有公司都讓投資人損失慘重。我們來看一看下列新創網路公司的例子：

● 電子香味公司（Digiscents）計畫生產一種電腦周邊設備，能讓網頁和電腦遊戲發出味道。他們募得數百萬美元來開發這項產品。

● 夫洛茲公司（Flooz）提供替代性貨幣「夫洛茲」，使用者可以透過電子郵件傳送給朋友和家人。為了推廣業務，這家公司採用古老的商學院原則：任何一個白癡都可以用 8 毛錢賣出價值 1 元的鈔票。他們提供特別的優惠給美國運通白金卡，卡友可用 800 美元購買 1,000 美元的夫洛茲幣。在夫洛茲公司宣告破產不久前，還有菲律賓和俄羅斯的幫派上鉤，他們用盜來的信用卡號碼買進 30 萬美元的夫洛茲幣。

許多新創網路公司光是取名就讓人難以信服，例如，拇指滑液囊炎網路公司（Bunion.com）、螯蝦（Crayfish）、電擊網路公司（Zap.com）、該死（Gadzooks）、霧狗（Fogdog）、肥腦（FatBrain）、叢林網路公司（Jungle.com）、快跑網路公司

（Scoot.com）和我的走狗網路公司（mylackey.com）等。還有一間叫做輕鬆布告欄（ezboard.com）的公司，他們製作的網頁稱為「衛生紙」，讓你可以在線上社群上「便便」（get the poop）。這些都不是商業模式，而是商業失敗模式。

全球網路公司

　　我對首次公開募股熱潮印象最鮮明的記憶是發生在 1998 年 11 月的早晨，當時我正準備接受電視訪問，穿著西裝打領帶在「演員休息室」裡等候，身旁坐了兩個穿牛仔褲的年輕人，看起來像是青少年，我們坐在一起看起來相當不協調。我一點也不知道他們是網路熱潮的第一批超級明星，也是當天電視節目主打的受訪對象。史蒂芬・派特諾（Stephen Paternot）與陶德・克利茲曼（Todd Krizelman）在克利茲曼的康乃爾大學宿舍中共同創立了全球網路公司（TheGlobe.com）。這間公司的業務是網路留言版系統，目的藉由出售數位橫幅廣告（banner）賺取高額收入。從前的公司需要有營收與獲利才能上市，但是全球網路公司既沒有營收、也沒有獲利，瑞士信貸第一波士頓銀行（Credit Suisse First Boston）卻幫助他們以每股 9 美元上市。上市後股價立刻飆漲到 97 美元，締造有史以來最大的首日報酬率，讓這間公司的市值逼近 10 億美元，兩位創辦人立刻晉身為千萬富豪。那一天我們都見識到了，面對一間在短短五年前根本不可能通過盡職調查（due diligence）檢驗的公司，

投資人還是願意掏出大把鈔票。

2000 年初，當網路盛宴還在進行時，知名創投公司凱鵬華盈（Kleiner Perkins）的首席創投專家約翰‧杜爾（John Doerr）把這些網路相關股票的興起稱為「世界上有史以來最大、合法的財富創造行為」。但是到了 2002 年，他卻沒有補充說這也是世界上有史以來最大、合法的財富毀滅行為。

向錢看齊的證券分析師

華爾街備受矚目的證券分析師提供大量熱空氣，幫助網路泡沫飄升。摩根士丹利（Morgan Stanley）的瑪麗‧米可（Mary Meeker）、美林證券（Merrill Lynch）的亨利‧布勒吉特（Henry Blodgett）、所羅門美邦（Salomon Smith Barney）的傑克‧古魯曼（Jack Grubman）成為家喻戶曉的名人，地位宛如超級明星。《霸榮》周刊（*Barron's*）將米可封為「網路皇后」，人們稱布勒吉特為「亨利王」，古魯曼則是得到「電信大師」的暱稱。他們的年薪也像體育明星一樣高達數百萬美元。然而，他們的收入並不是以分析報告的品質為依據，而是來自他們為公司的投資銀行業務帶來豐厚利潤的能力。他們透過暗示向外界保證，進行中的研究報告對個股有利，而且可以在首次公開募股後、個股進入次級市場時持續支撐股價。

根據傳統，券商的研究部門和投資銀行部門之間應該有一堵「牆」，用來隔離訊息、劃分職能。研究部門應該要考量散

戶的利益，以利益為導向的投資銀行部門則是專門服務企業客
戶。但是，在網路泡沫期間，這堵「牆」變得更像是瑞士起司
一樣，四處都是洞。

分析師是公開為這一波熱潮助長聲勢的啦啦隊長。布勒吉
特直指，傳統的股票評價標準在這次「產業大爆炸階段」派不
上用場；《紐約客》（New Yorker）在 1999 年以討好的態度訪問
米可，她指出：「現在應該要理性的毫無顧忌。」他們對個股
的公開評論推動股價攀升。選股被拿來比喻成棒球的打擊表
現，預計將上漲四倍的股票被說成「四壘打」（全壘打），更令
人興奮的股票可能是「十壘打」。

證券分析師總是找得到股價看漲的樂觀理由。一般來說，
被評為「買進」和「賣出」的個股比例是 10：1，但是在網路
泡沫期間，買進和賣出的比例卻接近 100：1。泡沫破滅後，
這些名人分析師都面臨死亡威脅與法律訴訟，他們所屬的公司
則必須接受證券交易委員會調查並處以罰款。《紐約郵報》
（New York Post）改稱布勒吉特為「網路泡沫的『小丑王子』」；
古魯曼則受到國會委員會的譏評，又因為改變股票評等以便招
攬投資銀行業務遭到調查。最後，布勒吉特與古魯曼都離開了
公司。《財星》雜誌（Fortune）用米可的照片當作封面，標題
寫著〈我們能夠再度信任華爾街嗎？〉。

衡量股價的新標準

　　為了讓網路相關個股不斷高漲的股價合理化，證券分析師開始使用一堆「新的衡量標準」來評量股票的價值。畢竟，這些新經濟的股票屬於不同的品種，當然不需要拘泥於守舊過時的老標準，比方說用來衡量傳統舊經濟公司的本益比。

　　基於某些原因，在這個美麗的網路新世界當中，銷售、營收、獲利都無關緊要。為了評量這些網路公司的價值，分析師轉而注意「眼球數」，也就是瀏覽網頁或是拜訪網站的人數。其中特別重要的是「參與其中的購物者」人數，也就是在網站上至少停留三分鐘的人。瑪麗·米可熱烈推薦藥局網路公司（Drugstore.com），因為拜訪網站的人當中，有48％是「參與其中的購物者」。但是，似乎沒有人關心這些購物者到底掏出多少錢購物。關心銷售數字太過時了，所以在2000年泡沫鼎盛時期，藥局網路公司的股價達到67.5美元。到了隔年秋天，當人們的眼球開始注意獲利表現時，藥局網路公司就變成雞蛋水餃股。

　　「心靈占有率」（mind share）是另一項廣受歡迎的非財務指標，它讓我確信投資人全都已經喪失心智。舉例來說，2000年10月，網路房地產公司家居網路（Homestore.com）受到摩根士丹利強力推薦，因為網路使用者瀏覽房地產網站花費的所有時間當中，有72％是花在瀏覽網路房地產公司刊登的物件。不過，心靈占有率並沒有讓瀏覽網頁的人下定決心購買家

居網路公司登錄的房地產，也沒有防止這間公司的股價在
2001 年從高點下跌 99％。

　　針對電信公司，證券分析師還另外有特別的評量指標。他
們深入地道計算地下光纖電纜鋪設的長度，卻不在意電纜中用
來傳送訊號的微小部分。每一間電信公司都大肆舉債鋪設光纖
電纜，到最後這些電纜的長度甚至可以環繞地球 1,500 圈。那
個時代很有名的事件是，電信公司兼網路服務供應商 PSI 網路
（PSI Net，現已破產）把公司名稱高掛在巴爾的摩烏鴉隊的足
球場上。當電信股的股價持續飆升到超過任何合理的評價標準
時，證券分析師故技重施，直接降低評價標準。

　　由於電信公司太容易從華爾街籌措資金，結果導致嚴重的
供給過剩，長距離光纖電纜太多、電腦設備太多、電信公司也
太多。最終，在網路泡沫期間投入電信業的數兆美元大多數都
泡湯了。

媒體的渲染

　　受到媒體幫忙與鼓動的泡沫，把美國變成充滿交易員的國
家。媒體業如同股票市場，都受到供需法則的控制。既然投資
人想要更多網路投資機會的報導，就會出現各種報章雜誌來滿
足需求。讀者不喜歡悲觀和提出懷疑的分析報導，所以會一窩
蜂購買宣揚可以輕鬆致富的出版品。於是投資雜誌紛紛推出迎
合讀者的報導，例如〈未來幾個月內很有可能翻倍上漲的網路

股〉。作家珍・布萊恩・奎恩（Jane Bryant Quinn）稱這是「投資春宮」（investment pornography）:「只有挑逗，沒有性愛，但依然是春宮。」

　　為數眾多的商業與科技雜誌投入報導網路產業的新股，以滿足讀者追求更多資訊的需求。《連線》雜誌（*Wired*）自詡是數位革命的先鋒;《工業標準》雜誌（*Industry Standard*）的首次公開募股追蹤是最多人參考的指標;《企業 2.0》（*Business 2.0*）則成為「新經濟的神諭」。出版品暴增、氾濫正是投機泡沫的典型徵兆。歷史學家愛德華・錢思樂（Edward Chancellor）指出，在 1840 年代，有 14 種週刊、2 種日報專門報導新興的鐵路工業，到了 1847 年的金融危機，大部分刊物都消失了。2001 年《工業標準》雜誌停刊時，《紐約時報》（*The New York Times*）評論道:「這可以說是盛宴結束的日子」。

　　網路券商也是促成網路泡沫的一項主要因素。網路交易很便宜，至少手續費算是便宜。主打折扣優惠的券商祭出大量廣告，表現出打敗股市似乎很容易的樣子。在某一支廣告中，顧客誇下海口說不僅要打敗市場，還要「把它（市場）骨瘦如柴的身軀壓倒在地，讓它求饒」。在另一支廣為流傳的電視廣告中，在郵件收發室工作的電腦阿宅史都華，正在慫恿保守的老闆第一次在網路上買股票。他說:「讓我們點亮這支蠟燭。」但老闆提出異議，說他對股票毫無概念，所以史都華又說:「我們來研究。」按下鍵盤以後老闆買進生平第一檔股票，還

覺得自己變聰明了。

　　有線電視網如 CNBC、彭博電視台（Bloomberg）變成文化現象，世界各地的健身俱樂部、機場、酒吧、餐廳都固定收看 CNBC。股市被當作體育事件，有賽前分析（開盤前的預測）、交易期間的即時報導，還有賽後分析幫投資人解盤、為下一次交易做準備。CNBC 暗示大眾收看節目可以讓你「走在大盤曲線之前」，大多數受訪來賓都持多頭看法。此外，你不需要提醒 CNBC 的主播抱持懷疑論調對於提高收視率無益，因為就像咬了小嬰兒的寵物狗很快會被送走一樣，如果不遵循這套規則就只有出局的份。股市甚至變成比性事更熱門的話題，就連常拿性愛與種族議題開玩笑的廣播名嘴霍華德・史登（Howard Stern）也會暫停談論春宮皇后與人體器官，改為討論股市，順便推銷某些網路股。

舞弊四起，扼殺市場

　　像網路泡沫這樣的投機狂熱，帶出金融體系最糟糕的一面。不要誤解我的意思，我指的是這波不尋常的新經濟熱潮造就一系列企業醜聞，動搖資本體制的根基。最有名的一個例子就是安隆（Enron）的興起和緊接而來的破產。安隆曾經是全美第七大企業，垮台後造成股市 650 億美元的損失，這只能用新經濟之下龐大的股市泡沫來解釋。安隆當時被視為完美的新經濟股票，不僅主導能源市場，還掌握寬頻通訊、大範圍的電

子交易與商務。

安隆是華爾街分析師的寵兒。《財星》雜誌將老牌電力與能源公司比喻為「一堆老古董，他們的妻子會隨著蓋‧隆巴多（Guy Lombardo）＊的歌聲搖擺」，安隆則被比喻為年輕的貓王，穿著閃閃發亮的金色緊身衣「從天而降」，卻漏掉貓王暴食致死的事實。安隆立下超脫框架思考的標準，創立典範轉移、改變整個產業的終極產品；但不幸的是，安隆也立下掩飾與欺騙的全新標準。

詐欺似乎是在安隆工作的一種生活方式。《華爾街日報》報導，安隆的高階主管肯恩‧雷（Ken Lay）與傑夫‧史其林（Jeff Skilling）親自參與設立一間虛假的交易室，以取悅華爾街的證券分析師，員工把這段插曲稱為「大騙局」（The Sting）†。他們買下最好的設備，讓員工假裝在接洽交易，連電話線也刻意漆成黑色，讓操作顯得格外洗練。整件事是一樁費盡心機的把戲。在 2006 年，雷與史其林被判犯下共謀以及詐欺罪，身體衰弱的雷則在同一年過世。

安隆破產倒閉時，一位失去工作又失去退休儲蓄的員工到網路上出售寫著「我被安隆裁員了」（I got lay'd by Enron.）的 T 恤。

＊ 編注：加拿大籍美國老牌歌星。
† 編注：The Sting 是 1973 年在美國上映的犯罪電影，描述兩名騙子合作行騙的過程，臺灣譯名為《刺激》。

　　但是，利用投資人的缺乏警覺來進行會計舞弊的公司不是只有安隆，當時許多電信公司以高價交換光纖容量，達到盈餘灌水的目的。世界通訊公司（WorldCom）就承認曾經將為了獲利而花費的經常性支出費用認列為資本投資，藉此虛報獲利與現金流金額高達 70 億美元。在太多的案例中，公司的執行長（Chief Executive Officer，縮寫為 CEO）應該改稱為侵吞長（Chief Embezzlement Officers），財務長（Chief Financial Officer，縮寫為 CFO）則應該叫作舞弊長（Corporate Fraud Officers）更適合。當分析師將安隆和世界通訊這類股票捧上天時，某些公司主管正在把「稅前息前折舊攤銷前獲利」（Earnings Before Interest, Taxes, Depreciation, and Amortization，縮寫為 EBITDA）變成「我欺騙愚蠢查帳員前獲利」（Earnings Before I Tricked the Dumb Auditor）。

如何事先警覺危險？

　　除了詐欺舞弊，我們應該了解更多事。我們應該知道，對投資人來說，投資轉型科技的報酬率通常都很難看。1850 年代，人們普遍認為鐵路會提高交通與商務的效率，事實也的確如此，但是，在 1857 年 8 月崩盤前的投機熱潮鼎盛時期，鐵路股的價位仍然高得不合理。一個世紀後，航空業與電視製造業徹底改變了美國，然而大多數的早期投資人都損失慘重。投資最重要的不是產業對社會的影響有多大，也不是產業能成長

多少，而是能不能持續獲利。歷史告訴我們，過高的股價終究會臣服於財務重力法則。從我的經驗看來，經常在股市裡賠錢的輸家都是沒辦法抵抗鬱金香狂熱的人。要在股市裡賺錢其實並不難，我們在之後的章節會看到，投資人只要購買並且持有廣泛的股票投資組合，就能得到合理又豐厚的長期報酬。困難的是抵抗誘惑，不要把錢浪費在短期快速致富的投機熱潮上。想要保住本金並且讓本金繼續成長最重要的能力，應該就是避免犯下這樣的嚴重錯誤。教訓如此明顯，人們卻總是忽略。

美國房市泡沫和 2000 年代初期的崩壞

網路泡沫可能是美國最大的股市泡沫，不過 2000 年代最初的獨立式洋房價格大漲，無疑是美國有史以來最大的房地產泡沫。此外，對一般美國人而言，房價暴漲與隨之而來的暴跌帶來重大的影響，比任何一次的股市波動都還要深刻。獨立式洋房是大多數投資人最大的資產，所以房價下跌對家庭財富和幸福會產生直接的影響。房市泡沫破滅幾乎使美國（以及全世界）金融體系瓦解，並且帶來劇烈的全球經濟衰退。為了了解促成這個泡沫的資金從哪裡來，又為什麼會造成如此深遠的間接傷害，我們就必須了解銀行以及和金融體系中發生的根本改變。

我接下來要說的故事，描述一位經歷嚴重心臟病發作的中

年婦女。當她躺在急診室時,面臨一段與上帝面對面的瀕死經驗。「死亡就是這樣嗎?」她問道:「我快死了嗎?」上帝向她保證,她會活下來,而且還有 30 年可以活。果然,她逃過鬼門關,醫生替她置入支架撐開阻塞的動脈,她感到前所未有的舒暢。後來她對自己說:「如果我還有 30 年可以活,一定要充分運用時間。」她想著既然已經住院,就決定要進行所謂的「全方位美容手術」。現在,她的外在與內在都狀態良好,便踏著輕快的步伐走出醫院,卻被超速行駛的救護車撞到,當場死亡。她走到天國大門,再度見到上帝時問道:「發生什麼事?我以為還可以再活 30 年。」上帝回答:「非常抱歉,女士,我不認識你。」

嶄新的銀行體系

如果一位金融家睡了一個長達 30 年的午覺,並且在 2000 年代初期醒來,他大概也認不得 30 年後的金融體系。在講求「放貸並且持有」(originate and hold)的舊體系中,銀行提供不動產抵押貸款,並且將這些貸款視為資產,直到借款人還清款項為止。在這種環境下,銀行業對於經手的貸款非常小心,因為一旦借款人違約拖欠貸款,銀行會回頭找上負責放款的相關人員,質疑他們當初的授信判斷。所以,借款人必須實際拿出頭期款,還要提供相關文件為自己的信用背書。

這套體系在 2000 年代初期徹底改變,成為「放貸並且證

券化」（originate and distribute）的銀行貸款模式。銀行（與大型專業貸款公司）仍然會放款，但是只會持有貸款幾天，直到他們可以將貸款賣給投資銀行為止。接下來，投資銀行業者會整合這些不動產抵押貸款，發行不動產抵押貸款證券（Mortgage Backed Security）。這是一種將不動產抵押貸款進行「證券化」後產生的衍生性債券，但它必須仰賴原先的不動產抵押貸款才能夠運作，因為新發行的債券利息來自借款人支付的利息以及本金。

讓狀況更加複雜的是，每一種不動產抵押貸款組合還會衍生出很多種債券。這些不動產抵押貸款證券可能被切割成好幾個「份額」（tranche），每一個份額又會因為抵押貸款的債務償還優先權不同，到期年限也有長有短，所以債券評等也不一樣。這就是所謂的「財務工程」（financial engineering）。即使不動產抵押貸款的品質不高，債券評等機構仍然樂於授予AAA評等給償還優先權最高的債券。更準確的來說，這套體系應該稱為「財務鍊金術」（financial alchemy）才對，而且其中不只有不動產抵押貸款，也加入各種標的工具，像是信用卡貸款、汽車貸款。然後，這些衍生性證券轉而在全球各地銷售。

後來，事態變得更加撲朔迷離。從衍生性的不動產抵押貸款證券中又出現第二層衍生性證券「信用違約交換」（credit-default swap），也就是不動產抵押貸款債券的保單。簡單來說，在交換（swap）交易的市場中，兩方（指投資人與交易

對手）都可以看多或看空不動產抵押貸款債券的績效，而且不
限債券發行公司。舉例來說，假設我持有奇異公司發行的債
券，但是開始擔心這間公司的信用不可靠，就可以向 AIG（最
大的信用違約交換發行商）等公司購買保單，當奇異違約時，
AIG 會付錢給我。這套市場機制的問題在於，一旦發生任何問
題，保險發行公司根本沒有足夠的準備金支付理賠金。況且，
任何國家的任何人都可以買這種保險，根本不需要持有債券也
一樣可以購買。結果，受到來自全球的需求所推動，信用違約
交換交易的市場成長到標的債券價值的數倍之多。這樣的改變
讓全球金融體系的風險更高，而且更加環環相扣。

更寬鬆的放款標準

為了掩蓋這個危險的情況，金融家創造出結構性投資工具
（Structured Investment Vehicle，縮寫為 SIV），讓衍生性證券不
會出現在財務報告中，而是放在銀行業監管人員看不到的地
方。不動產抵押貸款證券的結構性投資工具會去借貸所需的資
金，以買進衍生性金融商品，而這些錢反映到投資銀行的資產
負債表上時，只會顯示為買進結構性投資工具的一小筆投資金
額。在過去，銀行監管人員可能會標示出這項工具的巨大槓桿
與附帶的風險，但是新的金融體系遮蔽了他們的視線。

這套新體系使得銀行與不動產抵押貸款公司的放款標準愈
來愈寬鬆。對這些放款公司而言，他們只要承擔貸款銷售給投

資銀行前那幾天內的違約風險就好，自然沒有必要考量借款人的信用是否可靠。以前我第一次申請房貸時，放款公司堅持要付 30％的頭期款。但是，在新體系的環境中，放款公司期待房價會永遠上漲，所以不要求任何擔保品就核發貸款。此外，提供給沒有收入、沒有工作又沒有資產的借款人的忍者貸款（NINJA loan；NINJA 是 No Income No Job and Assests 的縮寫）變得很普遍；放款公司也愈來愈懶得要求借款人提供證明還款能力的文件，於是出現所謂的「無文件房貸」（NO-DOC loan）。人人都可以自由取得購屋的費用，房價因此快速上漲。

美國政府也在加速房屋泡沫擴大的過程中積極參上一腳。由於國會施壓要求讓人民能夠輕易取得房貸，聯邦住宅管理局（Federal Housing Administration）受到指示要為低收入者提供房貸補助。確實，到 2010 年初為止，金融體系中的不良不動產抵押貸款，有將近三分之二是由政府機關所買下。所以，不只是「壓榨人的放款者」讓無力還款的人能夠取得這麼多房貸，政府也是罪魁禍首。

房地產的泡沫

政府政策與放款措施的改變，共同促成買房需求大增。再加上信貸寬鬆的激勵，房價開始快速上漲，最初的漲勢甚至鼓勵更多買家進場。購買房屋或公寓看似毫無風險，因為房價顯然會持續上揚。有些買家購屋不是要自住，而是想用較高的價

格快速轉手給日後的買家，也就是所謂的炒房。

　　圖 4-2 顯示出房市泡沫的變動與規模，資料取自凱斯－席勒房價指數（Case-Shiller Home Price Indices），並經過通膨調整。這樣的調整是考慮到，當一般物價上漲 5％時，如果房價上漲 5％，經過通膨調整的房價上漲幅度就等於零；但如果房價上漲 10％，經過通膨調整的房價就會出現 5％的漲幅。

　　圖 4-2 也顯示，1800 年代後期到 1900 年代後期的 100 年間，經過通膨調整的房價維持穩定。儘管房價有上漲，但漲幅和一般物價水平的漲幅相當。在 1930 年代大蕭條時期，房價也確實曾經下跌，不過到 20 世紀末又恢復到這個世紀初的水準。到了 2000 年代初期，房價指數卻翻倍成長；這個指數是涵蓋美國 20 座城市的房價綜合指數。

圖 4-2　經過通膨調整的房價指數

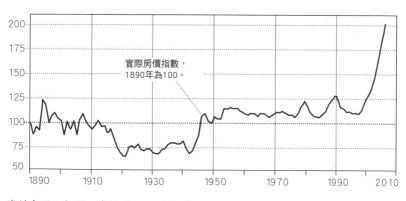

資料來源：凱斯－席勒（Case-Shiller）。

　　我們對所有泡沫的理解是，它們終究會破滅。圖 4-3 顯示
出這次泡沫破滅簡直是哀鴻遍野，災情慘重。許多買房的人都
發現，他們的抵押貸款金額遠遠超過房屋的價值。於是，他們
開始拖欠貸款，並且把房屋鑰匙還給放款公司。在金融界的黑
色幽默中，銀行家把這些寄回來的房屋鑰匙稱為「叮噹郵件」
（jingle mail）。

圖 4-3　房市泡沫破滅

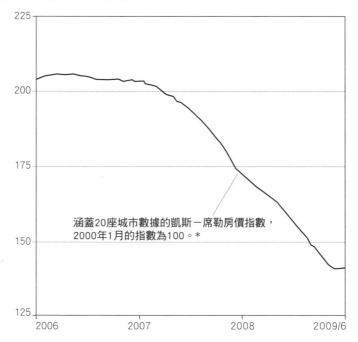

涵蓋20座城市數據的凱斯－席勒房價指數，
2000年1月的指數為100。＊

＊ 每季調整。
資料來源：標準普爾（Standard and Poor's）。

　　房市泡沫破滅對經濟產生破壞性的影響。當房產淨值崩
跌，消費者會緊縮支出，開始停止消費。以往可能會用房屋申
請二胎房貸或是房產淨值貸款的人，不能再用相同的方式取得
消費資金。

　　房價崩跌不只重挫不動產抵押貸款證券的價值，也摧毀許
多金融機構，這些機構用借來的錢投資自己發行的證券，還抱
著這些「有毒的」資產。隨之而來的是驚人的破產潮，某些超
大型金融機構還必須靠政府紓困，放款機構轉了一大圈又回到
原點，不再提供信用貸款給小型企業與消費者。隨之而來的經
濟衰退既痛苦又漫長，比起 1930 年代大蕭條的程度有過之而
無不及。

泡沫與經濟活動

　　我們對歷史上的泡沫進行研究，結果清楚的顯示，泡沫破
滅後，實際經濟活動通常會發生嚴重的崩解。資產價格泡沫化
的惡果不是只會危及到投機客。當泡沫牽涉到信貸擴張，又面
臨消費者與金融機構的槓桿交易愈來愈普遍時，情況就會特別
危險。

　　房地產泡沫絕對是令人印象深刻的例證。當市場對房屋的
需求愈來愈高，就會推動房價上揚，並且刺激房地產抵押貸款
增加，導致房價在正向的回饋迴圈（feedback loop）當中持續

上漲。此外，槓桿交易持續增加，促使信用標準愈來愈寬鬆，甚至進一步刺激槓桿交易增加，形成另一個惡性循環。所有情況環環相扣發展到最後，個人與金融機構都陷入極大的危險，變得格外脆弱。

當泡沫破滅時，回饋迴圈開始逆轉。不只房價下跌，人們也發現自己的財富縮水，而且大多數人的貸款負債金額比房產的價值還要高。接著，拖欠貸款的情況惡化，消費者減少支出；過度操作槓桿交易的金融機構也展開「去槓桿化」（deleveraging）的過程。於是，隨之而來的信用緊縮削弱經濟活動，形成負面回饋迴圈，最終導致嚴重的經濟衰退。會對實際經濟活動造成最大危險的狀況，正是信貸擴張的泡沫。

難道市場沒有效率嗎？

從本章討論網路泡沫以及房市泡沫的觀點來看，我們的股市與房市好像缺乏理性、又沒有效率。但是，兩次泡沫帶來的教訓不是市場偶爾可能會不理性，因此我們應該放棄訂價金融資產的磐石理論。顯而易見，我們應該學到的教訓是，每一次，市場確實都會自行修正。儘管市場修正的過程緩慢又毫不寬容，它終究會修正所有不理性的狀況。異常情況可能會突然出現，市場可能會變得非理性的樂觀，而且通常會吸引到不謹慎的投資人。不過，真正的價值最終會在市場中浮現，這是投資人必須記取的重要教訓。

　　此外，我也相當信服《證券分析》作者班傑明・葛拉漢的智慧。他寫道，股市的本質不是一台投票機器，而是一台體重計，它評估價值的標準從來沒有改變過。到最後，每一檔股票的價值，只會等同於現金流的現值。

　　即使市場犯下錯誤，它也可以非常有效率。在 2000 年代初期，當網路股反映出未來、甚至是未來的未來的股價折現值時，有些個股的表現依然不受影響。所謂的預測總是會失準，而且人們從來不曾清楚的意識到投資的風險，所以根本沒有一套計算未來股價折現值最適當的方式。因此，市場價格一定都是錯誤的。但是，不管在任何時候，所有人（包含專業投資人）都不會知道股價是太高或太低。即使是華爾街最優秀、聰明的人才，都無法持續區分出正確或錯誤的股票評價。同樣的，證據顯示，沒有人可以靠著針對市場的集體智慧反向操作，持續做出正確的投資決策。市場或許並非總是正確，甚至大部分時間都不正確，但是「沒有任何一個人或機構可以始終都比市場更了解狀況」。

　　即使是在 2000 ～ 2010 年間發生的空前房價泡沫與破滅，都沒有刺中效率市場假說的要害。如果人們有機會不付頭期款就買到房子，那麼願意用上漲的價格買進，很可能是出於高度理性。當房價上揚，買家就會獲利；一旦泡沫破滅，房價下跌，買家就會退出市場，讓放款機構（甚至可能還包括政府）承擔損失。沒錯，這些誘因很不正當，當時的規範很鬆散，某

些政府政策的確考慮欠周，但是這段遺憾的插曲以及接踵而至
的嚴重衰退，絕對不是盲目相信效率市場假說造成的結果。

迷因股的迷你泡沫

　　所謂迷因（meme），指的是透過網際網路而廣為流傳模仿
的圖像、構想或行為。人氣最旺的迷因，會在社群媒體形成
「病毒式瘋傳」。至於「迷因股」，指的則是某檔個股的價格完
全取決於社群一時的激情，而非反映企業真正的財務狀況。在
這波迷因股的浪潮裡，其中一個核心的平台就是 Reddit 論壇
的「下注華爾街版」（WallStreetBets，WSB），關注這個版的
散戶社群人數高達數百萬人。臉書（Facebook）與 YouTube 等
其他平台也推波助瀾，組起一支浩浩蕩蕩的散戶大軍。

　　最能代表迷因股現象的例子，就是 GameStop（GME）這
檔股票的瘋狂漲跌。GameStop 是電玩光碟實體零售商，因為
電玩遊戲逐漸轉為網路下載形式，業績隨之一落千丈。而推動
眾人注意到 GameStop 的人，是 34 歲的名人理查・吉爾
（Richard Gill），他在 Reddit 上叫做「Deep F---ing Value」（他
X 的超值），而在 YouTube 的帳號則是「Roaring Kitty」（咆哮
小貓）。他除了吹捧 GameStop 擁有「轉虧為盈」的潛力，也
表示有理由預期未來將出現大量買盤。原因就在於當時避險基
金大舉「放空」GameStop，也就是說，他們出售手上沒有的

股票，預計未來能以更便宜的價格買入，並以此獲利。當時避險基金極度看壞 GameStop 的未來，甚至讓放空的股數超過已發行的總股數。「咆哮小貓」說對的一點，在於這些基金到頭來總得買入股票來回補這些空單。而如果他能鼓動一群熱情的買家，把股價推高，就會讓避險基金的損失節節上升，導致他們不得不盡快買入股票，而這樣做又會讓股價繼續升高。因此，這起事件簡直就像是大衛（David）在對抗巨人歌利亞（Goliath）。有些 Reddit 鄉民之所以買入 GameStop 的股票，只是想給那些肥貓好看。而瘋狂的買家還發現，要是買進 GameStop 的選擇權，還能在股價進一步上漲的時候帶來豐厚的利潤。

這些購買 GameStop 的散戶鄉民，多半信奉「人生只有一次」（You Only Live Once，縮寫為 YOLO）的信條。而 YOLO 這個縮寫詞甚至也能當做動詞使用，像是有一條推特發文就寫著：「我剛把這輩子存的 5 萬美元一股腦全砸進去（YOLOd）投資 GameStop 的選擇權」，還附上羅賓漢券商（Robinhood）的證券帳戶螢幕截圖。

不論挑起這股鄉民暴動的背後邏輯是什麼，總之，GameStop 的股價走勢叫人難以置信。2021 年 1 月初，GameStop 的股價還只有 17 美元，到了月底卻已經飆到每股近 400 美元；但是到了 2 月又跌破 40 美元。在整個 2021 年，GameStop 的股價也就這麼上下劇烈波動。某些散戶，特別是

早期就加入這場遊戲的人，賺得口袋滿滿高歌離席。然而，大多數散戶都是賠錢收場。整體來說，避險基金每賠掉 1 美元，大約就有 20 美元是從某個倒楣的散戶口袋轉進另一位散戶的口袋。

某位散戶賠到懷疑人生，發了一則推文自我安慰：「投資 GameStock 甚至比離婚更糟糕，因為你不但少掉一半的錢，而且老婆還在。」不幸的是，有些悲慘的結果並不能這樣一笑而過。羅賓漢券商有位客戶，在選擇權交易帳上慘賠 73 萬美元，最終決定走上輕生的道路。

另一檔人氣鼎盛的迷因股則是連鎖電影院 AMC。由於新冠疫情期間電影院無法營業，AMC 只能大量舉債勉強撐下去，這讓它也成為被放空的目標。在 2021 年 1 月初，AMC 的股價每股還不到 2 美元。但到了年中，股價已經飆上超過 60 美元。對於那些線上的散戶社群來說，這簡直比去拉斯維加斯更有賺頭，早早進場的投資人同樣賺得盆滿缽滿。然而，對那些曲終人散卻還留在場上的人來說，則是大虧一場。

要說這個故事給的教訓，會出現一個矛盾的地方。不論是 GameStock 或 AMC，都在股價飆升的時候發行超過 10 億美元的新股。諷刺的是，至少就短期而言，這兩間公司都是靠著一群非理性鄉民的行為而逃過倒閉的命運。但在這整起事件當中，市場參與者買賣股票的方式就像是在賭輪盤一樣；而究竟整個資金流動配置的過程該不該像這樣被擺布？或許這會是我

們更值得深思的問題。

加密貨幣泡沫

　　要說到 21 世紀前幾十年最失控的交易，或許股票還不能爭第一。因為大眾對比特幣（bitcoin）以及其他數位貨幣興味昂然，在全世界掀起規模龐大的交易活動，市價波動幅度也是前所未見。而無論是加密貨幣價格上漲的態勢，或是它們在大眾心中引發的遐想，都和網路泡沫當初的瘋狂相似到令人毛骨悚然。

比特幣與區塊鏈

　　比特幣是世界性的加密貨幣，各方褒貶不一，有人追捧它是「未來的貨幣」，也有人將它貶低為「一文不值的騙局」。不過，比特幣的成長速度的確和金字塔騙局非常類似，而且，最後很有可能變成史上規模名列前矛的金融泡沫。比特幣的價格震盪劇烈，一枚比特幣從只價值幾美分起漲，飆升到 2017 年年底已經上看 2 萬美元。過了一年，價格則落到不及 4,000 美元。到了 2021 年 4 月，比特幣的成交價飆破 6 萬美元；但在兩個月後，又只剩下不到 3 萬美元。短短幾個月內，波動幅度高達 50％，也就難怪它對 Reddit 鄉民充滿吸引力。

　　比特幣的創造者是一個（或一群）化名為「中本聰」（Satoshi

Nakamoto）的不知名人士。中本聰在 2008 年發表的一份白皮
書上指出，最初創造比特幣的目標是要打造一種「單純點對點
（peer-to-peer）的電子現金形式」。神出鬼沒的中本聰只透過電
子郵件與社群媒體和外界溝通，雖然有幾個人曾經被指認為中
本聰，但是「比特幣創造者」的真實身分從來沒有獲得證實。
中本聰在 2009 年打造出比特幣網路的原始規則，並且發表相
對應的使用軟體，但在兩年後就完全消聲匿跡。根據報導，他
擁有 100 萬枚比特幣，而這一批比特幣很快就價值高達數十億
美元，足以讓他躋身世界首富的行列。

　　比特幣系統是經由一個可靠的公共分類帳來運作，這個分
類帳稱為「區塊鏈」（blockchain），其中的條目都經過編碼處
理，也受到密碼保護，可以匿名記錄比特幣的所有權人。區塊
鏈能夠提供任何時間點的比特幣所有權人證明，以及每一單位
流通比特幣的完整收付歷史。這個網路是透過世界各地的獨立
電腦來運作，而維護這些電腦與處理新交易的花費都是由比特
幣支付，比特幣則是經由所謂的比特幣挖礦（mining）流程產
生。目前世界上的所有比特幣，都是用這個流程創造出來，流
通數量最多僅有 2,100 萬枚比特幣。*

　　區塊鏈是一種持續增長的公共分類帳紀錄，這些紀錄被稱

---

* 作者注：達到最大上限後，會需要不同的付款方法才能繼續維護這套系統，
　例如共享交易手續費。（編注：也就是說，挖礦者的獎勵改由比特幣使用者的
　交易手續費支付。）

為區塊，新區塊會被連接到先前的區塊形成網路，所有交易就是記載在這些區塊上。交易紀錄的副本都會分送到網路中的每一部電腦〔或稱節點（node）〕中，所以，每一位使用者都能核對紀錄是否有誤。這套檢核機制讓區塊鏈的網路誠實可信。如果協助維護資料庫的任何一個人試圖竄改紀錄副本，幫自己的帳戶灌水，其他電腦一定會察覺到資料差異。在這個網路裡，使用者會建立共識來解決衝突，而且它的加密系統非常牢固，所以這個網路到目前為止都非常安全。

截至 2022 年為止，全球已經有數千萬甚至上億的不重複比特幣使用者，透過比特幣協定（protocol）完成的交易當中，有合法交易，也有非法交易。比特幣的匯率無關緊要，因為不管一枚比特幣價值 1 美元還是 10 萬美元，交易依舊可以完成。使用者可以在購買比特幣的同時寄給兌換所，馬上換匯成美元。只要比特幣的價格在交易發生的瞬間沒有波動，換匯的匯率高低就無關緊要。支持這項破壞性技術的論據是，交易可以在無縫接軌且匿名的狀態下完成，不需要銀行系統經手，也不會動用到國家貨幣。

比特幣是真的錢嗎？

傳統金融專家向來對「加密貨幣現象」抱持懷疑的態度。霍華德‧馬克斯（Howard Marks）與華倫‧巴菲特等傳奇投資人也曾表示，加密貨幣不是真的貨幣，毫無價值可言。不過，

事實上，任何國家的法定貨幣也一樣，一張 1 美元的鈔票同樣沒有內在價值可言。所有紙幣的價值或多或少都被懷疑過，只不過通常沒有人會把法定貨幣貶低為龐氏騙局。那麼，我們來檢視一下，比特幣以及其他數位貨幣到底是不是真的錢（貨幣）。

話說回來，貨幣的定義是什麼？這個疑問看似怪異，事實上卻能引出與比特幣相關的微妙議題。對經濟學家來說，貨幣就是金錢，能夠在經濟體系發揮三種功能。首先，貨幣是一種交易的媒介。我們重視貨幣是因為它可以讓我們買到各種產品與服務；我們把現金放在皮夾裡，用它買三明治當午餐、買汽水解渴。

第二，貨幣是一種記帳單位，也就是用來表達價格、記錄現在與未來債務的度量標準。舉例來說，2021 年的一份《紐約時報》要價 3 美元。另外，如果我以 5％的利率，舉借 10 萬美元還息不還本的不動產抵押貸款，每年要支出的利息是 5,000 美元，貸款到期時，我的債務金額是 10 萬美元。

第三，貨幣是一種儲值品。賣方接受買方以貨幣來換取產品或服務，因為他未來可以用這些貨幣再去購買其他東西。賣方可能持有其他資產作為儲值品，例如普通股，但貨幣是流動性最好的可用資產。當人們在近期的未來有購物的需求，最偏好持有的資產自然就是貨幣。

這就是貨幣型資產必須具備的傳統條件，那麼比特幣有多

符合這些條件？在某些層面上，比特幣似乎符合第一項要求。
世界各地很多不同型態的交易都可以用比特幣付款。另外，僅
管鑑定流程非常麻煩，如果進行國際商務交易，使用比特幣時
牽涉到的交易成本可能比較低。還有，要處理遊走法律邊緣的
那類交易時，比特幣也能提供使用者最重視的「匿名機制」，
無疑是他們最偏好的付款工具。而且，比特幣可以提供持有者
更多保障，因為在財產權比較沒有保障的國家，政府主管機關
也很難徵收比特幣充公。因此，毫不意外的是，加密貨幣的早
期交易多數都發生在最憂慮財產會遭到充公的亞洲國家。

　　不過，比特幣的價值波動極端，因此無法符合第二、三項
貨幣定義。每一天都會出現大量漲跌的資產，無法成為有用的
記帳單位，當然也不會是可靠的儲值品。加密貨幣的價值沒有
天然的後盾支撐，想要在比特幣市場中避開大幅波動的風險，
就必須進行更進一步的交易，將比特幣轉換為價值更穩定的資
產或是法定貨幣。至少美元和世界上多數主要貨幣背後都有中
央銀行管理，維護貨幣價值的穩定性就是它們的職責。

　　這個局面讓我想起一則有關沙丁魚貿易商的經典故事。這
個沙丁魚貿易商在倉庫裡堆滿沙丁魚罐頭，某天，肚子餓的工
人打開其中一個罐頭，希望可以享用一頓美味的午餐，卻發現
罐頭裡裝滿沙子。工人質問貿易商，對方告訴他，這些是用來
貿易，不是拿來食用的罐頭。這則故事的寓意似乎也適用於比
特幣。

對大多數比特幣或其他加密貨幣的交易者來說，這只是一場投機賽局，賭的是價格會持續飆漲。早早就加入賽局的人已經獲得非常優渥的報酬。還記得指控馬克‧祖克伯（Mark Zuckerberg）剽竊的那對雙胞胎兄弟嗎？卡麥隆與泰勒‧文克烈佛斯（Cameron and Tyler Winklevoss）是身高 6 呎 5 吋（約196 公分）的奧林匹克划槳選手，他們指控祖克伯在就讀哈佛大學期間竊走開發臉書的構想。雙方最終以 6,500 萬美元和解，這對雙胞胎卻認為他們應該獲得更多賠償，祖克伯則是因為繼續持有現在改名為 Meta 平台（Meta Platform）的臉書公司股票而成為億萬富翁。別急著為雙胞胎感到惋惜，因為他們在一枚比特幣價值 120 美元時，將和解金中的 1,100 萬美元拿去投資比特幣。不久後，他們已經躋身比特幣億萬富翁之列。

比特幣現象是投機泡沫嗎？

所以，我們應該如何總結比特幣現象？我們正在見證一項新投術，未來可望大幅改善跨國收付機制嗎？或者這只是另一個投機泡沫，終將導致眾多參與者傾家蕩產呢？或許這兩個問題的答案都是肯定的。支撐比特幣現象的區塊鏈技術是實實在在的創新技術，經過改良後也可能變得更加普及。無論如何，科技會為跨國收付機制帶來深遠的改革。

區塊鏈與其他類似的「分散式帳本技術」（distributed ledger technology）前景大有可為，這些系統可以用在其他領域，像

是記載醫療紀錄與汽車維修紀錄等。舉例來說，為世界各地許多企業辦理公司設立業務的德拉瓦州（Delaware），一直在探討利用區塊鏈維護企業紀錄的技術。此外，杜拜更是宣布致力於利用區塊鏈保護所有政府文件。在比特幣大獲成功後，其他加密貨幣相關的分散式紀錄維護技術也大量問世。

科技確實有降低交易成本與增加交易速度的潛力。數位貨幣可以在沒有金融機構或政府居中調解的情況下，促成賣方與買方之間的可靠交易。不過，就算一個現象具有實質的意義，也不表示它的價格不會「泡沫化」。以 1990 年代末期的現象為例，當時網際網路確實前景光明，但是卻無法阻止思科系統等關鍵企業的股價在泡沫破滅後暴跌 90％；思科是生產「網際網路骨幹」的交換器（switch）與路由器（router）的公司。而且，有明確的跡象顯示，比特幣與其他數位貨幣價格的飆漲模式和典型的泡沫如出一轍。

判斷投機泡沫的其中一項徵兆是，帶動現象的關鍵標的價格的上漲程度。2017 年初，比特幣的價格在短時間內就從幾美分飆漲到將近 2 萬美元，隨後卻又迅速暴跌。在 2021 年間，比特幣價格最低落在 2 萬 8,800 美元，最高則飆升到 6 萬 9,000 美元。比特幣波動性相當極端，24 小時之內的漲跌幅度甚至曾經高達三分之一。其他加密貨幣的價格波動型態也非常類似，漲幅遠遠超過 17 世紀的荷蘭鬱金香鱗莖，價格膨脹程度更是連本書目前為止描述的泡沫現象也望塵莫及。總之，不管

是以價格漲幅或波動性來判斷，比特幣都堪稱史上最大的泡沫之一。

　　泡沫會經由一些已經成為大眾文化的誘人故事而更加膨脹。比特幣的故事是說明「迷因」如何引發千禧世代與 Z 世代獨特熱情的完美範例。此外。它也顯示出網路如何推動迷因的傳播，並且加劇金融泡沫的現象。

戳破比特幣泡沫的因素是什麼？

　　評估比特幣的未來展望時，有許多項風險讓我們必須謹慎再謹慎考量。由於比特幣挖礦需要極大的電腦功率，又非常耗用能源，政府可以針對作為交易網路中心的電腦設下限制，阻礙分散式帳本的管理。要創造一枚比特幣的耗電量，等於一間典型美國房屋兩年的用電量；構成整個比特幣網路的電腦網路每年所消耗的能源，和某些中型國家一整年的能源消耗量相當。

　　比特幣的熱衷支持者經常強調，比特幣市場的整體規模最多絕對不會超過 2,100 萬枚比特幣，藉此證明他們的說法正確。不過，這個論點有漏洞，因為不斷增加的加密貨幣種類繁多，加密貨幣並沒有數量上限可言。乙太坊（Ethereum）與乙太幣（Ether）的支持者宣稱乙太幣優於比特幣，乙太坊協定的宗旨是為了提供更大的彈性與更強的功能性。瑞波公司（Ripple）和瑞波幣（XRP）則是特別為了改善國際貿易而創造，

目的是要降低交易成本、縮減交易時間。加密貨幣的市場總規模可以說是無限大。促使鬱金香泡沫破滅的因素是,「投資人」與投機客最後終於決定要將獲利落袋為安。持有大量比特幣的人被稱為「鯨魚」(whale),只要他們賣出手上一小部分部位,同樣足以讓價格暴跌。

　　至於目前比特幣面臨最特殊的危機,在於它對非法交易的推波助瀾。當加密貨幣開始成為「勒索軟體」(ransomware)與其他非法活動(包括逃稅)背後的推手時,政府不可能袖手旁觀。此外,各國政府也不可能放棄對本國貨幣的控制權。從北京到華盛頓,我們都不該小看這些政府試圖抵制比特幣開採與交易的用心。比起民間企業,各國政府更有可能在未來全力推動其他獲得大眾廣泛接受的數位貨幣。

其他數位迷你泡沫

　　到了 2020 年代,各種迷你泡沫還是不斷浮現。我個人最愛的三項,分別是「特殊目的收購公司」(SPAC)、另一種數位貨幣「狗狗幣」(Dogecoin),以及「非同質化代幣」(NFT)。

　　別忘了南海泡沫期間新股發行的可笑情形:「有間公司保證投資人一本萬利,只是沒人知道它做的是什麼。」而這幾乎可以完美的描述「特殊目的收購公司」(Special Purpose Acquisition Company,縮寫為 SPAC)的情形。成立特殊目的收購公司,其實是為了得以發動首次公開募股來募集資金,唯

一的目的就是用來收購一間或多間民間企業。特殊目的收購公司本身並不會真正運轉，只是一間臨時的小金庫，用來和某些未上市的不知名企業合併，讓這些企業得以間接上市。特殊目的收購公司讓未上市公司有機會走後門上市。在 2020 年，一共出現 248 間特殊目的收購公司、募得 830 億美元的股本，成為全球成長最快的一項金融工具。

　　特殊目的收購公司為自己打造出的形象，就是能讓人迅速致富，讓一般投資人也得以參與利潤豐厚的首次公開募股市場。但是事實上，大部分財富都進到公司發起人（sponsor）手中；他們經常先將 20％股份放進自己口袋裡，其他人只能買到剩下的一小部分股票。一些狡猾的企業也經常靠著特殊目的收購公司上市，因為這樣就無須經過美國證券交易委員會的審查。就大多數的特殊目的收購公司而言，就算是在股市一片活絡的期間，一般大眾投資人也多半是賠錢作收。

　　至於我愛的迷你泡沫第二名「狗狗幣」，一開始根本只是想開個玩笑。當時兩個朋友在聊天室裡聊著聊著就發明了狗狗幣，想用來嘲諷比特幣大獲成功、加密貨幣交易紅得莫名其妙。名字裡的「狗狗」，指的是網路迷因有一隻會講話的柴犬。兩位創造者以為，大家會覺得狗狗幣很有趣，但之後很快就會被遺忘。然而，這個原本只是想搞笑的產品，卻因為 Reddit 鄉民非常買帳，迅速成為明星。在 2021 年 1 月 1 日，狗狗幣的成交價還只有 0.5 美分；但到了 5 月，成交價飆上 75 美分，

一直到加密貨幣愛好者伊隆・馬斯克（Elon Musk）在《週六夜現場》（*Saturday Night Live*）節目上對狗狗幣開了玩笑之後，價格瞬間一瀉千里。Reddit 上的狗狗幣支持者可沒有這樣就被嚇倒，他們常掛在嘴邊的話現在除了「YOLO」（人生只有一次），還加上「我們要去月球了」。*

　　迷你泡沫在 2020 年代不斷增加，而其中最重要的一項，就是一時蔚為風潮的非同質化代幣（Nonfungible Token，縮寫為 NFT）。NFT 是一種特殊的虛擬所有權憑證，儲存在區塊鏈上，能在市場上買賣交易。例如以「Beeple」為化名的數位藝術家麥克・溫克爾曼（Mike Winkelman），就將自己的作品代幣化，並在佳士得（Christie's）拍賣會上成功以 6,900 萬美元售出；不過，實際上那些圖像的 JPEG 檔根本就能在網際網路上免費下載。從此，NFT 交易大爆發，從謎戀貓（Crypto Kitties）到數位運動鞋等等，主題包山包海。就連衛生紙品牌 Charmin 也推出 NFT，成為世界上第一捲「非同質化衛生紙」。推特執行長傑克・多西（Jack Dorsey）也把自己的第一則推特貼文做成 NFT，最後以 300 萬美元的價格售出。

　　或許最荒謬的 NFT 產品，則是實境秀明星史蒂芬妮・麥托（Stephanie Matto）在 2022 年的創業產品：她把自己的屁

---

* 編注：馬斯克其實是狗狗幣的支持者，他曾經說要帶狗狗幣上月球，而他在《週六夜現場》的發言只是開玩笑，卻反而導致價格崩跌。

裝進罐子賣給粉絲。產品需求一飛沖天,她還得刻意多喝幾碗黑豆湯,才能趕製出需要的屁量。但是,後來她開始感受到劇烈的胸痛,被醫生告知這項產屁事業對她的身體大有傷害,十分危險。於是她將商業模式轉型,改為做起屁罐數位藝術。人類真的就是會收集五花八門的東西,也有許多收藏品價格的確隨著時間持續上揚。然而,大多數的收藏品最後都會失去價值。對我而言,我想我還是寧願收藏一幅畢卡索畫作。

寶貴的教訓

我們回顧過去幾個世紀,細數群眾的瘋狂如何抬升資產價格,也讓那些一時不察的人落入財務深淵。歷史清楚告訴我們,所有過度膨脹的市場,總會被重力法則拉回地面。從我的個人經驗看來,市場上永遠的輸家,就是面對類似鬱金香鱗莖熱潮而總是無力抵抗的那些人。大量實際證據顯示,多數當沖玩家都落得虧錢收場。真的,要在市場上賺錢並不難。後面就會提到,投資人只要購入並持有廣泛的股票投資組合,就能享有合理、豐厚的長期報酬。但人還是難以抗拒,總想把錢投入那些短期、迅速致富的投機狂潮。

我對賭徒沒有意見,因為我自己也喜愛賭博。但是,如果要賭,請只用一些你覺得輸了也沒關係的小額資金。別把賭博與投資混為一談,也不要把自己的退休老本丟進什麼當下最流

行、宣稱可以改變世界的科技。投資那些可以改變世界的新科技，特別是時下最熱門的事物，常常最後都只是讓投資人血本無歸。

　　歷史給我們的寶貴教訓始終如一。社會永遠會出現新的投機泡沫，而且這些泡沫也永遠會讓多數參與者落入財務深淵。就算是真正的科技革命，也無法保證相關投資穩賺不賠。想要保住資本、還能持續成長，最重要的一項能力或許就在於「避免錯誤的投資」。這項教訓雖然如此明顯，卻又如此容易遭到忽視。

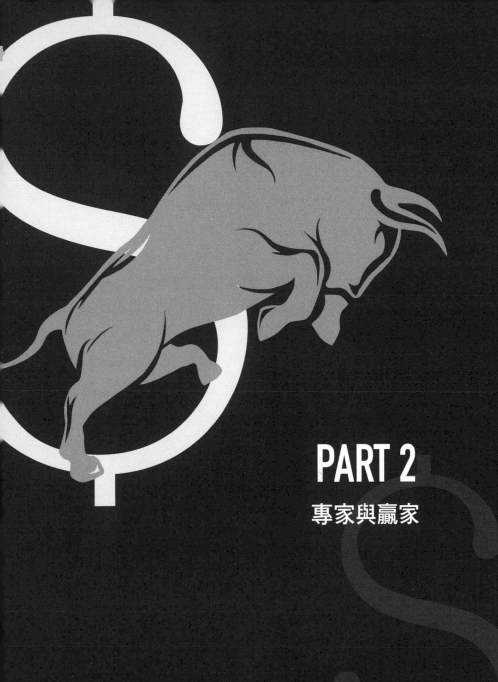

PART 2
專家與贏家

第 5 章

技術面與基本面分析

百聞不如一見。

——中國古老格言

以實際價值判斷事物是所有天賦中最重要的能力。

——拉羅什福柯（La Rochefoucauld）
《人性箴言》（Réflexions; ou sentences et maximes morales）

　　在一般的交易日裡，紐約證券交易所、那斯達克股票交易所，以及全美各種電子交易網路的成交總值高達數千億美元。如果納入期貨、選擇權與交換契約的市場，每天的成交總值更是上看數兆美元。專業投資分析師與投資顧問都是這場所謂「都市裡最大的遊戲」的參與者。

　　賭注大，回報也大。景氣好的時候，華爾街來自哈佛商學院的新進實習生通常可以拿到 20 萬美元的年薪。真正賺最多的還是備受關注的基金經理人，他們經營大型共同基金與退休基金，也管理上兆美元的避險基金與私人股票資產。當《金錢遊戲》（The Money Game）作者亞當‧史密斯（Adam Smith）吹噓說，這本書可以為他賺進 25 萬美元的時候，他的華爾街

友人則回應：「你不過賺得和二流法人營業員一樣多。」儘管金額龐大且複雜的金融專業領域稱不上是歷史最悠久，但絕對是薪酬最優渥的產業之一。

　　本書第二部會討論專業投資組合管理人採用的方法，說明學術界如何分析這些人的投資結果，又為什麼做出付錢給他們操盤並不划算的結論。接著還會介紹效率市場假說和實際狀況的關聯：股票投資人的績效表現不會比買進並持有指數型基金的人更好；指數型基金的投資組合中包含市場所有股票。

當技術面對上基本面

　　投資人最持續努力研究的學問正是：預測股價未來的走勢，以便抓住適當的買賣點。在這個尋找金蛋的過程中，投資人生出許多方法，從科學到玄學都有。甚至還有人透過測量太陽黑子、觀察月亮盈虧，或是估算聖安德魯斯斷層（San Andreas Fault）的震動來預測股價。不過，大多數人仍然是選用「技術面分析」或「基本面分析」。

　　投資專家使用的股價預測技巧都和第一部談到的兩種股市理論有關。信仰空中樓閣理論的投資人，會採用技術面分析來預測適當的買賣時機；基本面分析則是應用磐石理論來選股的原理。

　　技術面分析包含製作與解釋線圖。因此，這一小群異常熱

衷並崇尚技術面分析的分析師又稱為「線圖專家」或「線圖技師」。他們研究過去股價與交易量的變動，試圖找出未來的股價走向。大多數線圖專家相信，市場只有 10％的理性邏輯，加上 90％的心理因素。他們大都認同空中樓閣理論，把投資視為猜測其他參與者行為的遊戲。當然，線圖只能顯示出其他參與者過去的行為，但是這些專家卻希望藉著仔細研究其他人過去的行為，來預測群眾未來可能的行動。

不過，基本面分析專家則完全相反，他們相信市場有 90％的理性邏輯，心理因素僅占 10％。他們不太注意過去價格變動的模式，反而致力於推敲股票的適當價值。但在這裡，價值和個股公司的資產、獲利與股利的預期成長率、利率以及風險息息相關。藉著研究這些因素，基本面分析師就可以估算股票的內在價值，或是價值的穩固基礎。如果他們認為價值高於市價，就會建議投資人買進，因為他們相信市場終究會反映出股票的真正價值。90％的華爾街分析師大概都自認是基本面分析派，他們當中有許多人也都認為線圖專家不體面，又缺乏專業素養。

線圖能告訴你哪些事？

技術面分析的首要原則是，個股所有關於獲利、股利與未來績效的資訊，都已經自動反映在過去的股價上。也就是說，

一張顯示股價與成交量的圖表,已經包括分析師想要知道的所有好壞基本資料。第二個原則是,價格會依循趨勢變動,也就是說,上漲的股票會繼續上漲,持平的則會繼續不動。

　　真正的線圖專家甚至不在乎個股公司的產業、經營業務,只要可以研究線圖就好。無論是微軟或可口可樂(Coca-Cola),不管是「倒碗底形」(inverted bowl)或「三角旗形」(pennant)的線圖型態,意義都不會因為公司不同而改變。他們認為盈餘與股利等基本面資料沒有用處,甚至會分散注意力,因為這些資料要不是和股價無關,就是重要資訊在公開前幾天、幾週或幾個月早已經反映在股價上了。許多線圖專家甚至不看報紙,也不會檢視網路上的金融資訊。

　　技術面分析派的元老約翰‧梅奇(John Magee)在麻薩諸塞州春田市(Springfield)的一間小辦公室裡工作,連窗戶都用木板釘上,以防外界干擾。他曾說過:「當我走進這間辦公室,就把世界留在外面,只專心研究線圖。不管是在大風雪的日子,或是 6 月裡月色皎潔的夜晚,這個房間的狀態都一模一樣。在這裡,我不可能自毀名聲、損害客戶利益,光憑太陽露面就說『買進』,看見下雨就說『賣出』。」

　　圖 5-1 顯示,繪製線圖很容易。先畫一條垂直線,最下方代表今日的最低價,最上方則是最高價,再在收盤的價位畫一條水平線。這套流程可以在每一個交易日重複執行,繪製出個股或股價指數的線圖。

圖 5-1 上升趨勢線圖

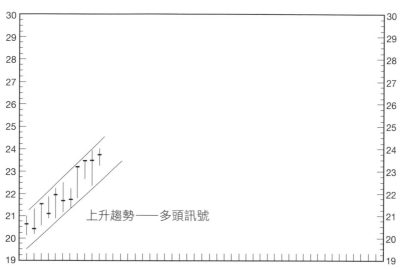

線圖專家通常還會在線圖底端畫出另一條垂直線，標示當日的成交量。接著，這檔個股的股價高低點逐日上下變動，漸漸形成「型態」（pattern）。對線圖專家來說，線圖的意義就如同 X 光片對外科醫生的意義。

線圖專家首先要找的是「趨勢」（trend）。圖 5-1 顯示的是一個正在形成的趨勢，記錄某檔個股連續好幾天的價格變動，而且價格很明顯是向上走。分析師接著畫出兩條線，分別連接股價的最高點與最低點，形成一條「通道」（channel），描繪出上升趨勢。既然假定市場的走向持續不變，股票預期會繼續上漲。如同梅奇在線圖分析的經典作品《股價趨勢技術分析》

（*Technical Analysis of Stock Trends*）中寫道：「價格會隨趨勢變動，而且趨勢將一直延續，直到發生某件事改變供需平衡為止。」

　　但是，假設股價漲到 24 美元，就碰上瓶頸無法繼續上漲，這個價位就稱為壓力區。股票可能稍微震盪，然後反轉向下，於是形成另一種型態，分析師稱為頭肩型態（head-and-shoulders），顯示出股價到頂的清楚訊號，如圖 5-2。*

圖 5-2　頭肩型態線圖

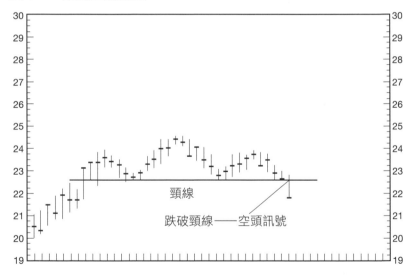

────────────

* 編注：頭肩型態是標示股價反轉的型態，分為「頭肩頂」和「頭肩底」，前者表示股價到頂，是賣出的訊號，後者則是股價到底，可以買進。圖 5-2 屬於頭肩頂型態。

在圖中，股價先上漲，然後稍微下跌，形成平滑的肩部。
接著股價漲到比先前稍微高一些的價位，在下跌前形成頭部，
最後再一次漲跌形成右肩。分析師屏息等待，當股價跌破頸
線，就是明確的賣出訊號。分析師此時像吸血鬼檢視獵物般興
奮，努力賣出股票，期待股價如同過去一樣直線下墜。當然，
有時市場會跌破分析師的眼鏡。舉例來說，在圖 5-3 中，走勢
呈現空頭後，股價卻一路走高到 30 美元，稱為空頭陷阱（bear
trap）。不過，這對分析師來說，則是叫做「測試規則的例外
狀況」。

　　從操作手法看來，技術面分析師是短期交易者，而不是長
期投資人。分析師在訊號有利時買進，不利時賣出，他和股票
調情，就如同某些人和異性調情一般。他的成就來自短期交易
的成功，不是長期持有的報酬。與小艾伯特・哈斯（Albert
Haas Jr.）合著《多頭、空頭和佛洛伊德》（*Bulls, Bears and Dr.
Freud*）的精神病學家唐・傑克森（Don D. Jackson）認為，那
種人或許是在玩一種公開的性暗示遊戲。

　　線圖專家選股時，通常都會先經過一段觀察期與調情期才
付出真心，因為對他們來說，時機最重要，正如在短暫的戀愛
關係與性關係當中，時機也最重要。在股價突破底部型態不斷
上升時，市場也愈來愈興奮，倘若一切進展順利，最後就會達
到滿足點，獲利入袋、緊繃的情緒釋放，隨之而來的則是愉悅
餘韻。線圖專家使用的詞彙包括雙重底（double bottoms）、突

圖 5-3　空頭陷阱的線圖

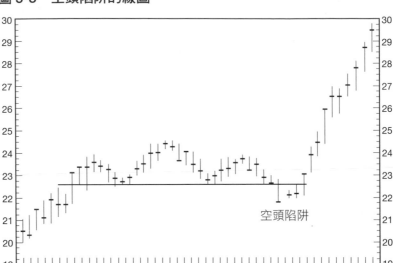

破（breakthrough）、低點反轉（violating the lows）、盤堅（firmed
up）、大行情（big play）、上升頂點（ascending peaks）、高檔
爆量（buying climax）等，這些都發生在多頭行情的牛市裡，
而牛正是性感的象徵。

線圖分析的原理

　　為什麼看線圖有效？許多技術分析師坦承不諱，他們不知
道線圖分析為什麼有效，畢竟歷史就是會重演。

　　我認為技術面分析理論得以運作，最可能的解釋有三項。

第一，群眾心理的本能使趨勢持續下去。當投資人看到熱門股節節高漲，就急著想加入抬轎，所以股價上漲對於實現漲價的預言很有幫助。每一次上漲都再次刺激投資人的胃口，期待還有更高價。

第二，公司基本面資訊的取得並不對等。每次出現某些利多消息，例如發現豐富的礦床時，據說內部人士總是最早知道消息，當他們採取行動買進，股價就會上漲。他們再告訴朋友，朋友也跟著買進，然後專業人士得到消息，大型法人大量買進。最後，你和我這種可憐的傻蛋得到消息也跟著買進，推升股價漲得更高。當利多消息出現時，這樣的過程會讓股價逐漸上漲；相反的，股價則是逐漸下跌。

第三，投資人通常在一開始都對新資訊的反應不足。有證據顯示，當正面或負面的盈餘數字公布，而且這個數字和華爾街的預估數字不同時，股價就會出現回應，但是調整的幅度不足。因此，股市對盈餘消息通常只會慢慢調整，價格動能才得以持續一段期間。

線圖專家也認為人們有個惡習是，一直記得買進的價格，或是「希望」買進的價格。舉例來說，有一檔股票長期都維持50美元，很多投資人買在這個價位。假設後來股價跌到40美元，這時線圖專家會說，當股價回到群眾原先的買進價格時，他們一定會急著賣出以避免虧損。因此，一開始的50美元股價就成為「壓力區」。每當股價接近壓力區就會反轉向下，愈

來愈難突破壓力區，因為更多投資人認為有問題的市場或個股
價格不可能再上漲。

　　類似的推論也可以用在「支撐」的觀念上。線圖專家說，
許多在股價相對低點時沒有買進的投資人，會在價格上漲後覺
得錯失良機。當股價跌回原先的水準時，想必這些投資人會趕
忙搶進。根據技術面分析理論，屢攻不破的「支撐區」會愈來
愈堅強，所以一旦股價跌到支撐區又開始上漲時，交易員會趕
忙買進，因為他們相信它即將起漲。此外，股價突破壓力區則
是另一個多頭訊號。依照線圖專家的說法，這代表壓力轉為支
撐，股價肯定會更上一層樓。

技術面分析為什麼會失效？

　　有許多合理的論點可以反駁技術面分析。首先，線圖專家
只在上升趨勢確立以後才買進，又只在趨勢被打破以後才賣
出，但是市場可能瞬間反轉，往往讓他們錯失良機。當上升訊
號出現時，股價可能已經開始反轉。第二，這些技術面分析最
終會自亂陣腳，因為使用者愈多，技術面的價值反而會遞減。
當群眾同步行動時，任何買進或賣出的訊號都沒有意義。此
外，交易員總是傾向提前預測技術面訊號的演變，以便先發制
人。然而，他們愈早預測訊號的演變，就愈無法確定訊號的真
實性，也愈不能肯定交易會不會賺錢。

　　針對技術面分析最有力的反駁，也許是投資人追求最大利潤的合理行為。假設環球聚合體公司（Universal Polymers）現在的股價是 20 美元，但是首席化學家山姆發現一項新的生產技術，可以讓公司的盈餘提高一倍，而且他非常確信消息曝光後股價會漲到 40 美元。由於在 40 美元以下買進可以賺進暴利，所以山姆和朋友會在股價漲到 40 美元以前持續買進，然而這個過程只不過是幾分鐘的事。市場或許是最有效率的機制，畢竟如果有人知道明天股價會漲到 40 元，市場今天就會讓它漲到 40 元。

從線圖專家到技術分析師

　　電腦問世以前，繪製股票線圖的繁重工作都是由人工完成。線圖專家被視為怪胎，他們總是戴著綠色遮光帽，藏身在辦公室後方的小房間裡。現在的線圖專家則有電腦為他們服務，能連接各種資料庫網路，配有大台的顯示終端機，只要用手指一點，所有圖表都可以到手。線圖專家（現在稱為「技術面分析師」）可以帶著兒時玩電動火車新玩具的喜悅，馬上製作出一張功能完整的歷年績效線圖，納入成交量、200 日移動平均線（每個交易日之前 200 日的股票平均價格）、個股相對於整個股市與產業的動能比較，以及其他數百種平均線、比率、震盪或指標。此外，一般投資人也可以透過各種網站，輕

易取得不同日期區間的各種線圖。

基本面分析的技巧

傅雷德‧史渥德（Fred Schwed, Jr.）在機智迷人的著作《客戶的遊艇在哪裡？》（*Where Are the Customers' Yachts*）中揭露1930年代金融圈的情形。他說到一名德州經紀人以每股760美元的價格賣股票給一位客戶，但在其他地方一股只賣730美元。客戶發現以後大發雷霆，向經紀人嚴正抗議，但這位德州老兄打斷客戶，用低沉的嗓音說道：「嘿，你完全不了解我們的政策，本公司幫客戶遴選投資時看的不是價格，而是價值。」

這則故事多少說明技術面與基本面分析的差別。技術面分析派只對股價紀錄有興趣；基本面分析派主要關心的是個股的真正價值，他們盡量不受群眾樂觀或悲觀心理的影響，試圖在股票的市價和真正的價值之間做出明確的判斷。

為了估算一檔個股堅實不移的價值，基本面分析師最重要的工作在於預估公司未來的盈餘與股利。他們認為，股票的每股價值來自投資人現在可以獲得的現金流，以及未來可望獲得的所有現金流的貼現值。因此，分析師必須估算公司的營收、營運成本、稅率、折舊，以及資本需求的收支。

基本上，證券分析師一定是缺乏天賜靈感的先知，為了補償欠缺的靈感，分析師只得苦心研究公司過去的紀錄、損益

表、資產負債表與投資計畫，還得親自拜訪公司，評估管理人
員的陣容。接著，他們必須從中過濾出重要的資訊。如同班傑
明·葛拉漢在《智慧型股票投資人》（*The Intelligent Investor*）
中表示：「他有時使我們想起《潘贊斯的海盜》（*The Pirates of
Penzance*）中博學的少將和他說的『許多直角三角形斜邊平方
的有趣事實』。」

　　既然公司的整體前景受到產業前景的影響很深，證券分析
師最好從產業前景下手分析。其實，證券分析師幾乎都有專精
研究的產業。而基本面分析師都希望經由透徹的產業研究，可
以掌握有價值的洞見，找出還沒有反映到股價上的影響因素。

　　基本面分析師會利用四項基本的決定因素，來估算每檔股
票的合理價值。

決定因素 1 ：預期成長率

　　大多數的人都不了解財務決策上複利成長的意義。愛因斯
坦說過，複利是「前所未有的數學大發現」。人們常說，美國
原住民在 1626 年以 24 美元賣掉曼哈頓島，根本是被白人給騙
了。其實，那位原住民很可能是個精明的生意人。如果他把這
24 美元以每半年 6％的複利存起來，這筆錢現在早就價值超過
1,000 億美元，足夠子孫買下這片不再荒蕪的土地一大半，這
正是複利成長的神奇力量。

　　複利是讓 10 加 10 等於 21 而不只有 20 的過程。假設你今

年投資 100 美元到一項年報酬率 10% 的標的，而且明年繼續持有，到了第二年年底，你會得到多少報酬？如果你回答 21%，那麼你應該得到一顆金色星星，並且升等為貴賓。

這個算式很簡單。第一年年底，你投資的 100 美元增加為 110 美元；隔年，這 110 美元會再賺進 10% 獲利，到了年底你將擁有 121 美元。所以，這筆投資在兩年後的總報酬率為 21%。複利運作的原理是「錢滾錢，利滾利」，你原先投入的資金賺取的利息同樣會生利息。所以，如果把前兩年得到的利息和本金拿去繼續投資，到了第三年年底，你就會得到 133.10 美元。複利確實威力驚人。

有一項實用的原理叫做「72 法則」，可以讓你快速了解資金加倍需要花多少時間。只要用 72 除以你賺得的利率，就可以得出讓資金加倍所需的年數。例如，假設利率是 15%，要讓資金加倍，需要花將近 5 年的時間（$72 \div 15 = 4.8$ 年）。表 5-1 列出在不同股利成長率之下，未來會產生的股利總金額。

表 5-1 不同成長率下產生的股利總金額

股利成長率	目前股利	5 年後股利	10 年後股利	25 年後股利
5%	$1.00	$1.28	$1.63	$3.39
15%	$1.00	$2.01	$4.05	$32.92
25%	$1.00	$3.05	$9.31	$264.70

　　陷阱（總是會有陷阱，不是嗎？如果沒有很多個，至少也有一個）在於，股利成長不會永遠持續下去，而且理由很簡單，因為公司也如同大多數生物一樣有生命的循環週期。請想想，150 年前美國的頂尖公司，例如東方馬車鞭公司（Eastern Buggy Whip Company）、拉克羅斯與明尼蘇達渡輪公司（La Crosse and Minnesota Steam Packet Company）、薩凡納與聖保羅蒸汽船航線（Savanna and St. Paul Steamboat Line）與哈薩德火藥公司（Hazard Powder Company）等足以名列當代財星 500 大的企業，現在都已經消失無蹤。

　　就算這些公司可以逃過自然的生命週期，也愈來愈難保持同樣的成長率。盈餘 100 萬美元的公司，只要增加 10 萬美元，就可以達到 10％的成長率；但是，盈餘 1 億美元的公司卻需要增加 1,000 萬美元盈餘，才能達成相同的 10％成長率。

　　此外，根據美國的人口預測數字來看，也能顯示出寄望公司長期維持高成長率有多荒謬。如果全美國與加州的人口依目前的成長率繼續增加，到了 2045 年，全美國將會有 120％的人口居住在加州。

　　雖然預測不盡可靠，股價仍然應該反映出成長預測的差異，市場評價才有道理可言。另外，成長期間的長短也很重要。假設一間公司預計將有十年維持 20％的快速成長，另一間公司的成長率相同，但成長期間只有五年，在其他條件相同的情況下，前者比較有價值。要記住，成長率是通用的原則，

不是絕對的真理。磐石理論支持者評估股價的第一條規則是：

規則一：理性投資人願意為股利與盈餘的成長率比較
高的個股，付出比較高的股價。

另外再加上一條重要的推論：

規則一的推論：理性投資人願意為預期成長期間比較
長的個股，付出比較高的股價。

這條規則符合實際狀況嗎？我們先把「股價」改為「本益
比」再來討論。本益比是一項實用的標準，可以用來比較價格
與盈餘都不同的個股，舉例來說，「股價 100 美元、每股盈餘
10 美元」和「股價 40 美元、每股盈餘 4 美元」兩檔個股的本
益比完全相同。本益比才是真正能夠反映出個股市場評價的標
準，而不是股價。

因此，改寫後的問題變成：如果個股的預期成長率比較
高，它的實際本益比是不是也比較高？計算本益比時需要股價
與盈餘數字，而要蒐集這些資料也不難。長期的預期成長率可
以透過雅虎財經（Yahoo Finance）取得。圖 5-4 是符合「規則
一」的幾檔代表性個股，圖中顯示出高本益比確實和高預期成
長率有關。

圖 5-4　符合磐石理論的公司成長率與本益比

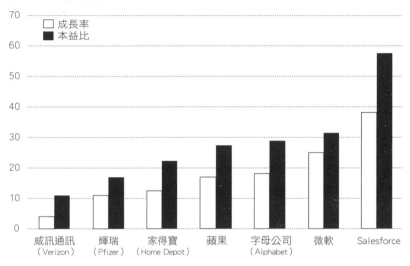

圖 5-4 除了顯示出市場對不同成長率的評價，也可以用來作為實用的投資指南。假設你正考慮要買進一檔預期成長率為 11％的個股，而你也知道，成長率 11％的個股平均本益比為 17 倍，就像輝瑞那樣。所以如果你考慮買進的個股本益比高達 25 倍，你可能會打退堂鼓，改為選擇符合目前市場常態、股價比較合理的個股。

決定因素 2：預期股利

判斷股價時，毋庸置疑，每期收到的股利和股利成長率的相對比例也是一項重要因素。當其他條件相同時，發放的股利

愈多，股票愈有價值。請特別注意「其他條件相同」這句話，因為如果股利占盈餘的比例很高，但預期成長率不看好，就不是一筆好投資。相反的，許多成長動能最高的個股通常不會發放股利，有些公司甚至傾向選擇買回股票，而不是增加股利。如果有兩間公司的預期成長率相同，發放股利比較多的公司對投資人更有利。

　　規則二：在其他條件相同的情況下，理性的投資人願意付出比較高的股價，買進從盈餘中發放比較多現金股利的個股，或是會用盈餘買回股票的公司。

決定因素 3 ：風險程度

　　風險在股市扮演著重要的角色，而這也是股市的迷人之處。風險會影響股票的評價，有些人甚至認為風險是檢視個股時唯一要注意的面向。

　　聲譽愈好的個股，代表它風險愈小，也愈穩定。舉例來說，有些人就認為所謂的藍籌股應該享有品質溢酬（quality premium）；不過，為什麼華爾街要用撲克牌桌上的名詞形容績優股，恐怕只有他們知道。大多數投資人喜歡風險低的股票，因此這些個股的本益比往往比風險高又不穩定的個股本益比還高。

　　雖然一般認為風險愈高的股票，未來的報酬也應該愈高
（因此現在的價格比較低），但是要衡量風險幾乎不可能。不
過，這並沒有讓經濟學家知難而退，學術界與投資界都投注極
大的心力在衡量風險上。

　　有一項知名的理論指出，如果一檔個股相對於整體市場的
股價波動幅度愈大，或是年報酬（包含股利）的變動愈大，它
的風險就愈大。例如穩健的嬌生公司（Johnson & Johnson）就
被《好管家》（*Good Housekeeping*）雜誌選為適合「寡婦與孤
兒」投資。因為這間公司的盈餘在經濟蕭條時相對穩定，而且
從未中斷發放股利，所以當股市下跌 20％時，嬌生公司通常
只跌 10％，可以說風險比市場平均值還要低。相反的，軟體
公司 Salesforce.com 歷年的波動就很大，在市場下跌 20％時，
它常常下跌 30％以上。持有這類股票如同賭博，尤其是在市
況不佳時，投資人很可能得被迫出售持股。

　　當公司營運順利且股市穩定上揚時，Salesforce.com 的表現
可能會超越嬌生公司。但是，如果你和大多數投資人一樣，重
視穩定的報酬勝過投機的可能，不想要為了投資而失眠，又希
望在股市下跌時控制虧損，就會得出評價股票的第三條規則。

　　　規則三：在其他條件相同的狀況下，理性（而且重視
　　　　　　　規避風險）的投資人會願意為風險比較低的
　　　　　　　個股付出比較高的股價。

在此，我還要特別提醒，不能完全根據「相對波動性」
（relative volatility）來衡量一間公司承擔的風險。稍晚在第 9
章當中，我們會再深入討論評價股票時要注意的這項重要風險
因素。

決定因素 4：市場利率

股市並不是唯一單獨的投資市場，投資人也應該考慮其他
投資的報酬。如果利率夠高，利息可以代替股票，提供穩定、
高獲利的收入。請想想看，像是 1980 年代初期時，信用良好
的公司債券利息就高達 15％，當時股市的預期報酬根本難以
相提並論，於是資金湧向債券，股價則大跌。等到股價跌得很
深，才有一批投資人進場，幫助股價回穩。同樣的，在 1987
年 10 月 19 日股市崩盤前，利率也上揚。換句話說，為了吸引
投資人由高利率的債券轉向股票，股市必須提供如同花車打折
商品般夠低的價格。*

---

* 作者注：另一種說法是，既然高利率可以讓「目前」的收入提高，任何遞延
的未來收入自然應該有更高的折現率。當目前利率相對比較高的時候，未來
所有股利的折現值都應該更低。不過，比起以上討論的內容，利率與股價的
實際關係還要更複雜。假設投資人預期通貨膨脹率將由 5％上升到 10％，這
樣的想法很可能會推動利率上升 5 個百分點，以補償持有固定利率債券的投
資人，因為他們的購買力受到通膨影響而蒙受損失。在其他條件相同的情況
下，這會促使股價下跌。不過，既然預期通貨膨脹率會提升，投資人當然也
可能認為公司的盈餘與股利將加速成長，因而造成股價上揚。關於通貨膨
脹、利率與股價的完整討論，請參閱第 13 章。

　　反過來說，當利率像2020年代初那樣掉得非常低的時候，只支付固定利息的證券就很難敵得過股票，因此股價會變得相對比較高。這樣的狀況可以說明基本面分析的最後一條規則。

　　　規則四：在其他條件相同的狀況下，當利率愈低時，
　　　　　　　理性的投資人願意付出愈高的價格買進股票。

3個重要警告

　　這四項評價規則暗示，當一檔證券的成長率愈高與成長期愈長、股利發放率愈高、股票風險愈低、整體利率愈低，它的內在價值（與本益比）一定愈高。

　　基本上，這些規則非常實用，可以指出股價的合理基礎，並提供投資人評估價值的標準。但是，在採用這些規則之前，我們必須特別注意三個重要的警告。

警告1：現在無法擔保未來預期將發生的事

　　預測未來的盈餘與股利是最困難的工作，光是要保持客觀也相當困難，因為人們不是過度樂觀就是極度悲觀。在2008年，經濟嚴重衰退且全球都面臨信用危機，投資人頂多只能保守估計未來的成長率。然而，在1990年代晚期和2000年代初期，投資人則是相信高成長、無盡繁榮的年代已經來臨。

要記住的是，無論你用什麼公式來預測未來，總是會有無法確定的假設因素。如同多媒體影視大亨賽穆爾‧高德溫（Samuel Goldwyn）曾說：「預測很困難，尤其是預測未來。」

警告 2：不明確的資料算不出精確的數字

不確定的數字算不出精確的結果，這一點合情合理，毋庸置疑。然而，投資人與分析師卻為了得到想要的結果，經常採用下列做法。

他們會選定一間風評很好的公司，開始研究未來展望，接著得出結論，這間公司可以維持一段長時間的高成長率。成長會持續多久呢？那就算十年好了。

然後他們根據現階段的股利、預期成長率與利率水準為基礎，或許再加上風險的考量，想藉此計算出這檔「值得投資」的個股價值。但是，結果令人遺憾，目前的市價比合理價格稍微高了一點。

現在，他們有兩個選擇，認定股價過高不要買進，或者可以說：「也許這樣的高成長率不只有 10 年，可以維持 11 年。畢竟，成長 10 年只是一開始的猜測，11 年有何不可？」接著再坐回電腦前算了算。你瞧瞧！現在算出的股票價值比目前的市價還要高了！

這場遊戲可以玩下去的關鍵在於，預期成長期間愈長，未來的股利收入愈高。因此，股票的現值是由計算機決定。如果

11 年不夠長，把數字換成 12 或 13 年也許就對得上了。總是有某些成長率與成長期間的組合，可以用來計算出滿足某個特定價格的答案。這場遊戲的本質就是這樣，要算出股票的內在價值幾乎不可能。我認為，股票的價值基本上都有不確定性，甚至覺得這是最基本的道理。萬能的上帝恐怕也不知道合理的個股本益比應該是幾倍。

警告 3：母鵝成長，不代表公鵝也會成長

我們很難知道市場會怎麼評價某些基本因素。就算知道市場總是很重視成長，而高成長率也總是伴隨著高本益比，但是問題在於：為了比較高的成長率，我們到底必須額外付出多少代價？

這個問題目前還沒有一致的答案。在某些特別重視成長的時期，例如 1960 年代初期與 1970 年代，市場願意為高成長率的個股付出極高的價格。但是在其他時期，例如 1980 年代末期與 1990 年代初期，高成長股只比一般個股稍微貴一點點而已。到了 2000 年初，名列那斯達克 100 指數成分股的成長股，本益比卻都高達三位數字。成長股投資人同樣得到一個痛苦的教訓，成長也可以和鬱金香一樣「流行」。

從實際的層面來看，市場評價的確會快速變動，這表示採用任何一年的評價數字作為指標都相當危險。然而，只要把目前成長股的評價和以前的眾多案例相比，投資人至少可以看

出，市場在哪些時期裡出現過度狂熱的跡象。

爲什麼基本面分析也會失效？

　　雖然基本面分析看來可靠又合乎科學原理，但它還是有三個瑕疵。第一，資訊與分析可能不正確；第二，證券分析師對「價值」的估算可能不當；第三，股價可能始終沒有反映出估算的價值。

　　證券分析師藉由研究個股公司與訪談產業專家，會蒐集到許多基本面資料，但有些批評者認為，整體而言，這些資料沒什麼價值。就算投資人靠著市場還不知道的有用消息賺錢，也會因為錯誤的消息而虧損。此外，分析師為這些消息耗費大量精力，投資人則依照建議支付大筆交易費用。而且，分析師也可能沒辦法正確解讀資訊，精確估算出未來盈餘。有效的資訊如果分析不當，仍然可能讓盈餘與股利的成長估算值遠遠偏離事實。

　　第二個問題是，就算消息正確，對未來的成長也評估正確，分析師對價值的估算也可能出錯。實際上，要把預估的成長率轉換成單一的內在價值幾乎不可能。想找出基本價值的評估方式確實也可能有如大海撈針。此外，分析師可以取得的所有資訊可能已經反應在市場上，導致股票價格與「價值」之間的差異卻是來自錯誤的價值評估。

　　最後一個問題是，就算資訊正確、價值評估正確，買進的股票仍然有可能下跌。舉例來說，假設生化分解容器公司（Biodegradable Bottling Company）的本益比是 30 倍，分析師評估它的長期成長率為 25％，又假設一般預期成長率 25％的個股本益比應該是 40 倍，基本面分析派可能因此而認為股價「便宜」，建議可以買進。

　　但是，如果幾個月以後，成長率 25％的個股本益比跌到 20 倍，就算分析師對成長率的估算正確，買進的投資人依然蒙受虧損，因為市場已經重新估算成長股的價值。市場可能會下修所有個股的股價來修正「錯誤」，而不是讓生化分解容器公司的股票上漲。

　　像這樣改變評價的狀況並不稀奇，這只是市場例常的情緒起伏而已，以前也發生過同樣的情況。不只整體股市的平均本益比快速變動，就連投資人願意為成長多付出的股價也會大幅改變。很顯然，要靠基本面分析來成功投資並不是完全可靠的做法。

穩健投資的 3 項原則

　　許多分析師會使用多種技巧的組合來判斷個股是否值得投資。我們可以由下列三條規則歸納出一套最明智的做法，想必有耐心的讀者會發現，這些規則的基礎其實都是來自前文談到

的股價評估原則。

規則 1 ：只買未來五年以上盈餘成長高於平均值的公司

　　大部分成功的股票投資都可以歸功於一項最重要的因素，就是具有長期且優異的盈餘成長。Amazon、Netflix 以及其他歷來表現優秀的股票都是成長股。要選出盈餘有成長的公司雖然很難，卻是股市的致勝之道。持續的成長不僅能增加公司的盈餘與股利，也可以增加個股的本益比。因此，買進正要開始快速成長的股票可以得到雙重的好處，公司盈餘與個股本益比都會增加。

規則 2 ：絕對不以超過內在價值的價格買進

　　雖然我極力主張並試圖說服各位，要判定個股的內在價值根本不可能，但是許多分析師認為，我們還是可以大略判斷出股價是否合理。一般說來，市場平均本益比是一項有用的指標。和這項指標相當或是稍微高出一點點的成長股，通常都值得投資。

　　以非常合理的本益比買進成長股有許多好處。如果你估算的成長率無誤，就可以享受到我在規則一提過的雙重好處，也就是股價會因為盈餘增加而上揚，同時本益比也會因此提高。舉例來說，你買的個股每股盈餘為 1 美元，股價 7.5 美元，一旦盈餘上升為每股 2 美元，本益比也由 7.5 倍提高為 15 倍，

這檔個股就會被視為成長股，而你的投資不只是加倍，還會變成 4 倍。因為原先 7.5 美元的股票，將會價值 30 美元（每股盈餘 2 元乘以本益比 15 倍）。

　　現在，讓我們從另外一個角度來思考。買進已經受到市場肯定、本益比遠高於一般股票的「成長股」同樣會有風險。問題出在超高的本益比可能已經完全反應出預期的成長，一旦成長不如預期、盈餘不增反減或是增加得太慢，情況可就不妙。低本益比個股透過盈餘成長所帶來的雙重好處，可能因為高本益比個股的衰退，反而帶來雙倍的損失。

　　我建議的策略是，購買本益比低於市場平均值、股價還沒有起漲的成長股。只要買進時本益比低，就算成長不如預期、盈餘下跌，虧損也有限；但是，如果成長符合預測，就可以享有雙重好處。這套做法可以幫助你增加勝算。

　　退休的知名基金經理人彼得‧林區（Peter Lynch）曾經使用類似的基本面分析技巧，為早期的麥哲倫基金（Magellan Fund）締造相當輝煌的紀錄。彼得‧林區計算每一檔潛力股的本益成長比（P/E-to-growth ratio），並且只選擇買進和本益比相比、本益成長比數字更低的個股。這不是單純買進低本益比個股的策略，因為在他看來「成長 50%、本益比 25 倍、本益成長比為 0.5 的個股」優於「成長 20%、本益比 20 倍、本益成長比為 1 的個股」。如果我們對成長率的估算正確，如同彼得‧林區當時做出正確的預測，就能夠獲得非常優異的報

酬。

現在，我們來總結前兩項原則的做法：

> 尋找低本益比的成長股。如果成長如同預期，通常會
> 有雙重好處，讓盈餘與本益比都增加，創造出大量的
> 獲利。此外，要留心本益比超高的個股，因為它在未
> 來的成長已經被打折，一旦成長不如預期，就會出現
> 雙倍的慘重損失，導致盈餘與本益比雙雙下跌。

規則 3：尋找有利多題材、可以讓投資人建造空中樓閣的成長股

我之前強調過，心理因素對股價的影響相當大。畢竟散戶或法人不是會自動計算本益比、依樣進行買賣決策的電腦；他們是有七情六慾的人類，貪婪、賭性、本能、期望和恐懼仍然會支配他們的投資決策。所以，成功的投資人需要同時具備智力與敏銳的心理素質。

能夠帶給投資人「良好感覺」的股票，即使成長平平，長期也能享有比較高的本益比。沒有那麼幸運得到眷顧的個股，即使成長在平均水準之上，本益比也可能長期低落。當然，如果個股看起來即將起漲，肯定會吸引某些投資人進場。股市並不是沒有理性，只是股票也像人一樣，能激勵某個人的原因，

也可能讓另一個人無動於衷。一旦題材無法吸引人，本益比上漲的空間可能愈來愈微小而緩慢。

　　所以，規則三就是你要問自己，你選的股票有沒有題材可以滿足大眾的想像。它能不能編織出有感染力的夢想？能不能讓投資人建立空中樓閣？空中樓閣是不是建立在磐石上？

　　遵循規則三不需要成為技術面分析專家，只要憑直覺或靈感，判斷個股的「故事」是否能夠吸引群眾，特別是法人或者是跟隨網路迷因的散戶。然而，技術面分析師在相信故事的確很吸引人之前，會先找出確實的證據；所謂的證據當然是指出現多頭的技術訊號，可以合理預測漲勢即將形成。

　　儘管這些規則看起來合情合理，最重要的還是必須發揮作用。畢竟，玩這個遊戲的人很多，很難說誰可以永遠贏下去。

　　在接下來的兩個章節，我們將探討實際案例。第 6 章要思考技術分析到底有沒有效；第 7 章則會檢視基本面分析的過去績效。這些討論可以幫助我們評估專業投資人的建議是否可以採信。

技術面分析與隨機漫步理論

事物的真相很少和外表一致；
就連低脂牛奶也可以偽裝成鮮奶油。
　　　　　　——吉爾伯特、蘇利文（Gilbert and Sullivan）
　　　　　　輕歌劇《皮納福號軍艦》（*H.M.S. Pinafore*）

　　不論盈餘、股利、風險或是高利率，都不會干擾技術面分析師完成被指派的工作，也就是研究股價的變動。他們全心全意的為數字奉獻，塑造出多采多姿的理論以及許多華爾街的通俗用語，例如「汰弱留強」、「換強勢股操作」、「表現不佳先賣出」以及「別逆勢操作」，都是技術面分析師常用的處方。他們把策略建立在空中樓閣的夢想上，希望手上的工具能告訴他們，哪一座樓閣正好要由平地升起，如何在樓閣升起前進場。然而，問題在於，他們的工具真的有效嗎？

鞋子和預測都有破洞的分析師

　　大學教授有時候會被學生問到：「如果你真的這麼聰明，

為什麼卻不富有呢？」這個問題總是讓教授耿耿於懷，因為他們自認放棄唾手可得的世俗財富，從事教書這種明顯對社會有益的工作。其實，這個問題比較適合請教技術分析師，畢竟技術面分析說穿就是要用來賺錢，那些說得頭頭是道的分析師應該實行得爐火純青。

然而，如果仔細觀察就會發現，技術面分析師的鞋子經常都會「開口笑」，磨損的衣領也都是破洞。我就從來沒見過成功的分析師，一敗塗地的倒是看過好幾個。奇怪的是，這些破產的分析師從來都不會感到抱歉。如果失禮的問他們為什麼會破產，對方會真誠的回答說，他犯下人性的通病，不相信自己的線圖。有一回某位技術面分析師在飯桌上說出這句話時，我當場嗆到，還驚動不少人，真是尷尬。在那之後我決定絕對不和線圖專家吃飯，以免消化不良。

雖然技術面分析師不會因為奉行自己的建議而發財，不過他們的文字功夫卻相當了得。來看看下列建議：

市場在盤整一段時間後上揚，這是多頭訊號，然而支撐價位在哪裡還不明朗，道瓊指數現在距離壓力區還有 40 點以上，所以要說下個階段的多頭趨勢是否形成還言之過早。如果未來幾週底部堅守不破，市場突破三角形態頹勢，則是另一波漲勢的訊號；但是如果股價破底，難免會有一段時間持續下跌。就目前看

　　來，投資人可能要觀望一下，等待趨勢明朗，市場可能在小幅區間內震盪。

　　如果你問我這段話到底是什麼意思，我恐怕也答不出來，但我想他的意思可能是說：「如果市場沒有上漲或下跌，就會維持不變。」氣象播報員都比他強。

　　很顯然，我對線圖專家有偏見。不過這不只是個人偏好，還牽涉到專業問題。技術面分析一向不見容於學術界，我們樂於挑剔這些分析師，最主要的原因有兩項。一、即使額外支付交易手續費與稅金，這個方法也不見得表現得比買進並持有的策略還要好；二、它很容易被挑出毛病。雖然這個說法似乎有些不公平，但別忘了，我們這麼做是為了保護你的錢。

　　電腦技術似乎短暫的提高了技術面分析的地位，但是當網路線圖分析服務隨手可得的時候，反倒證實了技術面分析師的無能。正當分析師忙著畫圖預測市場走向時，學術界也忙著製表記錄他們的預測。用電腦測試技術面分析的交易規則實在很簡單，因此，測試它們是否有效就成為學術界最熱愛的休閒娛樂。

股市裡真的有動能嗎？

　　技術面分析師相信，了解個股過去的走勢有助於預測未來

可能的動向。換句話說，要預測某一天的股價，在這一天之前的連續股價變動就很重要。我們或許可以把這套方法稱為「壁紙原則」（wallpaper principle），因為技術分析師預測未來股價的方式，就像我們預測鏡子後面的壁紙花色方式一樣，只要看鏡子上方的壁紙花色就知道。技術面分析的基本假設是，不論時間或空間，股價都會重覆出現一樣的走勢。

線圖專家認為股市裡有動能，根據他們的推測，過去上漲的個股未來會繼續上漲，開始下跌的個股則會繼續下跌。因此，投資人應該買進開始上漲的強勢股，並且持有一段時間，一旦股價下跌就賣出。

曾經有人大費周章的採用歷年股價來檢驗這些技術規則，這些股價資料最早可以追溯至 20 世紀初。結果顯示，過去的股價波動不能用來準確預測未來的走勢。因為股市沒有記憶，即使表現出有動能的樣子，發生的頻率卻不明確，而且經常很快就消失。這導致推升股價漲跌的力道不足，追隨動能的投資策略便無利可圖。我在第 11 章會進一步說明，雖然股市有動能，但是扣除交易手續費與稅金之後，投資人不太可能會因為採用某種交易策略而獲利。

經濟學家也加入行列，檢視技術面分析派的另一項主張：股價會一連幾天、幾週或幾個月往同樣的方向變動。他們認為股票就像美式足球的後衛，一旦得到某種動力，就可以帶球推進很遠，但是，事實並不是這樣。股價的確會連續正向成長

（上漲）好幾天，但是就連公平的擲銅板遊戲，也可能連續丟出好幾個正面，而且連續擲出同一面的機率和正反面交互出現的機率其實差不多。股市中所謂「持續模式」（persistent pattern）出現的機率，並不比賭徒的好運更頻繁，所以經濟學家才會說股價變動很像隨機漫步。

什麼是隨機漫步？

許多人會認為這句話根本錯得離譜，因為就連最漫不經心的讀者在閱讀金融版時，也可以輕易看出重複的股價變動模式。讓我們以圖 6-1 為例。

這張線圖裡的重複模式很明顯。股價先漲一波，然後反轉，在跌勢持續好一陣子以後又止跌，接著是多頭再度占上風，展開另一波漲勢。看到這樣的股票線圖，所有人都會認為這些敘述很有道理。經濟學家怎麼會如此目光短淺，竟然看不出來這些肉眼可見的事實？

堅定相信股市波動有重複模式的想法，其實源於統計上的幻覺。我有一項課堂實驗可以說明這句話的意思。在這項實驗裡，我要求學生畫出一檔個股的股價走勢圖。一開始的股價是 50 美元，在這之後每一個交易日的收盤價都以擲銅板來決定，如果擲出正面，收盤價就比前一個交易日高出 0.5 美元，擲出反面的話，收盤價則是下跌 0.5 美元。圖 6-1 就是在這項

圖 6-1 股市真的有規律的漲跌循環？

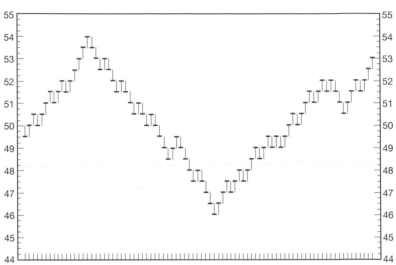

實驗中畫出來的線圖。

　　這張隨意擲銅板畫出來的線圖，長得跟真正的股價線圖非常相似，甚至也有漲跌循環。當然，我們從擲銅板的過程中觀察到的循環，並不像真正的循環一樣規律，同樣的，股市的漲跌也並不規律。

　　缺乏規律正是關鍵。股價的「循環」就和賭徒的運氣一樣，沒有什麼規律可言。即使個股看起來像是處在上漲趨勢，和前一次的漲勢長得一樣，但是這對於目前的股價是否持續上漲，或是持續多久，都無法提供有用的訊息。股市的確會重演歷史，但是方式千變萬化，所有試圖由過去線圖尋求發財機會的

努力，都會被破壞。

　　在這個讓學生擲銅板的實驗中，還出現頭肩型態、三重頂、三重底，以及其他更難懂的型態。有一張圖顯示出漂亮的頭肩底向上突破型態，簡直是極佳的多頭型態，我拿給一位技術面分析派的朋友看，他高興的跳起來說：「這是哪間公司？我們一定要立刻買進，這是典型的多頭型態，下週它一定會漲超過 15 美元。」當我表明這張圖是擲銅板得來的，他可沒有給我好臉色看，這些技術面分析派的人真是欠缺幽默感。不過，當《商業周刊》雇用一位擅長批判的線圖專家來評論本書第一版的時候，我就知道報應來了。

　　我的學生完全是隨機繪製這些線圖。只要他們使用的銅板沒有做過手腳，每次擲出正面讓股價上漲的機率是 50％，擲出反面讓股價下跌的機率也是 50％。即使已經一連擲出十次正面，下一次擲出正面的機率仍然還是 50％。數學家將這樣使用隨機流程產生的一連串數字稱為「隨機漫步」，就像我的學生畫的模擬線圖上的數字。線圖上下一個數字的動向，完全無法從前面的數字來推測。

　　不過，股市的動態並不完全遵循數學家的理論，現在的股價走勢也不是完全和過去無關。股價確實有動能，當好消息出現時，投資人通常只會小幅調整他們對適當股價的預測，緩慢調整再加上大眾心理可能使股價穩定上揚一段時間，提供某種程度的動能。由於股價不能完全符合隨機漫步理論的定義，這

驅使金融經濟學家羅聞全與克雷格・麥金雷（A. Craig MacKinlay）寫下著作《華爾街的非漫步》（*A Non-Random Walk Down Wall Street*）。證據顯示，除了股市裡有一些短期動能，在大部分個股的平均價格中也看得見長期上升趨勢，和盈餘與股利的長期成長一致。

　　但是，不要指望動能會提供萬無一失的策略，讓你可以打敗市場。首先，股價不會總是對消息反應不足，有時候甚至會過度反應，造成風雲變色、讓人措手不及的反轉。根據動能策略來管理的共同基金通常表現欠佳；此外，即使在動能出現的期間市場不再隨機漫步，動能與股價的系統性關聯通常微乎其微，對投資人沒有實質幫助。想要利用這些動態來獲利，投資人必須付出的交易手續費與稅金，往往比實際報酬還要多；因此正確的「弱式」（weak form）隨機漫步理論應該是這樣：

　　**股價波動的歷史並不能提供有用的資訊，讓投資人在
　　管理投資組合時，持續表現得比買進並長期持有更好。**

　　如果弱式隨機漫步理論成立，那麼，如同我的同事理查・昆德（Richard Quandt）所說：「從各方面來看，技術面分析和占星術是很相似的一門科學。」

　　我並沒有說技術面分析的策略從來不會獲利，它們經常可以幫投資人賺到錢。我的重點在於，簡單的買進並持有，也就

是買進一檔或一籃子的股票並且長期持有的策略，可以讓投資人賺進相等、甚至更多的獲利。

　　每當科學家想要試驗某種新藥的藥效，通常會找兩組病患服藥進行對照實驗；一組病患服用新藥，另一組服用無作用的安慰劑。比較兩組病患的結果之後，只有服用新藥的病患比服用安慰劑的病患情況更好，才表示新藥有效。而且，理所當然，如果兩組病患在同樣一段時間內情況都有好轉，就算病人確實康復，也不能斷定新藥有效。

　　在股市實驗中，「買進並持有」就是用來測試技術面分析的安慰劑。使用技術面分析通常會獲利，但是買進並持有一樣會獲利。老實說，買進並持有整體股市指數裡的所有股票，這種簡單的投資組合策略在過去 100 年間，都能讓投資人獲得大約 10％的年平均報酬率。只有當技術面分析產生高過市場的報酬時，它才算是有效的策略。不過，到目前為止，這項策略還沒辦法持續通過考驗。

檢視技術面分析理論

　　鑽研技術面分析的人可能會認為我這麼說不公平，因為我之前提到的「簡單」測試，並不足以顯示出技術面分析的「博大精深」。不幸的是，就連那些精密的交易規則都已經受到科學檢驗，以下就挑出幾種來詳細說明。

過濾系統

頗受歡迎的過濾系統（Filter System）理論指的是，當股價已經跌到低點，並且開始攀升達到某個百分比，例如 5％或任何百分比，隨你設定，就可以說是處於上升趨勢；反之，如果股價從高點反轉下跌 5％，就是進入下降趨勢。所以，投資人應該買進並持有任何一檔從低點上漲 5％的個股，直到股價隨後抵達高點並反轉下跌 5％時，才要賣出或是甚至放空。而這筆空頭部位，也要等到股價隨後觸及低點反彈 5％時才回補。

許多證券經紀人很愛用這套投資方法。券商最慣用的「停損」指示就是以過濾系統理論為依據，他們會建議客戶在股價跌到低於買價 5％時賣出持股，就可以限制可能的虧損。

然而，當我們徹底測試過各式各樣的過濾規則，例如把漲跌幅設定從 1％到 50％，也涵蓋不同的時間區間，甚至從個股到各種股價指數都進行測試。結果還是再次顯示，考量到採用過濾規則買賣會產生的高額交易費用，在任何一段測試期間使用這套方法投資，並不一定能勝過在同一段期間簡單的買進並持有個股或股票指數的策略。因此，散戶最好避免使用任何過濾規則，也要避開推薦這套方法的經紀人與券商。

道氏理論

道氏理論（Dow Theory）表現的是壓力與支撐之間的拉鋸

戰。當股市漲到高點後開始反轉，這個高點就會形成壓力區，因為錯失在高點賣出的投資人一有機會就會急著出脫持股。如果股市再度上漲到接近這個高點價位，就稱為「測試」壓力區。現在，關鍵時刻來臨。如果股價突破壓力區，很有可能會再上漲一波，先前的壓力區則轉為支撐區。反過來說，如果股價「無法突破壓力區」，反而觸及低點，跌破原先的支撐區，就確立空頭訊號，投資人應該賣出。

　　道氏理論的基本原理是，在股價漲破前次高點時買進，跌破前次低點時賣出。這套理論還有許多細項規則，但是它的基本觀念已經成為技術面分析的教義。

　　不幸的是，用道氏理論歸納出來的買賣訊號，對於預測未來的股價走勢沒有太大的用處。不管是在訊號出現後，還是在訊號出現前，市場的走勢都沒什麼兩樣。比起單純買進並持有市場上最有代表性的一群股票，道氏理論的表現反而差了一點，因為投資人必須多付出許多買賣成本與手續費。

相對強勢策略

　　相對強勢策略（Relative-Strength System）指的是，買進並持有表現良好、績效優於大盤的個股，避開甚至是放空表現比大盤差的個股。不可否認，在某些時期裡，採用相對強勢策略的確勝過買進並持有的策略，但是，沒有證據顯示相對強勢策略的表現可以持續領先。正如前文說過，有證據支持股市中

的確有動能，然而，一項電腦測試的結果也指出，如果採用相
對強勢理論投資 25 年，在扣除手續費與稅金後會發現，這套
理論對投資人的獲利並沒有太大的助益。

價量關係策略

價量關係策略（Price-Volume Systems）認為，當個股或大
盤因大量或逐漸增加的交易量上漲時，表示買進的需求沒有得
到滿足，因此股價將繼續上漲；相反的，如果股價隨著龐大的
交易量下跌時，表示賣壓沉重，出現賣出的訊號。

採用這套策略的投資人可能要再次失望。用這套方法建立
的買賣訊號，同樣不能有效推測未來的股價走勢。如同其他技
術面分析策略，投資人必須進行許多買進與賣出的交易，導致
交易手續費與稅金大增，遠遠高過買進並持有的策略。

解讀線型

也許某些比較複雜的線型，如前一章提過的線型，有助於
推測未來的股票走勢。舉例來說，跌破頭肩頂的線型是不是可
靠的空頭訊號？在一項深入的研究報告中，電腦繪製 548 檔個
股在五年期間內的線圖，並且辨識出 32 種最受歡迎的線型，
像是找出頭肩型、三重頂或三重底、通道、楔形等。

當電腦發現其中一種空頭線型，像是出現頭肩頂後向下跌
破頸線這樣的嚴重空頭凶兆，就記錄為賣出訊號；如果是三重

底之後反彈向上突破，則記錄為買進訊號。結果再一次顯示，技術面的買賣訊號和後續的股價表現毫無關聯。如果跟著訊號買賣，扣掉交易成本後，報酬仍然不比買進並持有的策略好。即使券商佣金為零，投資人還是得支付交易手續費，以及從價差獲利中抽取的一般所得稅。只要買進並持有，就可以延後繳稅時間。

人性難以接受隨機觀念

　　人性偏愛秩序，所以很難接受隨機的觀念。不論機會法則怎麼說，我們總愛在隨機的事件當中尋找固定的模式，而且不只在股市裡，甚至用它來解釋運動界的現象。

　　形容籃球選手的優異表現時，記者和觀眾常常會說：「錫安‧威廉森（Zion Williamson）有神手」或是「拉梅羅‧鮑爾（LeMelo Ball）是閃電射手」。打球、教球、看球的人幾乎一致認為，如果球員前一次或前幾次射籃成功，下一次射籃也很可能成功。不過，有一群心理學家做的研究證明，「神手」現象只是神話。

　　心理學家仔細研究費城 76 人隊（Philadelphia 76ers），探討他們在一個半的球季中的每一次射籃。結果顯示，在連續射籃與射籃結果之間並沒有正相關，而且比起連續兩次射籃得分，一次投籃失敗反而讓球員更可以在下一次得分。此外，心理學家還研究連續射籃兩次以上的情形，又再次發現連續投進

許多球的機率和隨機產生一組數字的機率相當，也就是說投籃和擲銅板一樣，所有結果都是獨立產生，不會受到先前結果的影響。雖然連續投中兩、三球確實會影響球員下次投籃時的心理狀態，但是許多證據都指出兩者無關。為了驗證研究結果，心理學家檢視波士頓塞爾提克隊（Boston Celtics）的罰球紀錄，並且讓康乃爾大學（Cornell University）男女籃球校隊進行射籃實驗，作為數據對照組。

這些研究結果並不是要表明籃球可以光靠運氣，不靠技巧，畢竟有些球員在射籃得分與罰球的球技表現上，顯然表現得比其他人更好。重點在於，這次進球的機率和前一次射籃的結果無關。心理學家推測，迷信神手是記憶偏誤（memory bias）導致的結果。比起交互出現的進球或失誤，一連串出現相同結果的狀況更讓人印象深刻，人們才會因此高估每一次射籃之間的關聯性。由於相同事件偶爾會同時或接連發生，而且即使這種情況很常發生在隨機產生的數字中，如擲銅板的結果，人們還是拒絕相信這不過是隨機事件。

幫你虧錢的一籮筐技術理論

當學術界輕鬆破解標準的技術面分析規則以後，開始把注意力轉向一些更有想像力的伎倆。下列技術面分析技巧充分展現出，如果沒有線圖學派，財務分析的世界會變得多麼安靜又

枯燥。

裙襬指標

　　有些技術面分析師不只關心股價的變動，還把研究範圍拓展到其他領域的變動上，其中最迷人的是艾拉·柯伯雷（Ira Cobleigh）所謂的「多頭市場與裸膝理論」（bull markets and bare knees theory）。他指出，只要觀察女性的裙長，就可以知道當年的股價走勢。如圖 6-2 所示，裸露的膝蓋和多頭市場似乎有些鬆散的關聯，而市場蕭條的時期對於女性觀賞者而言似乎也是空頭市場的年代。

　　舉例來說，在 19 世紀末與 20 世紀初，股市的表現相當平

圖 6-2　裙襬指標

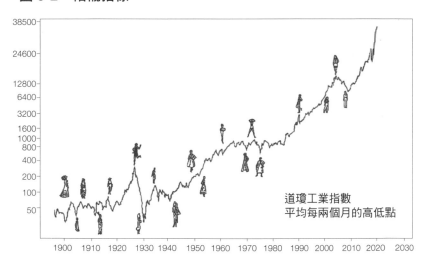

淡，女性的裙襬也比較長。但是到了 1920 年代的大多頭市場，裙襬的位置愈來愈高，緊接而來的是長長的裙子與 1930 年代的大崩盤。老實說，這張圖有點騙人，因為在 1927 年多頭市場的鼎盛期來臨之前，裙襬就開始變長了。

到了第二次世界大戰後，裙襬理論再次失靈。股市早在 1946 年夏天就大跌，遠比 1947 年出現的新樣式長裙還要早。同樣的，股市在 1968 年底就已經大跌，然而中長裙卻是在 1969 年、尤其是 1970 年才出現並且大為風行。

那麼 1987 年股市崩盤的時候，這套理論有效嗎？你大概會認為裙襬指標不太有效。畢竟在 1987 年春天，服裝設計師開始準備秋裝時，非常短的裙裝還被視為時尚單品。然而到了 10 月，第一陣冷冽的秋風吹過美國時，怪事突然發生，大多數女性開始覺得迷你裙不適合她們。於是，當女性重回長裙懷抱時，設計師馬上見風轉舵。你們都知道股市發生了什麼事。到了 2000 ～ 2010 年代的嚴重空頭市場又怎樣呢？很不幸的，你猜對了，褲裝成為時尚，企業界與政界的領導人總是穿著褲裝出現。現在，我們終於知道空頭市場的罪魁禍首是誰了。無庸置疑，造成 2007 ～ 2008 年股市崩盤的原因，正是第 4 章提到的金融危機。而 2020 年股市大跌則是受到新冠病毒全球大流行影響。這兩起事件都無法事前預測。

雖然有些證據可以支持裙襬理論，也不要太過樂觀看待，冀望裙襬長度能幫助投資人掌握買賣時機。正如《時尚》雜誌

（*Vogue*）指出，女性不再需要被裙擺約束，現在人人可以穿得像男性、也可以穿得像女性，裙襬長度也可以隨心所欲。

超級盃指標

2021 年的股市為什麼會上漲？對於使用超級盃指標（Super Bowl indicator）的技術面分析派而言，這道問題簡直太簡單。超級盃指標基本上是根據贏得超級盃的球隊來預測股市的表現。如果獲勝的球隊和坦帕灣海盜（Tampa Bay Buccaners）一樣隸屬於國家美式足球聯盟（National Football League，縮寫為 NFL），未來的股市預期會是多頭市場；但是，如果獲勝的球隊隸屬於美國美式足球聯盟（American Football League，縮寫為 AFL），對於股市投資人來說則是壞消息。雖然這項指標有時候會失靈，但是預測正確的時候比失誤的時候多。當然，這種事根本毫無道理。超級盃指標說明的是，兩件毫不相干的事情有時候可能被牽扯在一起。根據財經記者馬克·赫伯特（Mark Hulbert）的報導指出，股市研究人員大衛·連恩韋伯（David Leinweber）發現，和標準普爾 500 指數最密切相關的指標是，孟加拉的奶油生產量。

道瓊狗

這項有趣的策略利用的是反市場的指標，理論支持者相信目前失寵的股票總有一天會翻身。這項策略主張買進每年道瓊

30 工業指數中現金殖利率（dividend yield）最高的十檔股票，因為它們最不受寵愛，本益比會比較低，股價淨值比（Price-to-Book Ratio，縮寫為 PBR）也比較低。這項策略源自資產管理人麥可‧歐赫金斯（Michael O'Higgins）。早在 1920 年代，詹姆士‧歐蕭尼斯（James O'Shaughnessy）就驗證過這項理論，他發現道瓊狗策略的報酬比市場平均報酬高出 2% 以上，而且不需要負擔額外的風險。

於是，華爾街的那群道瓊狗分析師洗耳恭聽，在市場上推出大量共同基金，都依據這項原則操盤。不出所料，這些狗被反咬一口，道瓊狗策略的表現持續比整體市場績效還要差。如同「狗明星」歐赫金斯指出：「這項策略太受歡迎。」所以自我毀滅。道瓊狗現在已經不能打獵了。

元月效應

有一些研究人員發現，1 月是股市報酬非常突出的特別月分，最初兩週的股市報酬似乎總是特別高，尤其是比較小型的個股。即使調整過風險因素，小公司給投資人的報酬仍然出奇慷慨，而且如此高水準的報酬多半發生在一年剛開始的頭幾天。這種現象也出現在國外幾個股市中，因此有人出版一本書名引人注目的著作《不可思議的元月效應》（*The Incredible January Effect*）。

不幸的是，由於小型股的買賣價差（bid-ask spread）比較

大、流動性比較低，實際的交易成本會比其他大型股更高，一般投資人根本無緣享有元月效應帶來的好處。此外，元月效應也不是每一年都會發生。換句話說，1 月的「零錢」需要耗費太高的成本才撿得到，在某些年度裡甚至根本只是幻覺。

其他不可靠的理論

　　再繼續討論這些技術分析伎倆，會讓報酬快速遞減。也許很少人相信股市的「太陽黑子理論」會讓他們賺錢；但是，你相信追蹤紐約證交所的漲跌股票比例，可以找到可靠的領先指標，預測市場高點嗎？有一項謹慎的電腦研究顯示，答案是否定的。你認為融券餘額（short interest）增加，也就是放空的股數增加，是多頭訊號嗎？畢竟放空的人遲早要回補。有一項測試結果顯示，融券無論是對整體市場或個股都沒有影響。你相信財經電視節目擁護的移動平均線理論，可以讓你在股市裡大發利市嗎？例如，當現在的股價或近 55 日的均價高於 200 日均線就買進，反之賣出。在你還必須支付交易手續費的時候，就不可能靠著買進與賣出而獲利。你認為應該在 5 月賣出股票並且出場，等到 10 月再進場嗎？事實上，股市在 5 到 10 月間上漲的機會還不小。

拜見技術面分析大師

　　技術面分析師不一定會做出正確的預測，但這些預測一定

相當多采多姿。其中最有名的是伊蓮‧葛佐瑞莉（Elaine
Garzarelli），她後來成為投資公司雷曼兄弟（Lehman Brothers）
的執行副總裁。葛佐瑞莉可不是只用單一指標的女性，她縱身
財務資料的汪洋，採用 13 種不同的指標來預測股市的走勢。
她總是喜歡研究重要的細節，所以從小就會向當地的肉舖要動
物器官去解剖。

在 1987 年崩盤前，葛佐瑞莉就像 1929 年時的貝森一樣慧
眼獨具。她在 10 月 13 日以驚人的先見之明告訴《今日美國報》
（*USA Today*），道瓊指數即將下跌 500 點以上，等於是 20％的
大衰退。一週之內，她的預言實現了。

但是，這次崩盤的預測是她最後的傑作。正當媒體封她為
「黑色星期一大師」，《財星》與《柯夢波丹》（*Cosmopolitan*）
等雜誌大肆撰文吹捧她時，她卻被自己的先見之明淹沒，搞得
聲名狼藉。崩盤之後，她說不會再碰股市，並且預測道瓊指數
還要再跌 200 ～ 400 點。結果，她錯過股市反彈的機會。此
外，把錢交給她管理的客戶更是大失所望。對於這樣失常的表
現，她的說辭堪稱技術面分析師的經典：「我沒有相信自己的
線圖。」

1990 年代中期最耀眼的投資大師，也許要算是平凡樸
實、平均年齡 70 歲的祖母級投資團體「來自鬍子城的女士」
（Beardstown Ladies），媒體稱她們是「當代最了不起的投資
人」。這些有名的老奶奶會為獲利數據加油添醋，也擅長炒

作，因此她們撰寫的投資書籍銷售達上百萬冊，還經常出現在全國性的電視節目與週刊報導裡。她們用美味的食譜混和投資的成功因素，例如只要努力工作、勤上教堂，就可以做出保證會發的股市鬆餅。她們在 1995 年的暢銷書《鬍子城女士的常識投資指南》（*The Beardstown Ladies Common-Sense Investment Guide*）中宣稱，近 10 年的年平均投資報酬為 23.9％，遠高於標準普爾 500 指數的平均值 14.9％。一群平凡的中西部年長婦人，憑著常識就可以擊敗坐領高薪的華爾街專家，並且讓指數型基金蒙羞，這是多麼引人矚目的故事啊！

可惜，這些女士被人揭發作假，她們也「調理」過書中的內容，把投資俱樂部的收入也列入股市報酬。普華會計師事務所（Price Waterhouse）被請來查帳，他們算出這些女士過去 10 年真實的年平均投資報酬率為 9.1％，比市場的平均報酬低了將近 6％。想要藉著崇拜股市偶像致富的人只能到此為止。

這些故事的啟示很明白，用技術面分析預測市場的人這麼多，總是會有某些人說中市場最後一次或是最近幾次的大反轉，然而沒有人能永遠預測正確。我們要銘記的警惕應該是：「聽信股市大師的預言，必然抱憾而終。」

技術面分析派的反擊

隨機漫步理論貶損技術面分析，因此不難想像它在技術面

分析師之間有多麼不受歡迎。學術界的隨機漫步理論支持者在華爾街的待遇，就如同安德魯·科莫（Andrew Cuomo）在#MeToo運動中遭受的抵制。技術面分析師認為隨機漫步理論「不過是學術屁話」，所以，我們暫停一下看看，這些被圍攻的技術分析師如何反擊。

隨機漫步理論最常遭到攻訐的部分，恐怕是出於普遍對數學的不信任，或是對於這套理論的涵義有所誤解。他們反駁：「市場不是隨機波動，沒有人會被數學家的說法說服。因為長期的未來報酬會影響目前的股價，而短期內影響股價的因素，則是難以捉摸的群眾心理。」

報酬與股利當然會影響股價，群眾心理也會動搖股價，在本書前幾章裡有充足的例子可以證明這一點。但是，就算市場在某段時間當中受到非理性的群眾行為支配，股價走勢依然類似隨機漫步。隨機漫步最初被比喻成一個喝醉的人在空地蹣跚步行；他不帶有理性，也同樣不可預測。

此外，公司的基本面新資訊，例如大罷工、執行長過世等消息，同樣也無法預測。其實，這些持續出現的新資訊都是隨機發生，如果有哪一則新聞不是隨機發生，而是由先前發生的事件所決定，那根本不叫新聞。隨機漫步理論只是提出，過去的股價無法推測出現在與未來的股價。

技術面分析師還引證各式資料，說明學術界沒有測試過所有技術面分析方法。他們說的沒錯，沒有人可以證明所有技術

面分析方法一概無效。我們只能說，股價線圖型態可以提供的資訊量極少，如果依照這些資訊採取行動，投資人賺到的獲利完全不夠補償交易手續費與稅金的損失。

　　每一年，都有不少渴望致富的人前往拉斯維加斯或大西洋城的賭場，檢視好幾百場輪盤遊戲轉出來的數字，想要找出一些重複出現的模式。他們通常會找到一套模式，然後就此輸得精光，因為他們沒有重複測試這套模式。* 技術面分析師也是這樣。

　　如果檢驗過去任何一段期間的股價，你幾乎總會發現某些理論在特定一段時間內可以發揮效果。只要測試過夠多不同的選股標準，總會找到一套有效的標準。不過，實際的問題在於，同樣一套標準可以用在不同的時期嗎？大多數技術面分析的擁護者，往往沒有在理論發展最鼎盛的時期以外，將理論套用到另一段時期來進行測試。

　　就算技術面分析師聽從我的建議，採用許多不同時期的數據來做測試，最後終於找到預測股價的有效指標，我仍然認為技術面分析終究會失效。你可以說我是在找碴，假設技術面分析師發現一項可靠的年終效應，每一年聖誕節到新年期間股價

---

* 作者注：愛德華・索普（Edward O. Thorp）真的發現一套贏得二十一點牌局的致勝祕訣，還寫在《打敗發牌人》（*Beat the Dealer*）裡。從此以後，賭場改為使用許多副撲克牌或是引進自動洗牌機器，讓人比較不容易算牌，到最後，他們乾脆禁止算牌的人坐上賭桌。

都會上漲；但是，一旦這項規律廣為人知，大眾的集體行為就
會導致這種現象再也不會發生。

　　任何一套成功的技術面分析策略遲早都會自我毀滅。當我
們得知新年過後的股價會比聖誕節前的股價還要高，肯定會在
聖誕節來臨前早早就開始買進。如果人們知道某檔個股明天會
上漲，股價今天就會開始上揚。所以，任何一套可以獲利的股
市規則，最終都會自我毀滅。這就是我不相信技術面分析的基
本原因，我也認為沒有人可以靠技術面分析持續獲得高於股市
平均績效的報酬。

技術面分析對投資人的意義

　　沒有任何一種有用的方式，可以用過去的股價來預測未來
的股價。技術面分析策略通常很有趣，有時還帶有安慰作用，
卻沒有實質價值。這是弱式效率市場假說的主張，技術面分析
理論只造福那些準備推銷相關服務的人，或是雇用技術面分析
師的券商，因為他們希望這些分析報告會鼓勵投資人和自家公
司做更多買賣交易。

　　使用技術面分析預測買賣時機更是危險。因為股市會呈現
長期上漲的趨勢，對於持有現金部位的投資人而言風險很高。
為了避開所有市場下跌區間，因此經常懷抱大筆現金部位的投
資人，很可能會在市場一鼓作氣上漲時早早出場。密西根大學

（University of Michigan）的尼捷・西虹教授（Nejat Seyhun）
發現，如果以 30 年為投資期，大約有 7,500 個交易日，投資
人在這段期間獲得的龐大市場獲利，有 95％都來自短短的 90
個交易日。要是碰巧錯過這些只占全部交易日 1％多一點點的
日子，那麼這段期間從股市累積而來的長期豐厚報酬，全都會
被一筆勾銷。知名投資人拉斯洛・貝林宜（Laszlo Birinyi）研
究的期間更長，他在著作《傑出交易員》（*Master Trader*）中
指出，如果投資人在 1900 年以 1 美元買進並持有道瓊工業指
數，到了 2013 年初，他的 1 美元會成長為 290 美元；但是，
一旦他錯過每年獲利最高的 5 個交易日，當初的 1 美元到了
2013 年就只剩下不到 1 美分（0.01 美元）。所以，重點在於，
預測股價選定買賣時機的投資人，會錯失大幅影響投資績效的
幾次大多頭行情。

　　這些技術面分析的寓意很單純：如果過去的股價無法有效
預測未來的股價，就不必採用任何技術面分析規則。最簡單的
買進並持有策略，都能表現得跟任何技術面分析方法一樣好。
此外，就算投資人用買賣交易獲利，賺得的資本利得還是要課
稅。不管是遵照任何一套技術面分析方法，投資人都會獲得短
期資本利得，還有比買進並持有的策略更早付出更多稅金。簡
單買進並長期持有多元的投資組合，可以幫你節省不少投資費
用、交易成本以及稅金。

第 7 章

基本面分析有比較高明嗎？

我怎麼會犯這種錯，竟然相信專家？
　　——約翰·甘迺迪（John F. Kennedy），豬玀灣事件後的發言

　　剛開始，他只是個統計員，穿著上過漿的白色襯衫、破舊的藍色西裝，戴著綠色遮光帽坐在辦公桌前，仔細記錄正在追蹤的公司的歷史財務資料。於是，他得到書寫痙攣症（writer's cramp）。後來，情況出現改變。他離開辦公桌，買了好幾件藍色扣領襯衫與好幾套灰色法蘭絨西裝，並且丟掉綠色遮光帽，開始實地拜訪公司；過去他對這些公司的了解只限於一堆財務數字。現在，他的頭銜變成證券分析師。

　　隨著時間流逝，他的薪水與待遇吸引女性同胞加入，她們也穿上套裝上陣。這些原本默默無名的小人物，現在都搭乘頭等艙，開口閉口只談錢錢錢。接著，這個時髦的新一代不再穿西裝，改穿 Gucci 皮鞋和 Armani 的寬鬆褲裝。在新冠疫情期間，他們甚至穿著設計師品牌的運動衫參與 zoom 線上會議。他們是如此聰明、無所不知，資產管理人依靠他們推薦的標

的，華爾街的公司利用他們招攬投資銀行的顧客。他們現在是證券研究界的明星，不過，也有一些人散布惡意的傳言，說他們是投資銀行業務的妓男妓女。

華爾街大戰學術界

　　不論背負的是盛名還是臭名，這些分析師絕大部分是基本面分析派。因此大部分的投資專家並不驚訝，學術研究的結果顯示出技術面分析的獲利效率值得存疑。平心而論，華爾街的專家本質上仍然屬於基本面分析派。但真正重要的問題是，基本面分析有沒有用。

　　關於基本面分析的效果，有兩派對立的看法。許多華爾街人士認為，基本面分析的效果愈來愈好，散戶不可能跟專業的資產管理人與一群基本面分析師較量。

　　學術界許多人對於這種自大態度嗤之以鼻，有些人甚至主張，如果讓蒙上眼睛的猴子對著股票清單擲飛鏢，牠挑選出來的投資組合績效，也可以和專業資產管理人的投資組合績效一樣好。他們認為，基金經理人與分析師的選股能力，並不一定會勝過外行人。在這一章裡，我們會探討學術界和市場專家之間正在進行的大戰，並且解釋「效率市場假說」的意義，以及它對荷包的重要性。

證券分析師能夠洞燭機先嗎？

預測未來盈餘是證券分析師存在的理由，就像《機構投資人》（*Institutional Investor*）雜誌所說：「盈餘是遊戲的關鍵，永遠不變。」

分析師通常是根據過去的紀錄來預測未來。一位分析師告訴我：「過去的盈餘成長紀錄是預測未來盈餘成長最可靠的指標。」如果管理者精明能幹，實在沒有理由認為將來他們會失去點石成金的才能。要是這些老練的管理人員繼續留任，未來的盈餘會像過去一樣持續成長，他們是這麼說的。這些話聽起來會讓人懷疑是不是技術面分析派的說詞，但是基本面分析派自認高人一等，因為這些預測是以確實、經過實證的公司績效為依據。

但是，這種想法在學術界行不通。計算過去的盈餘成長對於預測未來的成長可沒有什麼幫助。就算你知道所有公司在 2000 ～ 2010 年間的成長率，也沒辦法預測這些公司在 2010 ～ 2020 年間的成長狀況。這項驚人的結論最早出自英國研究人員之手，他們針對英國公司進行調查，並且寫下一篇名稱很有趣的調查報告〈亂七八糟的成長〉（Higgledy Piggledy Growth）。普林斯頓與哈佛的學者把這項研究應用到美國本土後，他們驚訝的發現，這裡的研究結果也相同。

在某段時間裡，IBM 曾是耀眼的例外，但到了 1980 年代

中期過後，卻再也無法持續可靠的成長。不管是拍立得、柯
達、北電網絡（Nortel Network）或全錄以及其他數十間公司，
都曾寫下持續高成長的紀錄，直到屋頂最終塌下來為止。所
以，我希望大家不要只注意現在的例外，而是要記住常規：我
們無法從過去的紀錄中找到可靠的模式，幫助分析師預測未來
的成長，但是許多華爾街人士卻拒絕接受事實。即使是股市大
好的 1990 年代，在八間大公司當中，也只有一間能保有持續
的年成長。但是到了 21 世紀初的數十年間，卻沒有半間公司
可以保有持續的成長。分析師無法預測持續的長期成長，因為
這種成長根本不存在。

　　然而，優秀的分析師會反駁，他們不只研讀過去的紀錄，
還會考量更多指標。有些人甚至承認，過去的紀錄並不是完美
的衡量標準，有能力的資產管理分析師可以做得更好。不幸的
是，證券分析師根據產業分析與公司拜訪等資料所做的謹慎預
測，並沒有比直接用過去趨勢做的預測好太多；而且，我們早
就已經知道，過去的趨勢沒有太大的幫助。如果比較實際的盈
餘成長率，我們甚至會發現，證券分析師推測的成長率竟然比
某些未經驗證的預測模型還要不準確。好幾項學術研究都證實
這些調查結果。財務預測的結果反倒讓占星術顯得很體面。

　　這些非難透露出一項嚴肅的訊息：證券分析師最基本的工
作就是預測個別公司的盈餘前景，但是他們的表現卻是差強人
意。如果投資人盲目按照這些預測進行投資決策，最後往往會

大失所望。

水晶球為什麼看不清楚？

　　當我們得知訓練有素、待遇優厚的專業人員其實表現沒有那麼熟練突出時，難免會感到憂慮不安。不幸的是，這樣的狀況還滿常見，大多數專業領域都有這種現象。醫界裡有個典型的例子，在扁桃體切除術相當流行的期間，美國兒童健康協會（American Child Health Association）調查紐約市公立學校的1,000 名 11 歲學童，發現其中有 611 名學童的扁桃腺已經被切除。他們讓醫生檢查剩下的 389 名學童，宣布其中 174 名學童應該切除扁桃腺，其他學童則沒有扁桃腺問題；他們再找來另外一群醫生檢查剩下的 215 名學童，其中有 99 名學童得到應該切除扁桃腺的建議；最後，他們讓剩下的 116 名「健康」學童接受第三度檢驗，同樣又有將近半數的學童被建議切除扁桃腺。經過這三次的檢驗，只有 65 名學童沒有被醫生建議要切除扁桃腺。而且，這些學童沒有接受第四次檢驗是因為人手不足，所有醫生都已經幫他們做過檢驗了。

　　許多研究也出現類似的結果。例如放射科醫生看 X 光片時，就算 X 光片上已經出現明顯的肺部病變跡象，他們也有30％的可能性會無法看出肺部的疾病。另一項實驗則是證實，精神科醫院的專業人員有可能誤診，無法區別神智健全和精神

異常的人。重點是，不論那些專家有多麼專業、老練，我們都不應該對任何一項判斷的可靠性與正確性照單全收。既然許多專家的判斷都必須存疑，證券分析師的判斷當然也不例外，況且，他們的預測工作還特別困難。

我認為，有五項因素可以說明為什麼要分析師預測未來會如此困難：一、隨機事件的影響；二、「創意」的作帳流程創造出讓人存疑的盈餘；三、分析師的誤判；四、最優秀的分析師往往會轉任業務或資產管理人；五、在大型投資銀行營運體系中，證券分析師必須面對利益衝突的困境。這五項因素都值得深入探討。

1. 隨機事件的影響

許多影響公司盈餘的重大變化都是隨機出現，因此無法預測。以公用事業為例，這個產業的公司通常最穩定又可靠。但是，事實上，有許多重大又難以預測的事件，會讓這個產業的盈餘預測變得極端困難。例如，意想不到又不利的國家公共設施法規，或是無法預知的燃油成本增加，經常會讓公用事業公司面臨困境，無法將快速成長的需求轉換為更高的獲利。

要預測其他產業的成長會更加困難。如第 4 章所見，2000年初時，人們對許多高科技與電信公司的成長預測簡直錯得離譜。美國政府的預算、契約、法規與管制決策等，都會對個別公司的榮枯產生極大影響力。同樣的，不適任的關鍵管理人

員、重要產品的新開發、重大漏油事件、恐怖分子攻擊、新競
爭對手加入市場、價格戰爭，以及洪水與颶風等天然災害，都
會影響公司的前景。此外，生物科技產業更是出名的難預測，
有潛力造成轟動的新藥經常在第三期臨床試驗中失敗，原因可
能是無法降低死亡率，或是出現對人體有害的副作用。突發事
件影響公司盈餘的案例實在不勝枚舉。

2.「創意」的作帳流程創造出讓人存疑的盈餘

公司的損益表就像比基尼，露出來的部分有趣，遮住的部
分卻更重要。安隆是我見過最腐敗的其中一間公司，簡直就是
翹楚。遺憾的是，安隆並非特例。在 1990 年代晚期的大多頭
市場時期，許多公司愈來愈用心在作假帳，捏造不斷攀升的盈
餘與銷售數字，以便推升公司的股價。

在極受歡迎的音樂劇《製作人》（*The Producers*）中，李
奧‧布倫（Leo Bloom）指出，可以從失敗作品中賺到比成功
作品更多的收入。他說：「關鍵在於有創意的會計做法。」布
倫的客戶馬克思‧貝里斯托（Max Bialystock）立刻看出商機，
馬上從富有的寡婦身上弄來許多錢，投資百老匯音樂劇《希特
勒的春天》（*Springtime for Hitler*）。貝里斯托打從心裡希望這
部音樂劇徹底失敗，就不會有人追問這些錢的下落。

事實上，布倫的詭計不過是雕蟲小技，遠不及許多公司施
展的伎倆，他們不只虛增盈餘，還愚弄投資人與證券分析師。

我在第 3 章曾提到，1980 年代末期，貝利‧米克如何利用假的信用卡簽單與合約，建立地毯清潔帝國 Z 最好公司。然而，到了 21 世紀，會計舞弊事件似乎變得更加猖獗。失敗的網路公司、高科技領袖，甚至連舊經濟的績優公司都企圖虛增盈餘，誤導投資大眾。

下列幾個例子只是冰山一角，但是都顯示出這些公司如何曲解會計法規，誤導分析師與大眾，隱藏真實的營運狀況。

- 2001 年 9 月，安隆與奎斯特通訊國際公司（Qwest）必須展現出公司的營收與獲利仍然持續快速增長。於是，他們想出一條妙計美化財報，讓公司的業務看起來一帆風順。他們互相以過度灌水的 5 億美元價格交換光纖網路容量，然後各自在財報上把這筆交易當作銷售處理。如此一來，兩間公司的獲利都提高，還順便掩飾營運走下坡的狀況。奎斯特通訊公司擁有的光纖網路容量已經過量，而且市場上的光纖網路容量也過剩，這筆交易根本完全站不住腳。
- 摩托羅拉（Motorola）、朗訊與北電網絡都藉由提供大量貸款給顧客來提高銷售與盈餘。後來，這些貸款有很多都無法回收，只能打入呆帳。
- 為了提高短期獲利，全錄對歐洲、拉丁美洲與加拿大分公司的帳務做手腳，原本預計在未來數年內分

批收回的影印機租金，卻被認列為單次的營收。

● 還有人把歪腦筋動到退休金上。很多企業認為退休
金計畫的資金過多，便以這個為理由，暫停提撥資
金，於是公司的獲利隨之提高。當 2007 年與 2008
年市場重挫時，這些企業才驚覺到退休金計畫提撥
資金不足，而投資人原本假設這些企業有能力維持
永續的獲利，這才發現一切成了過眼雲煙。

　　分析師在解讀目前盈餘與預測未來盈餘時，會遇到一個最
大的困難是，公司習慣申報所謂的「預估盈餘」（pro forma
earnings）或是「調整後盈餘」（adjusted earnings），而不是按
照一般公認會計原則所計算的真正盈餘數字。在預估盈餘中，
公司可以不用列出看起來不太正常的費用，所以實際上這份報
告沒有任何規則可言。而調整後盈餘通常被稱為「所有壞事發
生之前的盈餘」，因為公司可以公然剔除被認為是「特別」、「不
尋常」以及「非反覆性」的費用。根據公司忽略的費用差異以
及認列的營收金額多寡，財報上的盈餘可能被嚴重高估，難怪
分析師特別難估計公司未來的盈餘。

3. 分析師的誤判

　　坦白說，許多證券分析師不夠有遠見、也不夠敏銳，通常
還會犯下極大的錯誤。早年我還是華爾街新鮮人時就已經察覺

到這一點。為了學習專家的技術，我試圖依樣畫葫蘆，模仿一位名叫路易（Louie）的金屬專家。根據路易的計算，當銅價上漲 0.1 美元，某間銅公司的每股盈餘就會增加 1 美元。由於他預測銅價將會上漲 3 美元，因此將這家公司評價為「極佳的買進對象」。

我在驗算的時候發現，路易把小數點放錯了，銅價上漲 0.1 美元，每股盈餘應該只增加 0.1 美元，而不是 1 美元。我馬上通知路易計算有誤，也認為他會立刻更正，沒想到他只是聳聳肩說：「讓報告保持原狀，這樣的推薦看起來才更有吸引力。」注重細節顯然不是路易的專長。

路易不重視細節的態度，凸顯出他對所追蹤的產業一知半解。不過，他並非華爾街的異數。整形外科醫生勞依茲・克瑞茲（Lloyd Kriezer）在《霸榮》周刊上發表的文章中，檢討生物科技產業分析師所寫的研究報告。克瑞茲特別注意生物科技公司的報告，尤其是製造人工皮膚來治療慢性傷口與燒傷的公司，這是他最熟悉的領域。然後，他發現分析師對這些公司的報導非常離譜。首先，他把市場中競爭公司的預測占有率加總，赫然發現人工皮膚市場五間競爭公司的預測占有率總和竟然超過 100％。此外，分析師對潛在市場大小的估計，和燒傷病患的實際人數完全無關，而且要取得正確的資料並不難。在檢視過各個分析師的報告後，克瑞茲總結：「他們很顯然不了解這個產業。」這讓人不禁想起知名職棒總教練凱西・史坦格

（Casey Stengel）的話：「這裡難道沒有人會打球嗎？」

　　許多分析師都像路易那樣，太懶，不願意自己動手做功課，只想抄襲其他分析師的預測報告，或者只是生吞活剝公司主管提供的資料，連嚼也不嚼。所以，一旦出問題，誰應該負責任就很清楚了。而且，當他們的專家同事都有志一同的時候，更容易出錯。凱因斯說過：「世俗的智慧告訴我們，尋常的失敗可能比不尋常的成功更容易得到讚美。」

　　證券分析師繼續做出破壞性十足的錯誤預測。鳳凰城大學（University of Phoenix）的經營者阿波羅集團（Apollo Group）在 2012 年初成為華爾街的新寵。分析師認為阿波羅集團在營利教育產業占據領導地位，獲利潛力非常大，預期會有很高的投資報酬。然而，他們卻忽略高就學貸款違約率、低畢業率，以及掠奪式的招生做法（predatory recruitment practices）等相關報導。不過，一份廣為流傳的國會報告不只證明這些問題確實存在，還形成負面的宣傳效果，促使政府訂定新的法規。於是，註冊率大幅下降，阿波羅集團的股價更急速重挫 80％。

　　證券分析師的預測錯誤百出，從他們沒有在 2017 年工業股榮景時期正確評估奇異公司的價值時，便明顯可見一斑。奇異公司是美國的代表性企業，也是道瓊工業平均指數的原始成分股，在 20 世紀末，奇異更被視為美國最優秀的成長股。

　　2016 年底，華爾街分析師將奇異公司評為「強力買進」的標的。當時奇異已經擺脫大部分金融事業部的包袱。一名分

析師提到：「先前的金融危機對高財務槓桿的金融事業部造成浩劫，而此時的奇異公司漸漸擺脫那些問題。」還說它：「未來肯定會成長。」他們主張，既然奇異公司已經撤出經營不善的業務，盈餘將不再受到惡劣的績效拖累，於是變得更「單純且靈活」，還掌握滿手的現金。分析師對奇異公司轉移營運重心的決策讚不絕口，此時這間公司90％的業務都聚焦在高科技工業產品。

促使分析師看好奇異公司的其中一個原因是，2017年年初的經濟環境前景光明。在當時看來，經濟擴張即將加速，奇異公司也正平穩的邁向「世界最大數位工業公司」寶座。股價儘管已經從50多美元的歷史高點下跌，此時正低迷的在30多美元的價位擺盪。更吸引人的是，現金殖利率達到3％以上。分析師指出：「這一檔個股對保守型投資人來說，是非常物超所值的選擇。」

不過，後續的發展並不如分析師的預期。奇異公司變成一間樣樣都做，卻樣樣都不專精的企業，沒有一項業務稱得上卓越。盈餘非但沒有增加，反而繼續減少。於是，執行長被換掉，「穩當」的股息也被砍半。更不光彩的是，他們被要求重編財務報表，導致歷年的盈餘數字因而降得更低。2018年6月，奇異公司被踢出道瓊工業平均指數，股價也跌到13美元。到了2021年，奇異執行股票反分割（rererse stock split），將每8股換成1股，於是股價就來到超過100美元。不過，調

整後的股價依然只有 13 美元。由此可見，分析師的預測功力有多麼令人「嘆為觀止」。

我並不是要暗示華爾街分析師全都不適任，只會轉述公司主管的話。不過，我的確認為，一般分析師都半斤八兩：收入不錯，通常還相當聰明，但卻以極為平庸的方式去做相當困難的工作。而且他們還經常被誤導，有時漫不經心，也和常人一樣容易受到壓力的影響。總之，他們不過是平凡的人類。

4. 最優秀的分析師往往會轉任業務或資產管理人

我對分析師提出的第四項論點聽起來有些矛盾。我認為，許多最優秀的證券分析師做的都不是拿薪水分析證券的工作，因為他們如果不是法人的明星業務員，就會被晉升為地位尊崇的資產管理人。

以研究能力知名的投資公司，通常會派證券分析師隨同業務人員拜訪金融機構。由於法人喜歡從分析師口中聽到新的投資構想，所以業務人員通常就坐在一邊，聽著分析師開講。大多數口齒清晰的分析師，時間多半都花在法人客戶身上，而不是用來研究財務報表。

2000 年初，許多分析師離開研究工作，被吸引去當高薪的避險基金經理人或私募股權基金管理人。比起身在幕後提供建議的證券分析師工作，資產管理人的地位崇高、薪資豐厚、工作內容更吸引人，又可以位在前線實際管理資金。這也難怪

許多聲望最好的分析師，不會久留在這個職位上。

5. 研究部門與投資銀行部門的利益衝突

　　分析師的目標是盡力讓公司的收銀機響個不停，而在大型
證券公司中，要屬投資銀行部門的收銀機賺得最飽滿。但是過
去的情況完全不同。在 1970 年代，當分析師可以領固定佣
金、祭出大量折扣的券商還沒有興起的時候，券商的零售業務
大發利市，分析師是真正為了顧客服務，而主要的顧客是散戶
與法人。後來，證券業為了競爭而將佣金削減為零，剩下來的
金礦就只有承銷新、舊公司的首次公開募股業務的營業利益與
服務費（獲利有時可能高達上億美元），以及機器設備租賃、
公司重組或併購等方面的顧問服務費。所以，想要「敲響收銀
機」，就得幫公司找到並留住銀行客戶，利益衝突因此而起。
分析師的薪水與紅利取決於他們對承銷業務的貢獻。一旦這種
業務關係確立，分析師便淪為投資銀行部門的工具。

　　證券分析師與投資銀行業務的關係相當緊密，從他們不再
推薦放空的個股就可以略知一二。打從以前，證券分析師推薦
買進的個股就比推薦賣出的個股還要多，因為他們不願意得罪
報導中提到的公司。但是，自從投資銀行業務的收入成為證券
公司的主要收入以後，公司對證券分析師的要求就從注重資訊
正確，轉變成要求樂觀看多。在一個著名的案例當中，一位大
膽的分析師建議賣出唐納‧川普（Donald Trump）的泰姬瑪哈

債券（Taj Mahal bond），因為它未來很可能無法支付利息。後
來，川普本人威脅要採取法律行動，分析師遭到解雇；而這檔
債券事後果然付不出利息。難怪大多數分析師不願意發表負面
評論，以免得罪現有和未來的投資銀行客戶。在網路泡沫期
間，推薦買進和推薦賣出的比例更是拉大到 100：1。

　　其實，當分析師說「買進」，他的意思可能是「持有」，而當
他建議「持有」時，他可能是委婉建議「盡早丟掉這個垃圾」。
但是，投資人在閱讀分析報告時，應該不會特意去猜測分析師
話中的涵義，因此在網路泡沫時，大多數投資人就直接吸收分
析師說的字面意思。

　　有足夠的證據顯示，券商最賺錢的投資銀行業務，確實影
響分析師的推薦。許多項研究都評估過分析師選股眼光的準確
性。加州大學的布雷德‧巴伯（Brad Barber）調查分析師建議
「大量買進」的個股績效後發現，結果實在慘不忍睹。而且，
分析師建議大量買進的個股，每個月的績效比市場平均值還要
低 3％，反而強烈建議賣出的個股，表現比市場整體績效高出
3.8％。更糟的是，達特茅斯學院（Dartmouth College）與康乃
爾大學的研究發現，在華爾街，比起有投資銀行業務的券商，
沒有投資銀行業務的券商分析師推薦的個股績效更好。另一項
來自投資者公司（Investors.com）的研究則發現，如果投資人聽
從負責或參與首次公開募股業務的華爾街證券商，並且根據他
們的建議做出投資決策，平均會虧損 50％。基本上，分析師是

拿薪水吹捧自家公司送上市的股票，畢竟拿人手短，吃人嘴軟。

　　目前這種情況多少已經改善。愈來愈多分析師願意公開建議「賣出」的標的，只不過「買進」建議偏多的情況仍然存在。然而，在網路泡沫相關醜聞陸續傳出後，美國國會通過《沙賓法案》（Sarbanes-Oxley Act），限制企業財務人員對華爾街分析師的談話範圍，這使得分析師的工作更是困難重重。美國證券交易委員會更是公布「公平披露法規」（fair disclosure），規範上市公司應該立即公開公司所有的相關資訊，並且向整體市場公告。雖然這類規則可以幫助股市更有效率，但是許多不滿的證券分析師把這種情況稱為某種「不披露規則」（no disclosure）。當證券分析師已經不能提早取得獨家資訊，我們當然沒有理由相信他們的選股能力會在未來有所改進。

　　在《沙賓法案》通過後，利益衝突依然存在，分析師缺乏獨立思考、質疑資訊能力的情況並沒有消失。2010 年，英國石油（British Petroleum）的深水地平線鑽油平台（Deepwater Horizon drilling platform）不只爆炸還漏油，消息傳出後，英國石油的股價隨即下跌 10 美元，從 60 美元跌至 50 美元。華爾街分析師幾乎一致判定股價過度反應，還說股價已經跌得太便宜，不買不行。有位分析師指出：「（股價跌幅）不成比例，即使英國石油需要支付賠償金，金額（預估為 4.5 億美元）也不該對股價影響這麼大。」在 34 位追蹤英國石油股票的分析師當中，有 27 位推薦「買進」，其他 7 人則建議「持有」，沒

有任何人表示應該「賣出」。而且，就連當紅的電視主持人吉姆・克瑞莫（Jim Cramer）也告訴觀眾，他的慈善信託基金正在買進英國石油的股票。然而，股價最終還是下跌超過20％，市值蒸發將近 1,000 億美元。截至 2018 年 1 月為止，為了處理漏油事件，英國石油付出的成本已經暴增到 650 億美元，而且金額還在持續增加。

分析師普遍都在犯錯的現象顯示，利益衝突並不會消除。因為英國石油是主要的證券發行人，可以為華爾街帶來龐大的承銷收入，分析師還是因此受到影響，害怕負面評價可能導致未來損失承銷業務。

到頭來，專業基金經理人做決策的能力相當差勁，無法根據自己對經濟狀況的預測，將現金或債券部位的資金轉移到正確的個股標的上。當共同基金的現金部位最多的時候，市場恰好都處於低點。相反的，當市場在高點的時候，現金部位總是偏低。

分析師真的有選出贏家？

寫下這些字的時候，我幾乎可以聽到有個聲音在我身邊耳語：「分析師真正的考驗在於他推薦的股票表現如何。」好比那個銅金屬分析師「懶散路易」，他也許的確放錯小數點的位置，但只要他推薦的個股可以為客戶賺錢，不注重細節的態度

也可以被原諒。所以，那個聲音繼續說：「要分析投資績效，而不是注重盈餘的預測數字。」

幸好，我有一群專業人士（共同基金專家）的公開紀錄可以取用。而且對我的論點更有利的是，這些基金專家也是證券業中最優秀的分析師與資產管理人。最近有一位投資經理人這麼說：「現今的投資經理人積極進取、占有絕佳優勢，以大眾的水準想要迎頭趕上，還得再等上許多年。」

對學術界那些高傲的人來說，這類宣言實在太誘人。學術界的人有的是數據與時間可以做研究，而且他們又如此渴望證明學術的優越地位，因此砲火很自然就瞄準共同基金的績效。

再一次，許多項研究同樣呈現出相當一致的結果。投資人買進共同基金的獲利，還是比不過買進並持有無人管理的整體股票指數。換句話說，長期而言，共同基金的投資組合並沒有比大盤的表現更好。雖然基金在某些時期的表現會特別好，但是這種優越的績效不會長久，而且我們無法預測基金在未來任何一段時期的表現。

在表 7-1 中，我列出截至 2021 年 12 月 31 日為止，長達 20 年期間的股票型共同基金平均報酬。作為比較數據，我以標準普爾 1500 指數代表整體市場。就算分析不同時期的數據，或是拿其他退休基金或共同基金來比較，也會得到類似的結果。簡單的買進並持有整體市場指數的投資策略，就連專業的基金經理人也很難打敗。

表 7-1 共同基金與市場指數比較

	截至 2021 年 12 月 31 日 長達 20 年的績效表現
標準普爾 1500 指數	9.68％
一般股票基金	8.70％
指數優勢百分比	0.98％

資料來源：SPIVA U.S. Scorecard 2022。

　　除了多年來累積的科學證據，一些比較不正式的測試也有相同發現。舉例來說，1990 年代早期，《華爾街日報》開始舉辦擲飛鏢大賽，每個月他們會找四位基金經理人各選一檔個股，再找人射飛鏢選出四檔個股，最後把兩邊人馬的投資組合績效做比較。在第一場比賽中，主辦方非常好心讓我擲飛鏢。到了 2000 年代早期，專家的表現似乎要勝過投擲飛鏢的結果。但是，如果我們從專家選股後隔天消息上報的日子開始算起，而不是從前一天開始計算，其實飛鏢選出的投資組合會略微領先。難道這表示腕力比腦力更厲害嗎？也許不是，不過我認為《富比士》(Forbes) 的記者提出一個很實際的問題：「看來運氣加上懶惰似乎擊敗了頭腦。」

　　怎麼會呢？我們每年都可以看到共同基金的績效排名，許多基金的表現優於平均值，有些還領先不少。問題在於，這些績效不能看出持續力。就像過去的盈餘成長不能推測未來的盈餘數字一樣，過去的基金績效也不能預測未來的結果。基金管

理單位會受到隨機事件的影響，他們可能大賺一筆、變得懶散，也可能解散了。某段期間內非常管用的投資策略，到下一段期間可能就失靈了。我們可以說，決定基金績效排名的一項重要因素，仍然是那位老朋友：運氣。

這項結論並不新鮮。但是，在過去 50 年間，歷經股市變動與散戶持股比例劇烈變化的時期，這項理論都站得住腳。昨日的明星基金一而再、再而三的變成今日的災難。1960 年代晚期，各個速利基金（go-go fund）和他們的青春槍手交出漂亮的成果，基金經理人受到大眾追捧，如同體育明星。但是，當下一次的空頭市場來襲，在 1969 ～ 1976 年間肆虐，這些基金彷彿先甘後苦，1968 年排名最前面的基金，後續的表現卻是糟透了。

在後續幾十年間，結果都差不多，沒有一檔基金可以一貫的保持超群績效。1970 年代最頂尖的 20 檔共同基金，到了 1980 年代績效卻遠遠落後平均水準；1970 年代許多名列前茅的基金，在接下來十年間的績效排名卻幾乎墊底。同樣的，1980 年代表現最佳的基金，到 1990 年代可以說是慘不忍睹；而 1990 年代的頂尖基金持有大量的熱門網路股，因此在泡沫破滅後的 2000 年代，績效簡直像災難一場。

凱西・伍德（Cathie Wood）創辦「方舟創新基金」（ARK Innovation Fund），靠著重押顛覆性創新相關企業，規模在 2020 年翻倍成長。但到了 2021 年，原本亮眼的表現一瀉千

里。標準普爾 500 指數在 2021 年繳出回漲 27％的好成績，但方舟創新基金反而大跌 23.5％。伍德總喜歡說，由於績效在 2020 年大有斬獲，因此她的投資人最後還是賺多賠少。然而事實上，方舟創新基金的大部分投資人，都是看到 2020 年的亮眼報酬才進場，既然如此，那些追尋著 2020 年傲人績效而來的投資人，實際上都落入賠錢的局面。根據彭博的估計，到了 2022 年 3 月，持有這檔基金的成本足足比基金市價高出 50％以上。

投資人終於學到，原來今年賺 100％、隔年虧 50％，資產等於回到原點。當然，確實有某幾檔基金連續 20 年都創造出優於平均值的報酬。但是，這些基金猶如鳳毛麟角，比起根據機會法則計算出來的數量更少。

既然談到機會法則，或許應該解釋一下它的意思，不妨以擲銅板比賽來說明。如果比賽是由連續擲出正面的人成為贏家，而參賽者共有 1,000 人，根據機會法則，第一回合預期會有 500 人擲出正面，並晉級第二回合。在第二回中，將有 250 人擲出正面；第三回合則是 125 人晉級，第四回合 63 人，第五回合 32 人，第六回合 16 人，第七回合 8 人。

此時，群眾開始聚集圍觀這些擲銅板專家的神奇技術。這些贏家備受奉承，被喻為擲銅板藝術的天才，他們的傳奇被大書特書，人們爭相向他們求教。畢竟，在 1,000 人當中，只有八人能連續擲出正面。就算遊戲繼續進行，還是有人能連續擲

出第九次或第十次的正面。*這項分析的重點不在於基金經理人可以或是應該用擲銅板來做決策，只是說明機會法則的確存在，而且可以解釋一些出奇成功的故事。

這就是平均值的本質，而且一定會有人表現得比平均值更好。金錢遊戲參與者眾多，不論在過去或是未來，機會法則都可以用來解釋不少優異的績效表現。明明是偶然的成功卻受到大肆報導，這讓我想起一位宣稱可以治療「雞隻癌症」的醫生，他驕傲的宣布，33％受測的病例有顯著改善，另外三分之一似乎沒有差異，然後他靦腆的補上一句：「第三隻雞恐怕逃走了。」

2009 年，《華爾街日報》登出一則有趣的報導，顯示出卓越的投資績效有多麼短命。報導指出，到 2007 年為止，有 14檔共同基金連續九年績效都超越標準普爾指數，但是只有一檔在 2008 年還保有優異的績效。要指望任何一檔基金或任何一位投資經理人持續超越大盤，根本是天方夜譚，即使過去的紀錄顯露出一些特別的投資技巧，也一樣逃不過衰退的命運。

有愈來愈多證據顯示，隨著時間經過，支持指數投資的人愈來愈多。每一年，標準普爾公司都會公布一份報告，比較所有主動式基金與各種標準普爾指數的績效，2022 年的報告請見表 7-2。檢視 20 年期間的數字會發現，大約 90％的主動式

---

* 作者注：如果我們讓輸的人繼續玩下去，就像共同基金經理人那樣，保留表現差勁的個股並繼續持有，我們會發現更多參賽者能在十次當中擲出八至九次的正面，可以視為擲銅板專家看待。

表 7-2　標準普爾指數與主動式基金績效比較

追蹤指數績效優於主動式基金的比例

	1 年	5 年	20 年
所有大型股基金 vs. 標準普爾 500 指數	85.1	67.9	94.1
所有小型股基金 vs. 標準普爾小型股 500 指數	70.5	62.5	93.6
全球基金 vs. 標準普爾全球股票 1200 指數	84.1	69.2	85.3
新興市場基金 vs. 標準普爾 IFCI 綜合指數	64.6	74.7	93.4

資料來源：S&P SPIVA Report—2022。

基金表現得比它們追蹤的指數還要差，而且每一年的報告都大同小異。而且，每一次我要增訂這本書的內容時，都會看到很相似的結果。指數的表現並不普通，甚至超過一般主動式基金管理人達成的結果，而且不管是大型股、小型股，或是美國股票、還是全球股票，結果都是如此。此外，不管是在債券市場或股票市場，指數投資也都是個聰明的投資策略。

　　我並沒有徹底否定打敗市場的可能性，只是機會實在很低。想要驗證這個說法，不妨檢測 1970 年（我開始寫作本書的時候）所有共同基金的績效，而且追蹤它們到 2017 年的表現，實驗是在 2018 年完成，結果請見圖 7-1。

　　1970 年，市場上有 358 檔共同基金（如今已經有好幾千檔）。有辦法測量到長期績效的基金只剩 78 檔，因為另外 280 檔到了 2017 年已經不存在。因此圖 7-1 呈現的資料會有「倖存者偏差」（survivorship bias）的問題，導致留下來的基金看

圖 7-1　成功的可能性：倖存基金的報酬

1970～2017年共同基金與標準普爾500指數比較

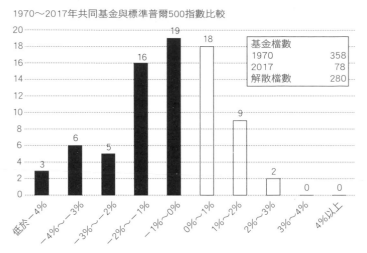

資料來源：先鋒集團與理柏資訊。

似績效最優良。共同基金產業有個討厭的祕密，就算有一檔基金表現不好，也不會反映在共同基金上，於是這些表現不好的基金很容易和表現比較好的基金合併，藉此去除難堪的績效紀錄。因此，倖存的基金都被認為是表現比較好的基金。不過，即使資料存在倖存者偏差的問題，我們還是可以觀察原有的基金，找出少數實際擁有優異表現的那幾檔。在原來的 358 檔基金當中，實際領先大盤 2％以上的基金用一隻手就數得出來；領先大盤 1％以上的基金只有 11 檔，占比僅 3％。

　　關鍵在於，要打敗市場實在很不容易，就像是大海撈針，所以最好的策略是買下整個大海，也就是買進指數型基金；指

數型基金是買進並持有整體股市指數的基金。可喜的是，愈來愈多投資人開始採用這個投資策略。現在，比起投資主動式基金，散戶和法人有更多資金都投入指數型基金以及指數型ETF，而且比例每一年都在增加。

　　雖然我們先前的討論都集中在共同基金與 ETF 上，但是這並不表示這些基金是所有投資經理人當中表現最糟的一群，實際上，他們的績效紀錄比許多其他專業投資人還要優秀。如果把壽險公司、意外險與產險公司、退休基金、基金會、州政府與地方信託基金、銀行代管的個人信託基金，以及由投資顧問操作的全權委託帳戶（discretionary account）等都列入研究，這些專業投資人的績效並沒有特別突出，而且和整體市場的績效也差不多，可以說很少有例外。不只如此，這些專家管理的所有投資組合績效一直以來都比廣基型指數的表現還要差。

半強式與強式隨機漫步理論

　　學術界早就做出宣判。在幫助投資人賺取高於平均值的報酬上，基本面分析並沒有比技術分析更高明。然而，吹毛求疵的天性使然，學術界很快就開始爭執基本面資訊的精確定義；有些人認為基本面資訊是目前已知的資訊，也有人認為應該包括未來的資訊。就在此時，「強式」（strong）的隨機漫步理論一分為二，分裂出「半強式」（semi-strong）的理論分支。他

們認為，沒有任何一則公開消息可以幫助分析師挑出被低估的股票，這是因為，列在資產負債表、損益表與股利政策等公開資料的所有資訊，都已經反應在目前的股價結構當中，以這些資料為基礎的任何專業分析都毫無用處。強式理論則是認為，任何已知或是可取得的公司資料，都對基本面分析師完全沒有幫助，甚至連「內線」消息也對投資人沒有幫助。

強式效率市場理論不承認內線消息可以獲利，很顯然是言過其實。納森・羅斯柴德（Nathan Rothschild）的信鴿幫他帶回威靈頓將軍在滑鐵盧獲勝的第一手消息，而其他投資人都還不知情，這讓他因此在市場中賺得好幾百萬。然而，現今的資訊如同高速公路，傳送消息的速度可比信鴿快多了。更何況，受到公平揭露法規的規範，公司必須立刻向大眾公布任何對股價有影響力的消息，一旦內部人士利用未公布的消息謀利，就是違法。諾貝爾獎得主保羅・薩謬爾遜（Paul Samuelson）對這種情形總結如下：

> 如果精明的投資人總是四處搜尋物超所值的標的，賣掉價未來值被高估的股票，買進目前價值被低估的股票，結果當然會讓目前的股價計入折現值，作為未來報酬的補償。這樣一來，在那些不尋找被高（低）估股票的投資人面前，股價呈現的型態會讓任何一檔個股和其他個股一樣（不）值得買進。所以，對於被動

的投資人而言，單靠運氣就已經和採用任何一種選股
策略一樣好。

　　這就是效率市場理論的立場。狹義（弱式）的理論主張，
研究過去股價的技術分析不能幫助投資人。股價在每個時期之
間轉換的波動方式像是隨機漫步。廣義（半強式與強式）的理
論則是主張基本面分析也沒有用，因為所有未來盈餘成長與股
利的相關已知消息，以及基本面分析師研究過、可能對公司造
成影響的有利或不利發展，都已經反映在股價中。因此，買進
包含所有廣基型指數的基金投資組合，績效表現會和專業證券
分析師管理的投資組合一樣好。

　　當然，效率市場理論並不像某些批評者指責的那樣，認定
股價永遠是對的。事實上，股價永遠是錯的。效率市場理論要
表達的是，沒有人知道股價到底是過高還是太低，而且股價也
不是漫無目標、反覆無常的變動，更不可能對基本面消息無動
於衷。相反的，股價的變動會像隨機漫步，正是因為股市很有
效率，當新消息一出現時，股價馬上就跟著變動，速度快到沒
有散戶可以立即反應並透過買賣獲利。真正的新聞總是隨機發
生，自然無法預測，不論是研究過去的技術面或是基本面資
料，都沒有幫助。

　　即使尊為基本面分析之父的傳奇投資人班傑明・葛拉漢也
很不情願的承認，基本面分析不再可靠，無法產生優異的投資

報酬。在 1976 年，葛拉漢去世前不久，《財務分析師期刊》
（*Financial Analysts Journal*）在一份採訪報導中引述他的話：
「我不再熱心提倡利用各種證券分析方法，以找到優良的投資
機會。這套方法曾經非常有幫助，大概就在 40 年前，我和陶
德第一次合作出書的時候，但是情況已然改變……（如今）我
很懷疑這種殫精竭慮的努力可以挑選出優秀的投資組合，讓報
酬足以補償交易損失的成本……我現在選擇站在效率市場理論
這一邊。」此外，從麥哲倫基金退休後的彼得・林區，以及傳
奇投資人華倫・巴菲特都承認，大多數投資人買進指數型基金
會比投資主動式股票共同基金更有利。巴菲特甚至在遺囑裡要
求，遺產中的現金部位只能用來投資指數型基金。

PART 3
全新的投資技術

第 8 章

穿新鞋學習現代投資組合理論

……實事求是、自認不受任何思想影響的人，往往是已故經濟
學家的奴隸。他們是有權力的狂人，聽從空中的聲音，自昔日
的三流學者身上汲取狂熱。

——凱因斯（J. M. Keynes）
《就業、利息和貨幣通論》

　　我在本書中一直試圖解釋，專家用來預測股票價值的理
論，簡單來說就是磐石理論與空中樓閣理論。如同我們所見，
許多學者藉由攻擊這些理論博取名聲，而且認定無法靠著這些
理論獲得超額的獲利。

　　由於各大學研究所不斷送出年輕聰明的財務經濟學家，學
術界的攻擊變得愈來愈普遍，顯然有必要建立新的策略，因此
學術界開始忙著建立自己的股價理論。在第三部當中，我們要
談 的 就 是 從 學 術 象 牙 塔 誕 生 的「全 新 投 資 技 術」（new
investment technology）。其中，「現代投資組合理論」（Modern
Portfolio Theory，縮寫為 MPT）淺顯易懂，華爾街已經廣泛採
用。其他理論雖然還有爭議，卻是學生寫論文的好題材，也為

投資顧問賺進高額演講費。

　　本章將說明現代投資組合理論，了解其中的洞見能幫你降低風險，賺取更多報酬。而第 9 章會談到，某些學者主張，只要承擔一定程度的風險，就能增加投資報酬。接著，在第 10 章與第 11 章中，我們要談某些學者與投資界人士否定隨機漫步理論的論點，他們認為支配市場的是心理因素，而非理智，還主張市場沒有效率，更指出有很多投資策略可以讓投資人增進績效。例如，不少 Smart Beta 與風險平價（risk parity）投資策略商品，已經在華爾街成為熱銷商品；此外，還有觀點指出，投資在願意肩負社會責任的企業上，不僅可以行善，還能帶來優渥的報酬。儘管有這些主張，最後我還是會證明，傳統指數型基金毋庸置疑還是市場上最賺錢的工具，所有投資組合都應該以此為核心。

風險的角色

　　效率市場理論可以解釋隨機漫步的成因，它指出股市非常擅於根據新消息調整價格，所以沒有任何人可以用更好的方式預測股價走勢。拜專家所賜，所有可取得的資訊都會迅速反映在個股的價格上。因此，每個人選到好股票或猜中股市走向的機率都相同；你的預測和黑猩猩、股票經紀人或是我的預測都一樣好。

根據賽穆爾・巴特勒（Samuel Butler）很久以前寫的〈我覺得事有蹊蹺〉（I smell a rat），股市裡的確可以賺到錢，某些股票也確實表現比較好。而且，有些人就是能擊敗股市，但絕不只是單靠運氣。許多學術界人士同意這種說法，但是他們認為，打敗市場的方法不是具備超人的透視力，而是承擔更高的風險。風險才是決定報酬高於或低於市場平均值的唯一因素。

風險的定義：報酬的變動範圍

風險是狡猾又極難掌握的概念。投資人對風險的定義莫衷一是，經濟學家更是不用說了。《美國傳統字典》（*American Heritage Dictionary*）把風險定義為「遭受傷害或損失的可能性」。如果我能夠買進利息 2％的一年期美國國庫券，只要持有到期滿，幾乎肯定會賺到 2％的稅前獲利，虧損的機率微乎其微，幾乎可以說是不存在。但是，如果我持有的是地方電力公司的股票一年，預期股息殖利率 5％，虧損的可能性卻會高很多。因為這間公司的股息可能會縮水，而且更重要的是，一年後的股價可能比現在更低，造成淨損失（net loss）。所以，投資風險就是，證券的預期報酬未能實現，特別是持有的證券價格還可能下跌。

一旦學術界把風險解釋成投資人對預期報酬失望的機率，自然會形成一套衡量風險的辦法，也就是要找出未來報酬可能

的變動範圍。所以,財務風險往往定義為報酬的變異數
(variance)或是標準差(standard deviation)。為了避免接下來
的長篇大論太枯燥,我會搭配幾則例證來說明。如果某一檔證
券的報酬和平均(或預期)報酬相差不多,我們會說它是低風
險或無風險。但是如果這檔證券每一年的報酬變動非常大,某
幾年甚至出現大幅虧損,我們則稱它是高風險。

衡量報酬與風險的方法

下列這個簡單的例子可以說明預期報酬和變異數的觀念,
以及衡量的方法。假設你買進一檔股票,它的期望總報酬包含
股利與價格變動,而在不同的經濟情況下,它的表現如表8-1:

表 8-1　不同景氣狀況下的預期報酬

景氣狀況	發生機率	預期報酬
經濟情況正常	$\frac{1}{3}$	10%
快速實際的成長,沒有通膨	$\frac{1}{3}$	30%
伴隨通膨出現的不景氣(停滯性通膨)	$\frac{1}{3}$	-10%

如果在過去這麼多年裡,平均來說有三分之一的時間景氣
「正常」,三分之一是快速成長,而且沒有通膨,剩下的三分之
一時間則是「停滯性通膨」(stagflation),那麼我們可以合理
假設(可能)未來的經濟情況和過去相仿,並且依此推測投資

報酬率有 1％，年報酬則是 11％。當股市大跌時，這個投資組合的報酬也跟著大跌，一個月內損失會高達 20％以上。

面對這種對稱分布的情形，有一條有用的經驗法則可以派上用場：有三分之二的月份會落在平均報酬率上下一個標準差以內的範圍，95％的月份則會落在兩個標準差以內的範圍。別忘了，這個投資組合的每月平均報酬率約為 1％。而我們用來衡量投資組合風險的準則，也就是標準差，大約是每個月 4.5％。因此，如果買進這個投資組合，有三分之二月份的報酬落在 5.5 ～ 3.5％之間；另外有 95％的月份的報酬則是落在 10 ～ 8％之間。很顯然，標準差愈大、報酬分散的程度愈大，投資人在市場裡被上沖下洗的機會愈大、風險也愈高。因此，這種衡量變化程度的標準差才會被用來作為風險指標。

記錄風險的長期研究

在財務學的領域中，驗證得最完備詳盡的假說是：平均來說，投資人的報酬愈高，承擔的風險也愈大。有一份最完整的研究報告，資料涵蓋 1926 ～ 2020 年期間，結果如表 8-2。這份報告的做法是，逐項計算各種投資工具（如股票、債券與國庫券）每年的報酬率增減比例。然後，在基準線上畫出一個長條形，代表報酬率落在 0％～ 5％之間的年數，接著再畫一個長條形，代表報酬在 5％～ 10％間的年數，以此類推，並列出正負

數的報酬率。這張圖不只顯示出報酬的分布狀況，也可以用來計算標準差。

　　快速掃過表 8-2 會發現，平均來說，股票提供的長期報酬

表 8-2　1926 ～ 2020 年年平均總報酬績效統計

類別	幾何平均報酬（％）	算術平均報酬（％）	標準差（％）	報酬分布（％）
大型股	10.3	12.2	18.7	
小型股 *	11.9	18.5	28.2	
長期公司債	5.9	6.3	8.4	
長期公債	5.7	6.1	8.5	
中期公債	5.1	5.2	5.6	
美國國庫券	3.3	3.3	3.1	
通貨膨脹率	2.9	2.9	4.0	

-90%　　　　　0%　　　　　90%

*1933 年小型股的總報酬為 142.9％。

資料來源：Ibbotson, Duff & Phelps SBBI Yearbook。

相當不錯。這些報酬包括股息與資本利得，遠遠超過長期公司
債與國庫券的報酬，也高過以消費者物價上漲速度計算出來的
通貨膨脹率。因此，股票似乎可以提供正面的「實質」報酬，
也就是說，去除通貨膨脹的影響後，投資股票的報酬依然可
觀。但是，根據表 8-2 的長期資料數據顯示，從標準差與年報
酬分布可以看出，股票的報酬率變動很大，最高點可以達到
50％的獲利（1933 年），最低點也幾乎是等幅的虧損（1931
年）。顯然，投資人如果想從股市當中得到比較高的報酬，恐
怕得承擔相當高的風險。此外要注意的是，從 1926 年以後，
小型股的報酬往往更高，但是分布程度（標準差）也比整體股
市還要大。這再次說明了，高報酬與高風險之間的確有關聯。

　　這段期間內股市有好幾年都呈現負報酬，讓投資人煎熬不
已。在 1930 ～ 1932 年，狀況對股票投資人非常不利；1970
年代初期也出現負報酬；1987 年 10 月大盤在短期內慘跌將近
三分之一，這是 1930 年代以來最大的震盪；至於 2000 年代最
初十年的股市有多慘烈，以及 2020 年新冠疫情帶來的大崩
盤，就更不必說。就長期而言，承擔更多風險的投資人確實得
到比較高的報酬作為補償。然而，投資人還是可以降低承擔的
風險，所以接下來我們要談談現代投資組合理論，這套理論徹
底改變專業投資人的想法。

善用現代投資組合理論降低風險

投資組合理論的前提是，所有投資人都是風險規避者（就像我太太）。他們既要高報酬，又要肯定的成果。投資組合理論會告訴投資人，如何在投資組合中配置股票，並且以最低的風險得到想要的報酬。這套理論以嚴謹的數學方法證明古老的投資格言：分散投資是散戶降低風險的明智策略。

1950 年代，哈利・馬可維茲（Harry Markowitz）提出這套理論，並因此在 1990 年獲頒諾貝爾經濟學獎。他的著作《選擇投資組合》（*Portfolio Selection*）是他芝加哥大學博士論文的延伸內容。馬可維茲的經歷豐富，曾在加州大學洛杉磯分校（UCLA）教書、在蘭德公司（RAND Corporation）設計電腦語言，甚至經營過避險基金。馬可維茲發現，只要把風險較高（不穩定）的股票組合起來，這個投資組合的風險就會比個股的風險更低。

現代投資理論的數學運算深奧難懂，學者因此忙進忙出，讓期刊裡充斥著相關討論，而且光是理論就解釋不完。幸好，你不需要穿越二次方程式的迷宮才能搞懂理論的核心要義，舉個例子就足以說明清楚。

假設我們身在一個島國經濟體中，這個小島上只有兩間企業。一個是經營海灘、網球場與高爾夫球場的大型休閒度假村，另一個是雨傘製造商；天氣會影響這兩間公司的生意前

景。在陽光普照的季節，度假村生意大好，雨傘的銷售量則是
下跌。在雨季時，度假村愁眉深鎖，雨傘製造商卻賺得盆滿缽
滿。表 8-3 顯示這兩間企業在不同季節的預測報酬。

表 8-3　不同季節的預測報酬

	雨傘製造商	休閒度假村
雨季	50%	−25%
陽光季	−25%	50%

　　假設這座小島平均有一半的時間陽光普照，另一半雨下不
停，也就是陽光季與雨季的機率各半。買進雨傘製造商股票的
投資人會發現，平均有一半的時間會賺到 50％ 報酬，另一半
時間則虧損 25％，平均報酬率為 12.5％。這就是我們所謂投
資人的預期報酬。投資休閒度假村也會得到相同的結果。然
而，投資這兩間企業的風險都很大，因為報酬變動很大，而且
陽光季或雨季可能連著來。

　　現在，假設投資人有 2 美元，但他不只買進一檔個股，而
是平分資金，1 美元投資雨傘製造商，1 美元投資休閒度假
村。在陽光季，投資休閒度假村的 1 美元賺得 0.5 美元的報
酬，而投資雨傘製造商的 1 美元則虧損 0.25 美元，投資人的
總收入是 0.25 美元（0.5 美元減 0.25 美元），報酬率仍然是
12.5％。

　　別忘了，投資人在雨季也會有完全相同的報酬率，只是公司的命運顛倒。投資在雨傘製造商的資金產生 50％的報酬，而投資在休閒度假村的資金虧損 25％，投資人的總報酬還是12.5％。

　　這個簡單的例子指出分散投資的好處。不論天氣如何或是天氣如何影響小島的經濟，只要分散投資在兩間公司，投資人每一年肯定都會有 12.5％的投資報酬。關鍵在於，雖然兩間公司的風險都很高，每年的報酬變動也很大，但它們受天氣影響產生的結果並不相同。用統計術語來說，這兩家公司的共變異數（covariance）是負數。*只要個別公司的命運不完全相同，分散投資就可以降低風險。在這個例子中，兩間公司的命運完全呈現負相關，一間好時另一間必定不好，因此分散投資可以

---

* 作者注：統計學家用「共變異數」來衡量兩種證券間報酬同步變動的程度。假設 R 代表休閒度假村的實際報酬，$\overline{R}$ 為預期報酬或平均報酬，U 代表雨傘製造商的實際報酬，$\overline{U}$ 為平均報酬，則 U 和 R 的共變異數（COV_{UR}）定義如下：

COV_{UR} ＝下雨的機率（雨天的 U－$\overline{U}$）（雨天的 R－$\overline{R}$）＋
　　　　　晴天的機率（晴天的 U－$\overline{U}$）（晴天的 R－$\overline{R}$）

我們可以從前文和表 8-3 找到數據填入公式：

COV_{UR} ＝（0.50－0.125）(-0.25－0.125)＋(-0.25－0.125)（0.50－0.125）
　　　 ＝ 0.141

如果兩檔證券的報酬變動一致，一檔上漲時另一檔也上漲，共變異數會是正數，而且數字很大。如果報酬的變動相反，如同這裡的例子，這兩檔證券的共變異數則是負數。

完全消除風險。

　　當然，事情總是沒有那麼順利，以股市來說，大多數公司的命運是往同一個方向變動。當經濟不景氣、失業率上升時，人們既不度假也不買雨傘。因此，在實務上，我們不可能期望像這個例子一樣完全消除風險。不過，由於各間公司的命運並不是完全平行移動，投資多元分散的股票投資組合的風險可能比只投資一、兩檔股票還要低。

　　把這個技巧應用到實際的投資組合其實很容易。如果你考慮在投資組合中納入福特汽車（Ford Motor）和它的主要輪胎供應商，這樣的分散投資能顯著降低風險嗎？可能不會。福特汽車的營業額下滑時，必定會減少購買新輪胎。一般說來，分散投資在兩間高共變異數、高度正相關的公司，對消除風險沒有多大的幫助。

　　反過來說，如果同時投資福特汽車和不景氣地區的政府承包商，這種多角策略就有可能大幅降低風險。這是因為，當消費者支出下降，福特汽車的銷售與盈餘很可能下降，導致失業率也跟著上升。但是，一旦政府在失業率高漲的時期，在不景氣地區推動公共工程紓解失業困境，很可能福特汽車與承包商的報酬就不會同步下降。這兩種股票的共變異數可能很小，甚至是負數。

　　以上的例子或許有點牽強，而且對大部分投資人而言，當股市受打擊時，幾乎所有股票都會下跌。不過，至少有一些時

候，某些個股和某類資產會逆勢上揚。因為，它們的共變異數
是負數，也就是說他們之間呈現負相關。

　　現在，真正的關鍵出現了。要透過分散投資來消除風險，
並不需要符合負相關的條件，馬可維茲證明，標的只要不是完
全正相關，就有可能降低風險，這是他對投資人荷包最大的貢
獻。他的研究成果如表 8-4，從表中可以看出相關係數在決定
投資組合風險上的關鍵角色。

表 8-4　相關係數與分散投資降低風險的能力

相關係數	分散投資對風險的影響
+1.0	風險不可能降低
+0.5	風險可能稍微降低
0	風險可能顯著降低
-0.5	大部分風險可以消除
-1.0	風險可以完全消除

分散投資的應用

　　套用莎士比亞的說法，好事會嫌太多嗎？換句話說，過度
分散投資對於保障投資報酬是不是沒有幫助？許多研究顯示，
答案是肯定的。從圖 8-2 可以看出，對於那些排外、害怕跨越
國境的美國人來說，50 檔規模相當、廣泛多元分散的美國股

票是最理想的數字。（很顯然，50 檔石油公司股票或是 50 檔
電力公司股票，並不能產生降低風險的相同效果。）這種投資
組合可以將風險降到將近 60％左右，而且增加股票種類並不
能降低更多風險。

圖 8-2　分散投資的好處

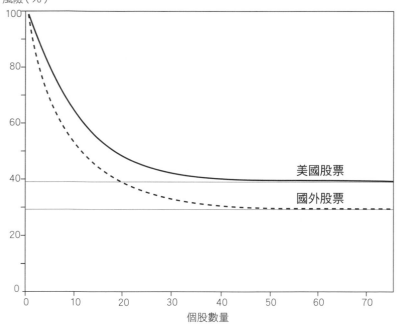

自從馬可維茲的理論推出以後，視野遠大的投資人了解到
世界已經改變許多，他們可以從中得到更多的保護。因為其他
國家的經濟發展未必和美國經濟同步，尤其是在新興市場。舉

例來說，對於歐洲、日本甚至美國這些自給自足的國家而言，
石油與原物料價格上漲會有負面影響，但是對印尼與中東產油
國家而言，卻有非常大的正面影響。同樣的，礦物與其他原物
料的價格上漲，對於澳洲與巴西等自然資源豐富的國家會有正
面影響。

　　對放眼全球的投資人而言，黃金數字也是 50 檔標的，如
同圖 8-2 所示，這些投資人的金錢得到更多保護。他們的投資
組合中不僅包含美國股票，也包含國外股市的股票。不出所
料，廣納全球標的的多元分散投資組合，風險比只有美國股票
的投資組合還要低。

　　許多數據紀錄都顯示出，跨國分散投資有多少好處。圖
8-3 顯示，1970 年以來超過 50 年的投資成果。在這段期間內，
國外股票〔以 MSCI EAFE 已開發海外國家指數來衡量；
EAFE 指的是歐洲（Europe）、澳洲（Australia）與遠東已開發
國家（Far East）〕的年報酬率稍微高於美國標準普爾 500 指數；
不過美股每年的報酬變動比較小，相對也比較安全。兩個指數
的報酬相關性大約為 0.5，也就是呈現正相關，但相關程度並
不高。圖中顯示，在不同的美國與 EAFE 股票持股比例之下，
會得到不同的報酬與風險（股價波動）。圖表右上角可以看見，
完全由 EAFE 股票組成的投資組合，報酬與風險都比較高（波
動比較大）；圖形左下角顯示的是，完全持有美國股票的報酬
與風險，黑色實線表示在不同的美國股票與國外股票的投資組

合比例之下，會形成不同的報酬與波動程度。

　　請注意，當美國股票比例從原先的 100％逐漸下降，並加
入部分國外股票時，報酬會跟著增加，因為在這一段期間裡，
EAFE 股票的報酬比美國股票高。但是重要的是，當這些風險
比較高的 EAFE 股票逐漸加入投資組合中，整體投資風險反而
降低，至少在一段時間會出現降低的情況。然而，當風險比較
高的股票占比愈來愈多的時候，整體的風險轉而上升，報酬也

圖 8-3　分散投資美國與已開發國家股票
（1970 年 1 月～ 2019 年 12 月）

平均年報酬

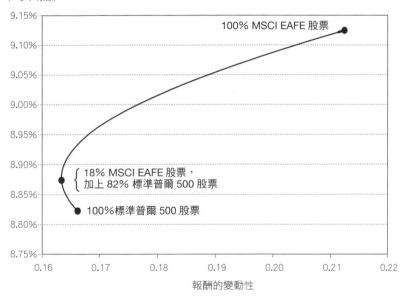

資料來源：彭博。

跟著增加。

這項分析出現矛盾的結果：加入少量較高風險的國外股票之後，整體投資組合的風險反而下降。當日本汽車在美國市場的占有率上升時，日本汽車股的高報酬彌補美國汽車股的差勁表現。換句話說，當美元比較有競爭力、美國經濟景氣起飛，但日本與歐洲經濟依然衰退時，美國製造業的高報酬彌補歐洲製造業的不良業績。這些相互抵消的作用，降低投資組合整體的波動性。

而風險最低的投資組合是 18％國外股票，再加上 82％美國股票。不僅如此，加入這 18％的 EAFE 股票，也讓整體投資組合的報酬增加。跨國的分散投資就像是世界證券市場提供的一份白吃的午餐，加入國外股票既能增加投資報酬，又能降低風險，投資人不該錯過。

不過，有些資產管理人辯稱，分散投資已經無法提供和以前一樣多的好處。全球化讓美國和外國市場之間，以及股市和原物料商品市場之間的相關性增加。圖 8-4 指出，在 2000 年代最初幾十年間，相關係數增加的狀況。圖表以 24 個月為期，計算美國股票（標準普爾 500 指數）和代表海外已開發國家的 EAFE 指數的相關係數。令投資人特別沮喪的是，當市場持續下跌時，兩者的相關性就特別高。在 2007 年到 2009 年的全球信用危機期間，所有市場一致下跌。同樣的情況也發生在2020 年，新冠疫情快速席捲全世界的時候，全球皆無所遁

圖 8-4　標準普爾 500 指數與 MSCI EAFE 指數的兩年滾動相關性

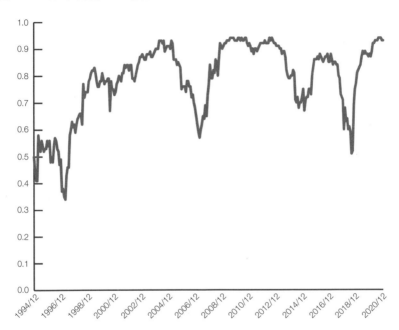

逃。難怪有一些投資人開始相信，分散投資似乎不再是降低風
險的有效策略。資產管理人總喜歡說，在金融恐慌期間唯一還
會上升的東西，就只有不同資產類別之間的相關係數了。

　　至於美國股市和 MSCI 新興市場指數之間，以及美國股市
和包含石油與金屬等商品的高盛商品指數（GSCI）之間，相
關性確實也是逐漸提高，只是程度並沒有那麼明顯。不過即使
市場之間的相關性已經增加，仍然不是完全相關，廣泛的分散
投資往往還是可以降低投資組合的波動程度。此外，即使不同

證券市場可能往相同的方向波動，分散投資還是可以提供很多好處。美國股市投資人普遍將 21 世紀的前十年稱為「失落的十年」。美國、歐洲與日本等已開發國家市場在經過這 \ 十年以後，市場表現還是幾乎相同，甚至低於十年前的狀況。投資組合裡只有已開發經濟體股票的投資人，並沒有獲得滿意的報酬。但是，在相同十年的條件之下，在投資組合中加入新興市場股票的投資人（這類股票可以輕易透過低成本、廣泛多元分散的新興市場股票指數型基金取得），則獲得相當令人滿意的

圖 8-5　分散投資新興市場，在「失落的十年」明哲保身

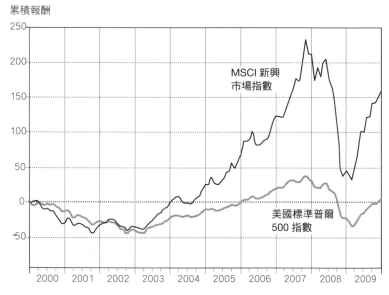

資料來源：先鋒集團、Datastream、晨星公司（Morningstar）。

投資績效。

　　圖 8-5 顯示，在 21 世紀的前十年間，投資標準普爾 500
指數根本賺不到錢，但是如果投資整體新興市場指數，就會得
到令人相當滿意的報酬。廣泛的跨國分散投資對美國投資人有
眾多好處，甚至在「失落的十年」也可以逆勢獲利。

　　此外，安全的債券也用實力證明它們有能力降低風險。圖
8-6 顯示，在 2008 ～ 2009 年金融危機期間，美國國庫長期債
券（Treasury Bonds）和美國大型股的相關係數下降。即使

圖 8-6　股票與債券不同時期的相關係數

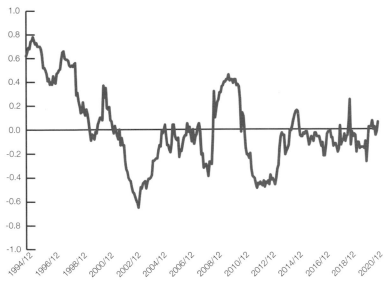

資料來源：先鋒集團。

2008 年股市慘跌，投資巴克萊（Barclay's Capital）綜合債券
指數，持有廣泛分散的債券投資組合，也可以享有 5.2％的報
酬率。簡直是金融危機時的藏身之處。事實證明，債券（以及
第四部提到類似債券的證券）具備有效分散風險的好處。

　　總之，不管是過去還是現在，分散投資帶來的教訓不會隨
著時間而消逝。在第四部中，我會利用本章中針對投資組合理
論的討論，為不同年齡層、不同風險承受程度的散戶提供適當
的資產分配策略。

第 9 章

藉由承擔風險來提高報酬

一套理論如果只有 50％的正確率，還不如擲銅板更合乎經濟效益。
——喬治‧史蒂格勒（George J. Stigler）
《價格理論》（*The Theory of Price*）

　　各位讀者現在應該都知道，風險會帶來報酬。不論是學術界或是華爾街，長期以來都想著如何利用風險來賺取更高的報酬。所以，本章要討論的內容是，衡量風險的分析工具誕生，以及如何利用這些工具與知識來提高投資報酬。

　　讓我們從討論現代投資組合理論的細節開始。前一章提到，分散投資無法完全消除風險，這是因為股市和島國經濟的例子不同，在實際狀況中，股價的起落通常很一致，因此分散投資只能消除部分風險，無法消除全部的風險。為了找出哪些部分的風險可以消除、哪一些不能消除，史丹佛大學前教授威廉‧夏普（William Sharpe）、已故財務學者約翰‧林納（John Lintner）與費雪‧布萊克（Fischer Black）投注極大的心力做研究，並發展出「資本資產定價模型」（Capital-Asset Pricing Model，縮寫為 CAPM）。1990 年，當馬可維茲獲得諾貝爾獎

時，夏普也因為這項研究同時獲獎。

　　資本資產定價模型最基本的邏輯是，即使承擔可以透過分散投資而消除的風險，也不能提高報酬。所以，想要提高長期報酬，必須提高無法透過分散投資而消除的風險。根據這項理論，精明的投資人可以調整投資組合中稱為貝他值（beta）的風險係數，以達到提高報酬的目的。

貝他值與系統性風險

　　貝他？怎麼會跑出希臘字母 β ？顯然這不是出自股票經紀人口中，你很難想像他們會這樣說：「我們可以合理的說，任何股票或投資組合的總風險，等於這檔股票報酬偏離應有數值的總變動程度（變異數或標準差）。」我們這些教書的人，倒是經常說這類的話。我們還會繼續說，有一部分的總風險或變動可以稱為股票的「系統性風險」（systematic risk），表現的是股價的基本起伏，以及至少在某種程度內所有個股和整體市場的同步情形。影響股票報酬的其餘變動稱為「非系統性風險」（unsystematic risk），它和個別公司特有的因素有關，例如罷工、開發新產品等。

　　系統性風險又稱為「市場風險」（market risk），指的是個別股票（或投資組合）對整體市場波動的反應。有些股票或投資組合對市場的波動特別敏感，有些則是比較穩定。只要透過

過去的紀錄，就可以測量出標的對市場波動的反應或是敏感程度，你猜對了，這通常以希臘字母 β 來表示。

現在，你將要學到所有你想要知道、卻又不敢問的事情。基本上，貝他值是描述系統性風險的數字，儘管牽涉到繁複的數學運算，簡單來說就是把資產管理人多年來的主觀感受以一個確切的數字表達出來。計算貝他值的過程其實就是在比較個股（或投資組合）的波動和整個市場的波動。

開始計算前，我們要先將一個整體市場指數的貝他值指定為 1。如果有一檔個股的貝他值為 2，表示它的平均變動幅度是市場的兩倍；也就是說，當大盤上漲 10％ 時，這檔股票就會上漲 20％。如果股票的貝他值為 0.5，當大盤上漲或下跌 10％ 時，它只會上漲或下跌 5％。專家經常把貝他值高的股票稱為積極型的投資，而貝他值低的股票則叫作防禦型投資。

現在，我們必須特別注意的關鍵是，系統性風險不能透過分散投資的方式消除。因為所有股票的波動多少有些相似，而且大部分是系統性的變動，所以就算是多元分散的投資組合也有風險。就算你為了達到完全分散投資，買進整體股票市場指數，它的貝他值定義為 1，你的可能報酬變動還是相當大（風險高），因為股市本身的波動就很大。

非系統性風險又稱為「特有風險」（specific risk）或是獨特性風險（idiosyncratic risk），指的是個別公司因為特殊因素導致的股價變動（也就是股票報酬變動）。例如，公司接到大

訂單、發現新礦藏、勞資糾紛、會計舞弊,或是公司財務主管挪用公款等,都會讓公司的股價獨立在市場的變動之外。經由分散投資,可以降低這種類型的風險變動。投資組合理論中最重要的一點是,在非系統性風險的範圍內,某檔股票報酬的變動,往往可以透過其他股票報酬相反的變動來抵消或是減緩。

圖 9-1 與圖 8-2 很類似,它顯示出分散投資和整體風險之間的關係。假設我們隨機選股,並且讓投資組合的風險大致和市場相當(這個投資組合中的個股平均貝他值為 1),表中顯

圖 9-1 分散投資如何降低風險:投資組合的風險(報酬的標準差)

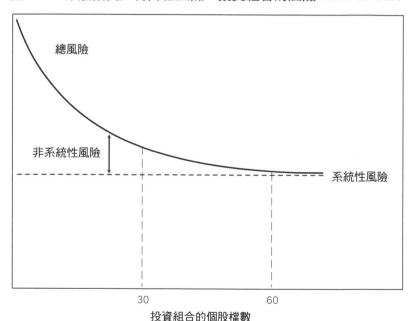

總風險

非系統性風險

系統性風險

30

60

投資組合的個股檔數

示，當我們增加個股檔數時，投資組合的整體風險就隨著下降，尤其是剛開始下降最多。

當投資組合包含 30 檔股票時，大部分非系統性風險都已經消除，不過即使繼續增加投資檔數，降低的風險也很有限。當投資組合中包含 60 種相當分散的股票時，非系統性風險幾乎可以完全消除，波動也會和市場同步。當然，我們也可以用平均貝他值為 1.5 的股票做實驗，而且會再度發現，分散投資可以快速降低非系統性風險，但是系統性風險的占比會變得比較高。平均貝他值為 1.5、包含 60 檔以上相當分散的股票投資組合，波動性會比市場高出 50％。

接著，這套理論的關鍵步驟來了。金融學者與投資專家都同意，承受較高風險的投資人，應該獲得較高的預期報酬作為補償。因此，股價必須適度調整，讓風險愈高的股票提供愈高的報酬，如此一來，所有證券都會有人願意持有。顯然，規避風險的投資人不會買進必須承受額外風險、卻沒有額外報酬的股票。然而，個股所有的風險不一定都和額外的報酬有關。投資人只要適當的分散投資，就可以輕易消除非系統性風險，所以不可能因為承擔非系統性風險而獲得補償。能獲得補償的部分，僅限於分散投資無法消除的系統性風險。因此，資本資產定價模型理論主張，任何股票或投資組合的報酬，也就是風險溢酬（risk premium），都和無法分散的系統性風險（貝他值）有關。

資本資產定價模型

主張風險和報酬相關的說法存在已久。多年來，金融專家都同意，投資人應該為承擔比較多的風險得到補償。但是，新投資技術不同的地方在於，風險的定義與衡量方法有所差異。在資本資產定價模型提出之前，一般人都認為，個別股票的報酬應該和這檔股票的整體風險有關。他們相信，報酬的差異和報酬的變異數或標準差有關。新理論則是認為，個股的整體風險無足輕重，只有系統性風險和報酬有關。

雖然這項主張的數學證明運算極為艱深，背後的邏輯卻很簡單。假設有兩組股票，每組各有 60 檔股票，每檔股票的系統性風險（貝他值）都是 1，也就是說，這兩組股票裡的每一檔股票，都會和市場同步漲跌。現在，假設第一組股票受到特殊因素影響，每一檔股票的整體風險都比第二組股票裡每一檔股票的整體風險還要高。例如，第一組股票除了受到一般市場因素影響，還對氣候變化、匯率升降與自然災害特別敏感，因此個別股票的特定風險非常高。不過，第二組股票的特定風險比較低，因此每一檔股票的整體風險也比較低。詳細情形請見表 9-1。

根據先前的舊理論，在資本資產定價模型出現之前，我們都會認為，第一組投資組合的報酬應該比第二組高，因為其中每一檔股票的整體風險都比較高，就我們所知，風險應該會帶

表 9-1　兩組股票的風險條件

第一組（60 檔股票）	第二組（60 檔股票）
個股的系統性風險（貝他值）為 1	個股的系統性風險（貝他值）為 1
個股的特有風險高	個股的特有風險低
個股的整體風險高	個股的整體風險低

來報酬。然而，學術界把魔法棒一揮，大家都改變想法了。根據資本資產定價模型，這兩種投資組合的報酬應該相等，為什麼？

　　第一，回想圖 9-1（健忘的人可以回去翻一下），當投資組合中股票的數目接近 60 檔時，總風險就降低到只剩下系統性風險。用心的讀者應該已經注意到，現在這兩種投資組合都有 60 檔股票，所有非系統性風險都已經抵消。例如，無法預料的氣候災難風險，已經被有利的匯率變動所抵消，以此類推。留下來的只有個股的系統性風險，也就是貝他值。由於兩種投資組合中所有個股的貝他值均為 1，儘管第一組股票的總風險比第二組高，就風險（標準差）而言，兩組股票的表現相同。

　　新、舊理論面臨的是正面衝突。根據舊的評價理論，第一組股票風險比較高，所以應該提供比較高的報酬。資本資產定價模型則是認為，如果第一組股票是多元分散的投資組合，風險不會比第二組高。事實上，如果第一組股票提供的報酬比較高，所有理性投資人都會選擇第一組、放棄第二組，然後重新

安排持股，以獲取來自第一組股票的高報酬。這個過程會造成第一組股票上漲，第二組股票下跌，直到達成均衡狀態為止（投資人不再想換股）；此時，兩組股票的報酬相當，而且報酬和風險中的系統成分（貝他值）相關，和整體風險（包括非系統性風險或特定因素）無關。正因為股票可以聯合變成投資組合，以消除個別股票的特有風險，只有無法透過分散投資消除的風險以及系統性風險才會產生風險溢酬。投資人不會因為承擔可以分散的風險而得到額外的報酬，這就是資本資產定價模型的基本邏輯。

資本資產定價模型（因為我們經濟學家愛用縮寫，以下使用簡稱 CAPM）的證明可以概述如下：如果投資人因為承擔非系統性風險而得到額外的報酬（風險溢酬），那麼比起由風險平均、非系統性風險較低的個股組成的投資組合，由非系統性風險較大的個股組成的多元分散投資組合，報酬會更高。投資人會逮住獲得較高報酬的機會，買進非系統性風險比較高的股票，賣掉貝他值相同但非系統性風險比較低的股票，因而推動前者的價格上漲。這個過程會持續進行，直到貝他值相同的股票都有相等的預期報酬，無法透過承擔非系統性風險來獲得更高的報酬為止。因為其他的結果會和效率市場理論互相衝突。

我們可以由圖 9-2 看到 CAPM 理論的主要關聯，當個股或投資組合的系統性風險（貝他值）增加時，投資人的預期報酬也會增加。如果投資組合的貝他值為 0，例如投資人投資的

基金把所有資金都投入政府保證的銀行定存（這種定存的報酬固定，完全不隨股市起伏，貝他值自然為 0），就會收到很普通的報酬率，這通常稱為無風險利率。但是，當投資人承擔的風險愈多，報酬也會增加。如果投資人持有的投資組合貝他值是1 時，例如買進廣泛的股市指數型基金，報酬將和投資一般股票的平均報酬相等。長期下來，報酬會大於無風險利率，只是風險比較高；有些年度的報酬則會遠低於無風險利率，甚至產生虧損。這就是風險的本質。

圖 9-2 顯示，調整投資組合的貝他值，將會得到不同的預期報酬。例如，當投資人把一半資金放在定存，一半買進代表大盤的指數型基金，投資報酬將會介於無風險報酬和市場報酬之間，平均貝他值為 0.5。*CAPM 接著主張，只要增加投資組合的貝他值，即可增加長期平均報酬率。投資人可以藉著買進高貝他值的股票，或者融資買進價格波動較平均的投資組合，讓整體投資組合的貝他值大於 1（見圖 9-2 和表 9-2）。

由於股市裡有流行風潮，貝他值在 1970 年代初期曾風行一時。夙負盛名、專門以大篇幅記錄專業資金經理人成就的《機構投資人》雜誌響應新理論，推出封面故事專題報導〈貝他崇拜！衡量風險的新方法〉（The Beta Cult! The New Way to

---

* 作者注：在一般情況下，投資組合的貝他值是組合中各檔股票的貝他值加權平均值。

圖 9-2 資本資產定價模型下的風險與報酬 *

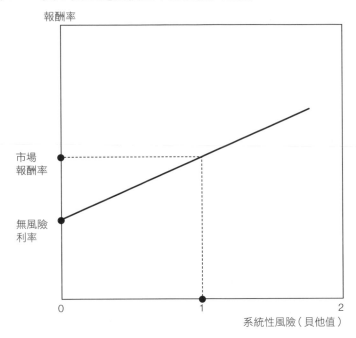

---

* 作者注：還記得高中代數的人都知道，任何直線都可以寫成等式，圖 9-2 中直線的等式如下。

報酬率＝無風險報酬率＋貝他值（市場報酬率－無風險報酬率）

這個等式可以用風險溢酬來表示，也就是個股或投資組合的報酬率超過無風險報酬率的部分如下。

報酬率－無風險報酬率＝貝他值（市場報酬率－無風險報酬率）

此外，這個等式說明，任何股票或投資組合的風險溢酬會直接隨著貝他值增加而增加。有些讀者或許想知道，貝他值和投資組合理論中至關重要的共變異數有什麼關係。答案是，任何一檔證券的貝他值，就是這檔證券和市場指數的共變異數，數字可以從過去的紀錄推算出來。

表 9-2　投資組合配置比較 *

預期 貝他值	投資組合配置	預期報酬率
0	在無風險資產投資 1 美元	10%
0.5	在無風險資產投資 0.5 美元 在市場投資組合投資 0.5 美元	½（0.10）＋ ½（0.15） ＝ 0.125 或 12.5% †
1	在市場投資組合投資 1 美元	15%
1.5	在市場投資組合投資 1.5 美元 以 10%利率借貸 0.5 美元投資	1½（0.15）－ ½（0.10） ＝ 0.175 或 17.5%

* 假設預期市場報酬率為 15%，無風險報酬率為 10%。
† 我們可以用之前的公式直接求出預期報酬率：
　報酬率＝ 0.10+½（0.15-0.10）＝0.125 或 12.5%。

Measure Risk），還在封面放上廟宇的圖片，頂端印著 BETA
四個大字。報導中說，那些只會長除法數學運算的資產管理
人，現在「彷彿統計理論博士一般，滿口貝他值」。證券交易
委員會也在《機構投資人研究報導》（*Institutional Investors
Study Report*）中認可貝他值是風險指標。

　　在華爾街上，那些早期的貝他迷聲稱，只要買進少數高貝
他值的股票，即可賺得比較高的長期報酬。自認有能力順勢操
作的人還提出更好的主意，他們在預期股市將上漲時買進高貝
他值的股票，在擔心股市將下跌時轉換為低貝他值的股票。配
合這種新投資觀念的熱潮，券商紛紛提供股票貝他值的評估服

務，有能力提供貝他值預測的券商，也被視為先進的象徵。今天，你可以透過美林證券等券商，或是價值線上（Value Line）與晨星（Morningstar）等投顧公司得到貝他值的資料。華爾街的貝他鼓吹者大肆推銷的情形，就連學術界裡最熱心宣傳貝他福音的人也感到驚訝。

貝他值的效果如何？

在莎士比亞的《亨利四世：第一部》（*Henry IV, Part I*）中，格蘭道爾（Glendower）對霍斯柏（Hotspur）吹噓道：「我能從無限深處召喚鬼魂。」霍斯柏無動於衷的回答：「那算什麼，我也會，每個人都會。問題在於，你真要召喚的時候，他們會來嗎？」我們每個人都可以提出一套股市運作理論，資本資產定價模型只是其中之一。真正重要的是，它管用嗎？

許多法人的確衷心接納貝他值的概念。但是，這畢竟是學術界的產物，還有什麼比這樣的東西更沉悶？貝他值只是代表股票風險的數字，似乎打從本質就貧瘠無味，不過重理論的線圖專家很喜歡。就算你不相信貝他值，也得了解它，因為在校園裡，我和同事製造出一大堆博士與企管碩士，滿口滔滔不絕的都是這些術語。他們現在還採用貝他值來衡量投資組合管理人的績效：如果基金的報酬高於這檔基金貝他值所預測的報酬，他們就說，基金經理人的阿爾法值（alpha）是正數；市

場上總有大筆資金在追逐能產出最大阿爾法值的基金經理人。

　　但是，貝他值真的是衡量風險的有效指標嗎？高貝他值的投資組合是否如同資本資產定價模型所說，可以提供比較高的長期報酬？光是貝他值就能總括一檔證券所有的系統性風險，或是我們還需要考慮其他因素？簡單來說，用貝他值就能決定阿爾法值嗎？這些是目前實務界與學術界熱烈討論的話題。

　　1992 年發表的研究報告中，尤金‧法瑪（Eugene Fama）與肯尼斯‧法蘭奇（Kenneth French）按照股票在 1963 ～

圖 9-3　1963 ～ 1990 年股票的平均月報酬 v.s. 貝他值
法瑪與法蘭奇的研究結果

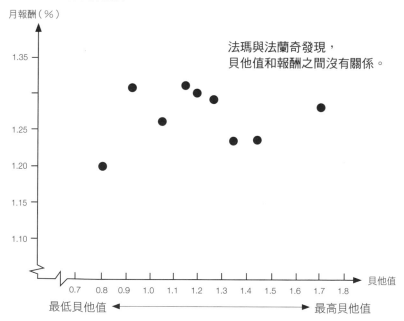

1990 年期間的貝他值，把所有股票分組。第一組包含所有股票中貝他值最低 10％的股票；第十組包含貝他值最高 10％的股票。研究結果顯示，各組的投資報酬和貝他值沒有關聯，詳見圖 9-3。我也做過類似的研究，探討共同基金的報酬和貝他值的關係，同樣得到類似結論。股票或投資組合的報酬和貝他值數字高低無關。

　　法瑪與法蘭奇的研究很完整，取用長達 30 年的參考資料，他們的結論是，貝他值和報酬之間沒有關聯。貝他值這項資本資產定價模型的主要分析工具，並不是衡量風險與報酬的有用工具。因此，到了 1990 年代中期，不只市場上的投資專家，就連許多學者都已經準備把貝他值扔進廢紙堆裡。而以往曾經詳實記錄貝他值誕生過程的財經刊物，現在則是刊出〈貝他之死〉、〈貝他再見〉、〈貝他倒台〉等專題報導。這段時間最具有代表性的事件是《機構投資人》引述一位署名「量化投資迷」（Deep Quant）*的讀者投書，信件開頭是：「來自資產管理領域的天大消息，資本資產定價模型已死。」他們接著又引述一位「量化投資叛徒」（turncoat quant）的信件內容：「高等數學之於投資人，將好比鐵達尼號之於航海。」接著，構成這整套新投資技術的工具，包括現代投資組合理論在內，都籠罩在漫天陰霾中。

---

* 作者注：量化投資人（Quant）是華爾街給愛用數學方法的分析師取的綽號，
　這些人把大部分精力都投注於研究新投資技術。

貝他值的問題

我個人認為「量化投資叛徒」搞錯了。CAPM 有嚴重缺陷，並不等於我們在財務分析上就該放棄數學工具，反倒讓證券分析走回傳統老路。況且，金融界還不打算在這個時候就替貝他值寫訃聞。我相信有許多理由，都可以勸戒我們不應該驟下判斷。

首先，我們都應該記得，人們喜歡穩定、風險低的報酬，勝過變動劇烈的報酬。假如開採石油的報酬和無風險公債的利率相同，那麼除了那些喜歡為賭博而賭博的人之外，沒有人會去開採石油；如果投資人一點也不擔心價格波動，數兆美元的衍生性商品市場就不會如此蓬勃興盛。因此，用來衡量相對波動性的貝他值，至少部分反映出我們一般認定的風險，此外，檢視投資組合過去的貝他值，也可以對未來的風險有不錯的預測表現。

其次，我們必須記住加州大學洛杉磯分校（UCLA）理查・羅爾（Richard Roll）教授的批評，要精確衡量貝他值非常困難，甚至可能做不到。標準普爾 500 指數並不等同於「市場」；整個股市其實不只包括美國境內的數千檔股票，也包括幾千檔海外國家的股票。此外，整個市場還包括債券、房地產、原物料商品以及各項資產，其中包括你我所擁有最重要的資本，就是由教育、工作、人生經歷所累積起來的人力資本。也就是

圖 9-4　退休基金與投資

你有這個困擾嗎？快速複誦 MPT（現代投資組合理論）的時候，結果聽起來很像「empty」（空的）。

©Milt Priggee/ Pension & Investments. www.miltpriggee.com. Reprinted by permission.

說，採用不同的「市場」定義，將得到不同的貝他值。我們對資本資產定價模型和貝他值衡量風險能力的看法，大部分取決於我們如何測量貝他值。明尼蘇達大學的兩位經濟學家拉維·傑格納森（Ravi Jagannathan）與王振宇發現，當我們重新定義衡量貝他值的市場指數，把人力資本納入計算，並且讓貝他值隨著經濟景氣循環波動時，就能強力支持 CAPM 與貝他值可以預測報酬的論點。

　　最後，投資人應該知道，就算貝他值和報酬之間的長期關係並不明顯，它依然是有用的投資管理工具。「假如」（必須特別強調）低貝他值股票的報酬，在相當程度內的確和高貝他值股票的報酬相仿，那麼貝他值這項投資工具的效用，甚至比它在資本資產定價模型中更有價值。投資人應該大量買進這些低貝他值的股票，就可以賺到和市場平均值一樣的報酬，但風險卻小得多。那些願意承擔高風險以換取高報酬的投資人，則應該融資買進並持有低貝他值的股票，使風險與報酬一起增加。稍後在第 11 章，我們會看到一些設計來執行這種策略的 Smart Beta 與風險平價策略商品。可以確定的是，貝他值並不能讓投資人不思考、盲目跟從，也不能當作預測未來長期報酬的可靠指標。

尋求更好的風險指標：套利定價理論

　　如果貝他值的聲譽已毀，無法當作衡量風險的有效指標，還有其他指標可以取而代之嗎？耶魯管理學院的史蒂芬・羅斯（Stephen Ross）是風險評估領域的開路先鋒之一，他發展出一套資本市場的價格理論，名為「套利定價理論」（Arbitrage Pricing Theory，縮寫為 APT）。要了解 APT 的理念，必須先回想 CAPM 給我們的啟發：唯一能讓投資人獲得補償的是無法透過分散投資消除的風險；只有系統性風險才能帶來風險溢

酬。但是，特定股票與投資組合中的系統性風險可能太過複
雜，用來衡量股票和市場變動差異多寡的貝他值無法清楚表
達，尤其股市指數並不能完全代表市場，因此貝他值沒有辦法
反映出不少重要的系統性風險因素。

　　接著來看看其中幾項重要的系統性風險因素。第一個是國
民所得的改變，毫無疑問會對個別股票的報酬產生系統性的影
響，這在第 8 章單一島國經濟的例子中可以看出來。同時，國
民所得的改變會反映到個人所得上，而股票報酬和薪資所得的
系統性關係也很可能嚴重影響個人行為。舉例來說，在福特汽
車工廠工作的工人會發覺，持有福特股票的風險特別高，因為
「裁員」與「福特汽車的股票報酬降低」可能同時發生。

　　利率的改變是影響個股報酬的另一項系統性因素，也是無
法透過分散投資而消除的重要風險。從利率上升則股價遭殃的
角度來說，股票是一種有風險的投資，尤其是對利率上升特別
敏感的股票而言，風險更是特別高。因此，某些股票往往會和
收益固定的投資工具同步漲跌，但卻不能用來降低債券投資組
合的風險。原因在於，固定收益的證券是許多法人投資組合的
一項重要部位，利率這種系統性風險對市場上一些大型投資人
而言特別重要。

　　通貨膨脹率的改變同樣對個股報酬有系統性的影響，而且
原因至少有兩個。第一，通貨膨脹率上升往往帶動利率上升，
造成某些個股下跌，如同前文的討論；第二，通貨膨脹率上升

可能使某些公司的毛利縮水,例如,公用事業經常會有費率比成本晚一步上漲的情形。不過,在另一方面,通貨膨脹卻可能嘉惠天然資源產業。由此可見,股票報酬和經濟變數之間重要的系統性關係,無法完全用單純的貝他值表達清楚。

　　某些系統性風險變數對股票報酬的影響,在統計測試上的結果令人鼓舞。在解釋不同股票的報酬差異時,如果我們把傳統的貝他值加上其他系統性風險變數,例如股價對國民所得、利率、通貨膨脹變動的敏感性,就能得到比 CAPM 更好的解釋。當然,用 APT 衡量風險的方法也面臨問題,而這個問題同樣困擾 CAPM 的貝他值風險衡量方法。

法瑪與法蘭奇的三因子模型

　　法瑪與法蘭奇提出一套類似套利定價理論的模式來說明風險。除了貝他值之外,他們提出兩項因子用來解釋風險,這些因子源自他們的實證研究,研究顯示,報酬和公司規模(根據市值估算)與股價淨值比有關。法瑪與法蘭奇指出,規模較小的公司相對風險比較高,其中一項原因可能是,這種公司在經濟衰退期間比較難支撐下去,因此可能會面臨更多和國內生產毛額(GDP)波動相關的系統性風險。法瑪與法蘭奇也指出,股價淨值比低的股票,可能會陷入某種程度的「財務困境」。業界熱烈討論這些觀點,但並非所有人都同意使用法瑪與法蘭奇

的因子評估風險。不過,在 2009 年初,各大銀行的股價淨值比都非常低,很難說投資人不認為這些公司有破產之虞。此外,即使有人辯稱,股價淨值比低的股票報酬比較高是因為投資人不理性,但是他們也發現,法瑪與法蘭奇風險因子確實有用。

表 9-3 法瑪與法蘭奇風險因子

- 貝他值:來自資本資產定價模式
- 規　模:根據總市值來估算
- 價　值:根據股價淨值比估算

股票價格的多因子解釋

法瑪與法蘭奇提出的概念,後續又帶出更多其他因子,可以用來解釋為什麼股票報酬不同,也能夠用來制定投資策略。舉例來說,獲利高、長期穩定維持淨利率的企業,往往未來也會是成功的企業。和「獲利能力」相關的因素,是所謂的「體質」因子,包括獲利穩定、營運與財務槓桿比較低。而雖然獲利能力與體質都算不上是衡量風險的指標,用來預測某段期間的股票報酬卻很有用。另一項有力的預測因子則是動能(momentum):動能相對強勁的股票,往往就能繼續帶來良好的報酬。雖然也有人提出其他幾項因子,但幾乎各種多元分散投資組合在報酬上的差異,用以上幾項因子都已經足以解釋。

目前，因子模型已經廣泛運用於衡量投資績效，以及用來設計 Smart Beta 投資組合，我會在第 11 章進一步討論。

完美的風險指標並不存在

在第 8 章與第 9 章，我們探討了學術界的現代資本市場理論。股市似乎是個有效率的機制，可以迅速根據新資訊調整價格。不論是分析過去股價走勢的技術面分析，或是分析個別公司與整體經濟前景的基本面分析，都不能持續讓人獲利。獲取較高長期報酬的唯一方式，似乎只有承擔更高的風險。

不幸的是，完美的風險指標並不存在。源於資本資產定價模型的風險指標貝他值，不只是表面上看來不錯，也是簡單易懂的市場敏感度指標。可惜貝他值也有缺陷，由 20 世紀長期的統計數字看來，貝他值和投資報酬率的實際關係，和理論上預測的關係不一致。此外，個股的貝他值不夠穩定，會隨著時間而改變，也會隨著選擇用來代表市場的指標不同而改變。

我曾說過，沒有任何一項單一指標可以充分反映出各式各樣的系統性風險對個股與投資組合的影響。市場大環境的波動會影響報酬；利率與通貨膨脹率的變動、國民所得，以及毫無疑問的，匯率等其他經濟因素的變動，也會影響報酬。此外，一些證據顯示，股價淨值比較低、規模較小的股票，投資報酬會比較高。神祕而完美的風險指標仍然遙不可及。

　　關於風險的評估，學術界仍然有相當多爭議，有待更多實證測試找出解答，這讓那些面臨「不出版論文就淘汰」的助理教授大大鬆了一口氣。毫無疑問，風險分析的技術還有許多地方尚待改進，風險衡量的量化分析也還沒有遭到淘汰。我個人認為，未來的風險與風險因素的衡量方法會更加複雜，而不是變得更簡單。然而，我們要小心，不要輕信貝他值或其他風險指標評估風險、預測報酬的能力有多準確。了解現代投資理論中最有用的工具可能對你有幫助，但是英俊的精靈絕不會突然出現，替我們解決所有投資問題。就算它真的出現，我們也可能會糟蹋機會，就像資本保管信託（Capital Guardian Trust）創辦人羅伯特・柯比（Robert Kirby）最喜歡的故事當中的老婦人一樣：

　　　她坐在養老院陽台的搖椅上。一個小精靈突然出現，對她說：「我決定要讓妳達成三個願望。」

　　　老婦人回答說：「滾開吧！你這沒用的小東西，我一輩子見過的聰明人已經夠多了。」

　　　精靈回答：「聽著，我可不是在開玩笑，這是真的，試試看。」

　　　她聳聳肩說：「好吧，把我的搖椅變成金子。」

　　　他吹出一口煙實現願望時，老婦人馬上興致高漲，她說：「把我變成年輕貌美的女郎。」

　　精靈又吹出一口煙，完成她的第二個心願。最後她說：「好啦，我的第三個願望是，把我的貓變成年輕英俊的王子。」

　　轉眼間，一位年輕王子出現在面前，轉向她問道：「現在，妳是不是後悔把我給閹了？」

第 10 章

行為財務學

行為財務學不是標準財務學的分支;而是具備較佳的人性模
型、可以取代標準財務學的學問。

——梅爾・史塔曼(Meir Statman)

在之前的章節,我都是根據「投資人完全理性」的前提來
說明股市理論與技術,假定投資人以財富極大化為目標做出決
定,唯一的限制是個人的風險承受度。但是,在 21 世紀初嶄
露頭角的新一派財務經濟學家宣稱,事實並非如此。這些行為
學家認為,許多(或許甚至是大部分)股市投資人絕非完全理
性。畢竟,想想你的親朋好友、同事、主管、父母以及(我向
天借膽說)配偶(當然,子女是另一回事),這些人的行為都
夠理性嗎?如果你的回答是「不理性」,甚至是「有時不理性」,
那麼你會非常享受接下來的旅程,我將透過行為財務學來呈現
人類的不理性。

效率市場理論、現代投資組合理論,以及風險與報酬的各
種資產定價關係,都是以同一個前提為基礎,並且同樣假定股

市投資人是理性的。整體而言，他們對股票現值進行合理的估計，買賣時的股價完全代表他們對未來前景的看法。

截至目前為止，「整體而言」的說法顯然成為經濟學家的救命稻草，這表示他們還是可以承認，有些參與市場的散戶可能一點都不理性。不過，他們馬上就找到解套的方法，公告天底下不理性投資人的交易都是隨機發生，所以可以彼此抵消對價格的影響。即使投資人不理性的狀況大同小異，效率市場學派還是認為，聰明的理性交易者會修正不理性交易者所造成的所有錯誤定價。

心理學家不會講這種經濟學空話，尤其是丹尼爾‧康納曼（Daniel Kahneman）與阿默斯‧特佛斯基（Amos Tversky）。他們抨擊經濟學家對投資人行為的錯誤觀點，順帶創造出全新的經濟學派「行為財務學」。

康納曼與特佛斯基的主張很簡單，他們認為人類並不像經濟模型所假設的那樣理性。一般大眾與非經濟學家可能會覺得這個論點稀鬆平常，但是學術界可是花了超過 20 年才普遍接受它。正當各界開始接受並支持這項理論時，特佛斯基在 1996 年過世。六年後，康納曼以這項理論贏得諾貝爾經濟學獎。特別值得注意的是，這個獎項的得獎人並不是經濟學家。康納曼得知獲獎的消息後表示：「這個獎……顯然是頒給共同作者，可惜他們沒有提供死後追贈的獎項。」

康納曼與特佛斯基提出的見解影響深遠，所有探討決策流

程的社會科學都受惠，但是對全美國經濟系所與商學院的影響
特別大。想像一下，這可是個全新領域，可以發表文章、四處
演講取得豐厚酬勞，以及撰寫研究論文。

　　這套理論對教授與學生好處多多，但是對想要投資股票的
人有好處嗎？行為財務學能夠如何協助他們？更重要的是，其
中有哪些法寶可以幫助你？說實話，好東西還真不少。

　　行為學家認為，市場價格非常不準確。此外，人們總是系
統性的失去理性，而且投資人的不理性行為往往會相互影響。
行為財務學進一步闡述這項理論，聲稱可以量化或分類這種不
理性的行為。基本上，產生不理性市場行為的因素有四項：過
度自信（overconfidence）、偏誤的判斷（biased judgments）、
從眾心理（herd mentality）與損失規避（loss aversion）。

　　效率市場理論派會說，沒錯我同意，但是（理論擁護者總
是有但書）這類因素造成的扭曲會被套利者的行為抵消。「套
利者」這個花俏的詞彙指的是，利用市場價格與合理價值的價
差來賺取利潤的人。

　　嚴格來說，「套利」指的是利用相同商品在不同市場間的
價差來賺取利潤。假設紐約買賣英鎊的匯率是 1.5 美元兌換 1
英鎊，而倫敦的匯率是 2 美元兌換 1 英鎊，套利者就可以在紐
約花 1.5 美元買 1 英鎊，同時在倫敦以 2 美元賣出，賺取 0.5
美元的獲利。同樣的，如果股票在紐約和倫敦是以不同的價格
出售，那麼在便宜的市場買進，再到昂貴的市場中賣出是很合

理的做法。「套利」通常會延伸到以下的情況：當兩檔股票極為類似，價格卻有高低之分的時候；或是當兩間公司已經計畫合併，其中一檔股票可望提出更高的價格換得另一檔股票的時候。廣義來說，「套利」是用來描述買進顯然「被低估」的股票，並且在股價衝到「太高」時賣出。如此一來，勤奮的套利者就可以消除股價的不理性波動，建立一個定價有效率的市場。

但是，行為學家卻認為，套利的效率會面臨許多實際的障礙。我們不能仰賴套利讓價格趨於合理價值，市場價格可能大幅偏離效率市場裡應該要有的價格。

本章接著將探討行為財務學的主要論點，說明為什麼市場缺乏效率，以及為什麼沒有隨機漫步這回事。我也會解釋，了解這個主題將如何協助散戶避免一般人經常犯下的系統性錯誤。

散戶的不理性行為

第一部已經解釋得很清楚，投資人有些時候會表現得不理性。但是，行為財務學指出，這種行為會持續發生，而非偶一為之。

過度自信

認知心理學的研究人員已經指出，人們在不確定時，經常會系統性的做出不合理的判斷。在這些偏誤行為中，最常見的

是人們經常過度自信，相信自己的判斷沒錯，並且對未來的評估過於樂觀。

　　在一項過度自信症候群的相關實驗中，研究人員詢問一大群受訪者，讓他們評價自己的駕駛能力和其他受訪者或所有駕駛人的差異。開車顯然有風險，而技術扮演相當重要的角色。從這個問題的回答，很容易就可以看出人們對於自己與其他人的技術評估是否切合實際狀況。大學生受訪者有八到九成都一致表示，他們比班上其他同學的駕駛技術更好，開車更安全。如同渥布岡湖（Lake Wobegon）故事中的情節，（幾乎）所有學生都自認駕駛水準比一般人更好。*

　　在另一項學生訪談實驗中，受訪者被問到自己和室友未來各自的發展前景時，大多數學生都對自己的未來十分樂觀，自認會有成功的事業、美滿的婚姻與健康的身體。但是，在預測室友的未來時，他們的回答都比較實際，認為室友很可能會酗酒、生病、離婚，還可能經歷各種其他不幸的遭遇。

　　這類實驗在不同的環境背景中重複進行過許多次，舉例來說，湯姆・畢德士（Tom Peters）與羅勃・華特曼（Robert H. Waterman, Jr.）在企管暢銷書《追求卓越》（*In Search of Excellence*）中指出，他們曾經抽樣訪問成年男性，請他們評量自己

---

* 編注：這個故事描述渥布岡湖鎮民「所有女人都強、所有男人都帥、所有孩子都有優於平均的表現」，之後被用來形容人容易高估自己成就的傾向。

和其他人相處的能力並且打分數，所有受訪者都把自己列在前
50％，25％的受訪者則是自認為排在前1％；甚至在評斷個人
體能時（這似乎是比較難以自我欺騙的領域），至少也有60％
的男性受訪者把自己排在前25％，就連最笨手笨腳的人也會
吹噓自己的體能，只有6％的男性受訪者承認自己的運動細胞
低於平均水準。

康納曼指出，這種過度自信的傾向在投資人身上尤其明
顯。投資人比其他類型的人更常誇大自己的技巧，並且否認機
運的存在。他們高估自己的知識，低估風險，還誇大自己掌控
事件的能力。

康納曼的實驗結果顯示，只要詢問受試者的信賴區間
（confidence interval），就可以有效修正投資人對機率的判斷。
所以，他提出下列問題：

> 根據你的最佳估計（best estimate），一個月後的道瓊
> 指數最高會漲到多少點？接著，請你決定一個比較高
> 的數值，而且你99％（非絕對）肯定，一個月後的
> 道瓊指數會比這個數值低。然後，再挑選一個比較低
> 的數值，而且你99％肯定一個月後的道瓊指數會比
> 這個數值高。

如果適當的執行這個指示，道瓊指數比你的高（低）估計

值高（低）的機率應該只有 1％。換句話說，投資人應該有
98％的把握確定道瓊指數會在自己預估的範圍內。類似的實驗
已經應用在利率、通貨膨脹率，以及個別股價等方面的預估方
法上。

　　事實上，能夠準確設定信賴區間的投資人少之又少。照理
來說，實際結果超出預測範圍的機率只有 2％，但是，實際上
出現意外結果的機率卻將近 20％，這就是心理學家所指的過
度自信。如果有投資人跟你說他有 99％的把握，那他大概只
有 80％的把握。這種精準度顯示出，人們會在自己的預測上
押下不合理的高額賭注。此外，男性過度自信的狀況通常比女
性更嚴重，特別是在理財能力上。

　　我們可以從這些研究中得到什麼結論？人們顯然太過相信
自己的預測精確度，於是誇大自身的技能，還對未來太過樂
觀，這些偏誤會以各種樣貌顯現在股市裡。

　　首先，最重要的一點是，許多散戶誤以為可以擊敗市場，
結果進行太多投機買賣而且交易次數過多。行為財務學家泰瑞
斯・奧狄恩（Terrance Odean）與布雷德・巴伯（Brad Barber）
長期觀察一間大型折扣券商的散戶投資帳戶，結果發現，散戶
交易愈頻繁，績效就愈差。此外，男性投資人的交易頻率遠比
女性還要高，績效也比較差。

　　在最近的一項研究中，巴伯、黃欣（Xing Huang，音譯）、
奧狄恩以及克里斯多福・史瓦茲（Christopher Schwarz）研究

　　了羅賓漢券商這個交易平台上的散戶投資行為。事實證明，羅賓漢券商用戶最常購入的股票，無論在絕對報酬或相對報酬上都呈現負數。相對於整個市場，這些股票到了下一個月大約會下跌 5％。

　　這種對理財能力的錯覺很可能源於另一項心理學研究結果，也就是所謂的「後見之明偏誤」（hindsight bias）。之所以產生這種錯誤，是因為人們會選擇性的只記得成功的事件。你記得成功的投資經驗，所以很容易產生後見之明，並相信「自己當初早就知道 Google 的股價會在首次公開募股後翻漲五倍」。一般人很容易將所有好的結果歸功於自己的能力，並且經常將不好的結果合理化，認為那是不尋常的外部事件所造成的意外。歷史教訓對我們的影響還不如幾起成功事蹟。後見之明會引發過度自信的心態，助長我們的錯誤認知，誤以為世事容易預測。推銷無效財務建議的那些人，甚至會自以為推銷的是好建議。《富比士》雜誌發行人史提夫・富比士（Steve Forbes）深諳這個道理，他最喜歡引述小時候祖父提出的忠告：「推銷建議比接受建議還要有利可圖。」

　　許多行為學家相信，在預測公司未來的成長能力上過度自信，才導致所謂的成長股普遍被高估。如果令人振奮的最新電腦科技或是醫療設備吸引大眾的目光，投資人通常會推斷這些事業將會成功、表現出高成長率，並且抱著超乎常理的自信認定這就是事實。高成長的預測導致成長股被高估，但是這種樂

觀的預測通常不會實現，這些公司的獲利可能縮水，個股的本
益比可能下跌，結果造成投資績效低落。在預測令人振奮的公
司成長時過度樂觀，或許就是「成長」股的長期表現往往不如
「價值」股的其中一項原因。

偏誤的判斷

我每天都會遇到自認為可以「掌控」投資結果的投資人，
尤其是自信滿滿、認為可以透過觀察過去的股價定義未來走勢
的線圖專家。賴瑞・史維卓（Larry Swedroe）在《不理性時代
中的理性投資》（*Rational Investing in Irrational Times*）中提出
精闢的描述，說明「連勝」發生的機率遠比人們預期的頻率還
要高。

有位統計學教授會在每個學年的第一堂課做一項實
驗，她要求學生寫下想像連續擲 100 次錢幣的結果，
並選出一位學生實際擲錢幣後把結果做成圖表。接
著，教授離開教室，給學生 15 分鐘完成實驗，隨後
她回到教室時，桌上已經擺好所有報告等她過目。她
告訴學生，她只要猜一次，就能找到實際擲錢幣的學
生交的報告是哪一份。果然，她一次就猜中，所有人
大為驚奇。她是怎麼變出魔術的？因為她知道，實際
擲錢幣的結果，很有可能出現最多的連續正面或連續

反面。因爲當大多數人被問到「正正正正正反反反反」還是「正反正反正反正反正反」比較有可能發生的時候，都會選擇後者那種「比較隨機」的結果。然而，實際的統計資料顯示，出現這兩種序列的機率完全相同。因此，學生在想像擲錢幣的結果時，往往會寫出類似「正正反反正反正反反反」的序列，而不是「正正正反反反正正正正」的序列。

除了股市的長期正向走勢之外，股票報酬不會持續連續攀高，通常反而會出現獲利回吐、回歸平均值（reversion to the mean）的情況。同樣的，財務重力法則也會反向作用，至少就整體股市而言，一旦跌深就會反彈。但是投資人通常都會認定，好得不尋常的市場還會變得更好，糟得不尋常的市場還會變得更糟。

心理學家早已指出，人們往往會被某個錯覺所愚弄，誤以爲自己對某些情況有少許掌控能力，但是事實上他們根本無法掌握狀況。在一項實驗中，受試者坐在一台電腦螢幕前，有一條水平線將畫面一分爲二，另外還有一顆球在水平線上下隨機波動。受試者接著會拿到一個控制器，按下控制器就可以把球往上移，他們的任務是盡可能把球控制在電腦螢幕的上半部。不過，研究人員也警告他們，球的走向會受到一些隨機出現的衝擊所影響，所以他們並沒有完全的控制權。在其中一組實驗

中，控制器根本沒有連接螢幕，受試者絕對不可能控制球的動向。然而，把持控制器一段時間的受試者後來接受訪問時，都相信自己對於球的移動具有很大的掌控力（在受試者當中，唯一不會出現這種錯覺的人是被診斷出患有嚴重憂鬱症的患者）。

　　在另一項樂透彩實驗中，研究人員準備兩組一模一樣的棒球卡，一組棒球卡會放進箱子裡，稍後讓受試者隨機抽選；另一組棒球卡則是分發給受試者，其中一半的人可以自行挑選卡片，另一半的人拿到的是研究人員分配的卡片。根據遊戲規則，受試者只要從箱子裡抽出和手上持有的棒球卡一樣的卡片就贏了。接著，他們被告知，所有棒球卡都已經分配完畢，但是現在有一位新玩家想要買卡片。受試者面臨抉擇，他們可以和新玩家談好價格賣出卡片，也可以保留卡片等著中獎。每一張卡片的得獎機率顯然都相同，但是有意願賣出棒球卡的人當中，自己挑選卡片的受試者開出的售價，全部都比被分配到卡片的受試者開出的售價還要高。這就是樂透彩公司讓買家自己挑選號碼的原因，即使中獎與否全靠運氣。

　　誤以為有掌控權的錯覺，會讓投資人看到實際上並不存在的趨勢，或是相信自己可以看出股市走勢、預測未來的股價。事實上，即使大費周章的考究股價資料，試圖從中得出某種形式的可預測性，各個時期的股價發展依然非常近似於隨機漫步，也就是說，股價的未來變動和過去的變動基本上沒有關連。

　　人們經常犯下錯誤（準備好了，接下來會出現一些專有名

詞），用「相似性」或「代表性」代替合理的機率思考邏輯，
這讓判斷偏誤的情況更是雪上加霜。康納曼與特佛斯基曾經做
過的一項知名實驗最能夠說明這種「經驗法則」，在實驗中，
受試者會看到下列這段和琳達有關的描述：

> 琳達，31歲，單身，個性坦率，冰雪聰明，主修哲
> 學。在學生時代十分關注歧視與社會公義的議題，也
> 曾經參與反核示威活動。

接下來，受試者必須判斷，在八句敘述文字當中，哪幾句
對琳達的描述才正確，並依照準確度排序；其中兩個句子是
「琳達是銀行出納員」以及「琳達是銀行出納員並積極參與女
性主義運動」。結果，超過85％的受試者判斷，琳達比較有可
能是銀行出納員兼女性主義者，而不只是銀行出納員。但是，
這個答案違反機率理論的基本原理（聯合原則）：某人同時屬
於A類與B類的機率，小於或等於這個人只屬於A類的機率。
顯然，受試者幾乎都沒有學過機率。

受試者看到和琳達有關的敘述，讓她看起來像是個女性主
義者，所以她同時身為銀行出納員與女性主義者似乎比較合乎
常理，也比只說她是銀行出納員的說法更有代表性。這項實驗
已經重複進行好幾次，實驗對象涵蓋完全不懂統計的外行人，
也有懂統計的人（包含學過機率理論但是不精通的人）。

　　康納曼與特佛斯基提出「代表性經驗法則」（representative heuristic）來說明他們的發現。這種思考邏輯會造成其他判斷偏誤，例如，沒有充分利用「基本比率」（base rate）的機率。重要的機率法則「貝氏定理」（Bayes' theorem）指出，要評估某人屬於特定群組的可能性時，應該根據代表性（representativeness）與基本比率（特定群組占總人口的比例）下判斷。用白話文來說，就是如果看到某一個疑似罪犯的人（符合我們對罪犯的印象），在推測這個人真的是罪犯的可能性時，我們需要先了解基本比率（即犯罪者占總人口的比例）。但是，在一次又一次的實驗中，都可以看出受試者在進行預測時沒有充分利用基本比率的知識。這一切看似不可思議，但是代表性經驗法則或許可以解釋一些投資錯誤，例如，追逐熱錢的偏好，或是根據最近的事件做出過度的推斷。

從眾行為

　　一般來說，研究顯示群體決策往往比個人決策更好。正所謂集思廣益，如果分享更多資訊、考量各種觀點，資訊豐富的討論可以改善群體的決策過程。

　　在整個經濟體中，最能夠表現出群眾行為的智慧，莫過於自由市場的價格機制。消費者與製造者的各種個別決策，引導整體經濟創造出人們想要購買的商品與服務。價格機制反映供給與需求的交互作用，藉由亞當斯密所謂的「看不見的手」引

領經濟,製造出適量的產品。共產經濟體已經發現令他們沮喪的事實,全能的中央決策者在決定要生產哪些商品、如何分配資源時,無法達到類似市場經濟的效率。

同樣的,在數百萬名散戶與法人的買賣決策運作之下,所有股票都能得到適當的價格,讓每一檔個股都同樣值得買進。雖然人們對於市場未來獲利的預測往往有錯,但是這些預測以整體而言,都比任何一個散戶的預測更正確。大部分積極型的資產管理人都應該羞於見人,因為他們的績效和低成本、廣基型的股票指數型基金績效相比,還真是差勁。

本書讀者都知道,整體市場不會永遠做出正確的價格決策,偶爾會出現盲從的行為,如同一路從 17 世紀的鬱金香熱潮,一直到 21 世紀的網路股與迷因股熱潮,都可以看到類似的情形。這種偶發的病理性群眾行為已經吸引行為財務學的注意。

在群眾行為的研究中,有一個公認存在的現象叫做「團體迷思」(group think),指的是團體中的人有時候會互相影響、彼此強化信念,導致集體誤信某一個不正確的觀點,還把它當成正確的觀點。毋庸置疑,在 2000 年初,群眾對網路科技的獲利潛力所做的過度樂觀預測,以及對新經濟股票的錯誤定價,都是從眾行為的病理表現。

社會心理學家所羅門‧阿希(Solomon Asch)是率先研究團體行為如何導致錯誤決策的學者之一。在 1950 年代,阿希進行一項知名的實驗,受試者必須回答一個連小孩都會的簡單

問題。他們首先會看到兩張畫有直線的卡片，左邊的卡片有一條直線，右邊的卡片有好幾條直線。受試者必須輪流回答，右邊卡片上的哪一條直線和左邊卡片上的直線等長。每場實驗都有七位受試者，他們必須回答一系列類似的問題。

　　但是阿希在實驗中動了一個手腳，在某幾場實驗中，七位受試者中有六個人都是暗樁，他們故意挑選錯誤的答案，而且等他們回答完了，真正的受試者才有機會開口。結果令人震驚，真正的受試者大多會選擇錯誤的答案。阿希推測，即使受試者知道答案並不正確，卻礙於社會壓力而選擇錯誤的直線。

　　神經科學家格雷戈里・柏恩斯（Gregory Berns）在 2005年進行一項研究，使用核磁共振造影（MRI）監測腦波的活動，判斷人們是在明知答案不正確的情況下仍然遵從團體的意見，或是他們的實際感知已經發生改變。如果從眾是由社會壓力所造成，根據研究推論，應該可以在主管衝突的前腦區域看到變化。但是，如果從眾是出自實際感知上的變化，主司視覺與空間知覺的後腦區域應該會有變化。事實上，這項研究發現，當人們和選錯答案的團體在一起的時候，主司空間知覺的腦部區域活動就會增加。換句話說，其他人說的話，實際上會改變受試者自認為看到的情況。由此看來，其他人的錯誤確實會影響某個人對外部世界的感知。

　　在另一項研究中，社會心理學家找來一個人站在街角，並請他抬頭注視天空 60 秒。他們注意到，街上有些行人會駐

足，想知道那個人在看什麼，但是多數人都是直接走過。接著，心理學家找來 5 個人站在街角看天空，這次停下來看天空的行人增為 4 倍。當心理學家找來 15 個人站在街角看天空時，有近半數的路人都跟著駐足抬頭。看天空的人愈多，跟著抬頭看的行人也隨著增加。

顯然，1999 ～ 2000 年初的網路泡沫展現出典型的從眾範例，錯誤的投資判斷導致人們一味盲從。散戶認為新經濟股將賺進高額獲利，因而興奮不已，他們受到不理智的從眾心態感染，高爾夫球球友、職場同事與牌友紛紛口耳相傳，這透露出強力的訊息，讓人相信網路的成長會創造巨大財富。而且，社群媒體的加持，讓謠言與錯誤資訊更容易傳播開來。於是，投資人開始買股票，就因為股價一路上揚，其他人都在賺錢，儘管盈餘與股利成長等基本面因素都證明股價上揚並不合理。如同經濟歷史學家查爾斯・肯德伯格（Charles Kindleberger）所言：「沒有什麼事情比看到朋友發財更能擾亂一個人的幸福與判斷力。」而暢銷書《非理性繁榮》作者羅伯特・席勒指出，整個過程會被「正向的回饋循環」強化，第一波股價漲勢鼓勵更多人買進，因此帶動更高的獲利，吸引愈來愈多人加入。這種現象就像和網路泡沫有關的龐氏騙局，我在第 4 章中已經說明過。最後，投資人再也找不到最後一個傻瓜。

這種從眾行為不只會發生在單純的散戶身上，就連共同基金的經理人也往往會遵循相同的策略，把資金全部集中在同一

類型的股票上。事實上，行為財務學的領導學者哈里森‧洪（Harrison Hong）、傑弗瑞‧庫比克（Jeffrey Kubik）與傑若米‧史坦（Jeremy Stein）所做的一項研究指出，在同一座城市中，如果某些基金經理人持有某些投資組合，其他基金經理人很可能也會持有類似的股票。這就像流行病一樣，投資人總是快速的藉由口耳相傳來散播股票的相關資訊，而且，從眾行為對散戶產生的影響力非常驚人。即使股市的長期報酬相當豐厚，但是一般投資人的報酬卻非常低，這是因為投資人很容易在經濟繁榮、市場達到高點時買進股票型基金。在 2000 年 3 月前整整一年的時間內，投入股票型基金的新資金達到新高，遠超過過去任何一段時期的數據。但是，當股市在 2002 年秋天與 2008 年跌落谷底時，散戶從股票投資中大舉退場。金融服務調查機構大壩公司（Dalbar Associates）在一項調查中指出，這種時間損失（timing penalty）讓一般投資人的投資報酬率比平均市場收益低了 5% 以上。

　　此外，投資人往往會將資金投入近期績效良好的共同基金。舉例來說，2000 年第一季流入股票型基金的龐大資金，全都投進高科技「成長型」基金，此時所謂的「價值型」基金則出現資金大舉流失的狀況。在後續的兩年裡，成長型基金大跌，而價值型基金則出現正向報酬。這種選擇損失（selection penalty）會加重前文提到的時間損失。行為財務學最重要的一個教訓就是，散戶一定要避免受到從眾行為擺布。

損失規避

康納曼與特佛斯基最重要的一項貢獻是「展望理論」
（prospect theory），這套理論說明人們在有得失風險的情況下
會採取什麼樣的行為。一般而言，在馬可維茲等財務經濟學家
所建構的模型中，人們是根據自己的選擇會對最終財富造成哪
些影響來做決策。但是，展望理論質疑這種假設，並認為人們
的決策動機來自於他們對獲利與損失所認定的價值，而人們普
遍認為，損失帶來的痛苦遠遠大於獲利帶來的快樂。此外，描
述獲利或損失時使用的字眼，也會影響人們最後的決定，在心
理學上，這就是所謂的「架構選項的方法」（how the choice is
framed）。

舉例來說，假設有一場擲錢幣的賭博遊戲，錢幣正面朝上
時，參與者會得到 100 美元，但錢幣反面朝上時，就得付 100
美元。你會接受這種賭局嗎？大部分的人不會接受，即使已經
有重複的試驗顯示，最終這會是一場沒輸沒贏的公平遊戲，參
與者得到 100 美元和損失 100 美元的機率各半。以數學詞彙來
說，這場賭局的期望值是零，計算方式如下：

$$期望值＝正面朝上的機率 \times 正面朝上的獲利＋$$
$$反面朝上的機率 \times 反面朝上的損失$$
$$＝\frac{1}{2}（\$100）＋\frac{1}{2}（-\$100）＝0$$

康納曼與特佛斯基接著找來許多不同的受試者進行這項實驗，並且調整錢幣正面朝上時的獲利金額，他們想測試要花多少錢才能誘使人們接受賭局。結果發現，獲利金額必須提高到 250 美元左右。請注意，如此會讓賭局的獲利期望值變成 75 美元，可以說是非常有利的賭局。

$$期望值 = \frac{1}{2} (\$250) + \frac{1}{2} (\text{-}\$100) = \$75$$

康納曼與特佛斯基得到的結論是，損失的價值等於 2.5 倍獲利的價值。換句話說，失去 1 塊錢的痛苦程度，是得到 1 塊錢的快樂程度的 2.5 倍。人們顯然有極端的損失規避心態，即使對於大部分擁有豐厚資產的人來說，100 美元的財富變動根本不痛不癢，他們也會極力規避損失。我們稍後會看到，損失規避的心態會導致許多投資人犯下代價非常高的錯誤。

但是有趣的是，心理學家發現，當人們面對的情況牽涉到一定會輸錢的條件時，幾乎都願意加入賭局。請看下列兩個選項：

1. 必定會賠 750 美元。
2. 有 75％ 的機率損失 1,000 美元，但有 25％ 的機率不賠一毛錢。

請注意，這兩個選項的期望值相同，都是賠 750 美元，但

是將近九成的受試者選擇第二項，也就是加入賭局。人們在面臨必定賠錢的情況下，似乎會出現冒險行為。

康納曼與特佛斯基也發現一個相關、而且重要的「架構效應」（framing effect），也就是架構選項的方法，可能會導致決策者做出極為不同的結果。它的影響如下。

假設美國正嚴陣以待亞洲爆發罕見的流行病，預料這波疫情可能造成 600 人喪生。目前已經提出兩項因應計畫，並針對結果進行精確的估計：

1. 如果採用 A 計畫，可以挽救 200 人的生命。
2. 如果採用 B 計畫，有三分之一的機率可以挽救 600 人，但有三分之二的機率救不了任何人。

首先請注意，兩項計畫獲救人數的期望值都是 200 人，但是根據展望理論，在考慮兩項計畫可能帶來的好處時，人們會規避損失。於是，如同預期，大約有三分之二的受試者在面對這個問題時挑選了 A 計畫。

但是假如我們以不同的方式提出問題。

1. 如果採用 A* 計畫，有 400 人會喪生。
2. 如果採用 B* 計畫，有三分之一的機率可以挽救所

有人，有三分之二的機率救不了任何人。

　　請注意，A 計畫與 A* 計畫以及 B 計畫與 B* 計畫都是相同的結果，但是第二個問題是從死亡風險的角度出發。用這種方法架構選項時，超過 75％的受試者會選擇 B* 計畫。這說明架構效應的影響，以及在一定有損失的前提下人們偏好承受風險。醫師在面對癌症病患醫療方式的抉擇時，如果是從存活率而非死亡率來說明問題，做出的決定往往會大不相同。

驕傲與後悔

　　行為學家也強調，驕傲與後悔的情緒對投資人的行為影響重大。投資人很難承認自己做出糟糕的股市決定，甚至很難坦承面對自己。如果必須向朋友或配偶坦承錯誤，可能會變得更加悔不當初。相反的，投資人如果創造出獲利龐大的成功投資，通常會驕傲的昭告世界。

　　許多投資人可能覺得，只要緊緊抓住賠錢的部位，總會等到回本的那一天，擺脫懊悔的心情。這些驕傲與後悔的情緒，可能會讓投資人緊守賠錢部位，並且賣出賺錢的部位。前文提過的巴伯教授與奧狄恩教授針對一間大型折扣券商進行研究，他們檢視 1 萬名客戶的交易紀錄，結果發現顯而易見的處分效應（disposition effect）。也就是說，投資人有個明顯的傾向，總是選擇賣出已經賺錢的股票，卻留下賠錢的股票。賣出已經

上漲的股票能讓投資人實現獲利並建立自信，如果賣出賠錢的
股票，就會帶來後悔與虧損的痛苦。

　　根據理性投資理論，這種不願意認賠的心理顯然不是上
策，而且就算依照常識判斷，這也是愚蠢的行為。在美國，賣
掉賺錢的股票（在有稅務優勢的退休帳戶之外），就必須支付
資本利得稅；賣出已經虧損的股票，則可以減少其他已實現獲
利的稅額，或是歸到免稅額度裡。即使投資人相信現在下跌的
股票日後會回升，先賣出這檔股票並且買進相同產業、前景與
風險性質類似的另一檔股票，也仍然很值得。房屋市場顯然也
有這種不願意認賠的心理。當房價上漲時，銷售量會增加，房
產很快就會以賣家的出價或更高的價格賣出；但是，在房價直
直落的時期，不只銷售量下滑，賣家的出價也遠高於市場價
格，於是房子只得在市場上長期擱置。極端的損失規避心理，
正是賣方不願意虧本賣出房地產的原因。

行為財務學與儲蓄

　　行為財務學理論還能解釋，為什麼即使公司也會提撥同等
金額的退休金，許多人依然拒絕參加職場的 401(k) 退休儲蓄
方案。如果要求已經習慣某個稅後薪資等級的員工多提撥 1 美
元投入勞工退休儲蓄方案，他一定不肯。因為，他會認為多扣
掉的提撥金額會使目前的可支配所得減少。（即使多提撥的金

額實際上不到 1 美元，因為提撥到退休金的金額會從稅前所得中扣除，而且扣稅額度很高。）人們把這些損失看得比獲利還要重。當損失規避心態再加上缺乏自制力、喜歡拖延，以及習慣以不變應萬變（安於現狀的偏誤）的時候，就像心理學家所說的，這就是美國人儲蓄率會這麼低的原因了。

為了解決人們抗拒儲蓄的問題，學者提出兩項建議。第一項建議是改變架構選項的方法，以克服慣性惰性與安於現狀的偏誤。我們知道，如果要求員工積極參與 401(k) 退休儲蓄方案，許多人一定會拒絕。但是如果用不同的方式來架構問題，讓不參加的人必須主動「選擇退出」，參與率將會大幅增加。以自動加入來架構 401(k) 退休儲蓄方案的公司，讓不參加的員工明確做出決定，並填寫「選擇退出」聲明，結果這些員工參與方案的比例遠高於員工必須主動「選擇加入」的公司。

經濟學家理查・泰勒（Richard Thaler）與索羅摩・伯納茲（Shlomo Benartzi）規劃出另一項出色的儲蓄鼓勵計畫。有鑑於即使採行自動加入計畫的做法，仍然有部分員工會拒絕參與，因為他們目前的薪水根本入不敷出，因此泰勒與伯納茲設計出「明天存更多」（Save More Tomorrow）計畫。這項計畫基本上是讓員工同意日後加薪時，就提撥其中一部分薪資到退休儲蓄計畫。如果員工參加這項計畫，調薪後提撥到退休儲蓄計畫的金額將會增加，以此消減他們在稅前薪資減少時產生的損失規避心理。每逢加薪，提撥率就會持續增加，直到提撥金

額達到法定的扣稅額上限為止。如此一來，惰性與安於現狀的偏誤就會慢慢改善，進而促使員工參與退休儲蓄計畫，而且員工也可以隨時選擇退出。

1998 年，泰勒與伯納茲在一間中型製造公司首次實施這項計畫，當時這間公司的儲蓄退休計畫乏人問津。結果證明「明天存更多」計畫非常受歡迎，超過四分之三的員工都同意參加。此外，超過 80％的員工在日後加薪時仍持續參與計畫。即使後來選擇退出的員工也沒有減少原始提撥率，只是不再增加提撥金額而已。因此，就算這些員工已經退出計畫，他們儲蓄的金額都遠高過加入計畫前儲蓄的金額。

套利的限制

我們已經探討過影響投資人的認知偏誤，連帶會影響到股價。散戶的行為經常不理性，或者至少也偏離經濟學家認定的最佳決策理想狀況。在最病態的個案中，人們顯然都陷入一窩蜂的從眾心理，一味追高某些類股，使股價飆升到不合理的高點。由於不理性投資人的錯誤不會互相抵消，反而經常會彼此強化，特別是在社群媒體的年代，股票該如何能夠有效率的訂價？相信效率市場的人堅持，即使許多散戶並不理性，但套利者能夠使市場變得有效率。避險基金經理人等套利者會採取抵消部位（offsetting positions）的策略，例如，放空訂價過高的

股票，買進訂價過低的股票，如此一來，不理性投資人造成的錯誤訂價就可以快速獲得修正；而理性交易者的決策可以抵消行為交易者帶來的衝擊。因此，部分行為學家批評效率市場理論的第二個主要論點是，這類套利做法受到嚴重的限制，因此無法修正不正常的價格。

假設不理性的投資人推高某間石油公司的股價，造成股價比公司基本面價值和同業公司的股價還要高，套利者只要放空價格高估的股票，買進其他類似的石油公司，就可以賺到錢。如此一來，儘管兩間公司都同時受到石油產業利多或利空事件的影響，套利者仍可以避險。油價上揚會使放空的股票部位價格升高，也會讓套利者的多頭部位上漲。

但是，這種套利做法承受的風險相當高。如果價格被高估的股票傳出不尋常的好消息，例如意外發現重要的油藏；或者，如果非常值得買進的股票受到預料之外的打擊，例如深水油井爆炸，造成價格下跌，套利者可能會在兩邊的交易上都蒙受損失。也就是放空的股票可能上漲，而看多的股票可能下跌。

發現訂價錯誤而嘗試加以「修正」的交易者，還會面臨另一項風險是，投資人甚至會變得更加看好價格被高估的股票。假設套利者在 1999 年時相信網路股價格被過度高估，可能會放空網路股，寄望在稍後價格下跌時再回補。但是新經濟熱潮持續擴大，股價甚至進一步上漲，其中許多檔股票漲上一倍後又再翻一倍。只有事後回顧，我們才知道網路科技股泡沫會在

2000 年破滅，而此時許多交易者早就輸得精光。市場不理性的期間，可能比套利者維持償債能力的時間還要長，尤其是套利者受到信貸約束時更是如此。像是由諾貝爾獎得主設計的避險基金長期資本管理公司（Long Term Capital Management），就發現自己處在一個難以應付的狀況，避險基金的價格走勢與預期背道而馳，卻沒有足夠的資本讓基金維持下去。還有，避險基金梅爾文資本（Melvin Capital）也在 2021 年迷因股熱潮期間，因為投入 GameStop 的放空部位而損失總資金 130 億的一半。

避險基金只會讓泡沫化更嚴重

在放空價格高估的股票與買進價格低估的股票的遊戲中，有一群天生的作手，那就是全球的避險基金，它們擁有數兆美元的投資資金。有人可能認為，這些避險基金應該早就已經看出網路股的價格無法支撐下去，所以會利用這種訂價錯誤的情況，放空相關的股票。馬庫斯・布納邁爾（Markus Brunner-meier）與史蒂芬・納傑爾（Stefan Nagel）曾針對 1998 ～ 2000 年間的避險基金行為進行研究，確認這些基金是否抑制投機熱潮。

他們的發現令人驚訝。在泡沫期間，避險基金等經驗豐富的投機者並不是一股修正市場的力量，它們沒有打擊泡沫，而是利用泡沫，對市場泡沫化產生推波助瀾的效果。避險基金在

1998 ～ 2000 年初是網路股的大買家，他們的策略反映出，他們相信沒有經驗的投資人有從眾心理、熱情會傳染，可以讓訂價錯誤的情況持續擴大。他們玩的遊戲，就像先前提到的凱因斯知名推理遊戲「報紙選美比賽」一樣。股價 30 美元，可能只「值」15 美元，但是如果有更傻的傻瓜願意在未來以 60 美元買進，這筆交易就很划算。

在 2005 ～ 2006 年間，避險基金顯然也在石油市場興風作浪，因為 2006 年的原油價格是 2004 的兩倍。儘管全球經濟成長等經濟力量也是形成油價上漲壓力的根本原因，但是投機活動，尤其是避險基金的投機活動，看來是為油價的漲勢火上加油。少數看空石油期貨市場的避險基金則在此時蒙受重大損失，顯然套利交易要修正價格泡沫也會有風險。

有些時候，投資人根本無法執行放空，或是至少條件會嚴重受限。一般在放空時，投資人會借入要放空的股票交給買家。舉例來說，假設要放空 100 股 IBM 的股票，我就必須先借入股票並將股票交給買家。在保有空頭部位期間，我也必須支付持有期間的股息給買家。有時候，我可能會找不到股票可借，因此在技術上根本無法執行放空，或者要執行放空就得花一大筆錢。在某些無效率訂價的例子中，放空面臨的限制就讓套利者無法修正錯誤的訂價。

另一方面，如果很難找到和價格高估的股票近似的替代品，也很難執行套利。套利要發揮效用，一定要買進價格合理

的類似股票，以抵消空頭部位，而且，這檔股票的股價必須在出現影響市場或產業的利多消息時跟著上揚。

行為學家提出許多優秀的案例，用來顯示市場價格可能沒有效率，其中一個例子是兩檔相似、但股價表現完全不同的股票。以荷蘭皇家石油公司（Royal Dutch Petroleum）與殼牌運輸貿易公司（Shell Transport & Trading Co.）為例，這兩間公司就像連體攣生兄弟，它們在 1907 年進行策略聯盟，並將稅後獲利六四分帳，荷蘭皇家石油獲得六成，殼牌運輸獲得四成。在效率市場中，荷蘭皇家石油的市值應該是殼牌運輸市值的 1.5 倍。實際上，荷蘭皇家石油的股價經常都比殼牌運輸還要高 20％以上。而在效率市場中，現金流相同的公司，股價應該相當。

這個例子的問題在於，荷蘭皇家石油與殼牌運輸是在不同的國家市場上交易，不僅規定不同，未來可能要面對不同的法規管制。而且，兩間公司即使各方面都旗鼓相當，要在這兩檔股票之間套利也蘊含風險。如果荷蘭皇家石油的股價比殼牌運輸高 10％，適當的套利做法是放空價格被高估的荷蘭皇家石油，買進相對便宜的殼牌運輸。不過，這樣的套利還是有風險。價格過高的股票可能變得更貴，造成放空投資人的損失。今天的便宜貨，明天可能變得更划算。我們顯然不能完全仰賴套利來解決市場價格和根本價值之間的偏離。進入 21 世紀後，到了 2010 年時，放空的限制無疑為吹大房市泡沫出了一

份力。美國幾個特定地區幾乎不可能看空房市，只有樂觀主義者可以參與市場。當樂觀主義者能夠輕易運用貸款進行槓桿投資時，房市泡沫不受套利限制的原因就昭然若揭了。

行為財務學給投資人的教訓

　　像我這樣的夜貓子經常觀看深夜節目，在大衛・萊特曼（David Letterman）的深夜秀裡有一個滑稽的單元「愚蠢寵物花招」（Stupid Pet Tricks），來賓會帶寵物上節目表演各種滑稽愚蠢的動作。遺憾的是，投資人的表現經常就像節目上的主人與寵物一樣，而且還不太有趣。他們過度自信、盲從、誤以為自己能掌控狀況，還拒絕承認投資錯誤。相較起來，寵物似乎還聰明一點。

　　我們已經看過人們的各種行為會如何影響投資。投資時，我們的頭號敵人通常就是自己。如同瓦特・凱利（Walt Kelly）的連環漫畫人物波哥（Pogo）所說：「我們遇到的敵人正是自己。」了解我們多麼容易受到自身心態影響，有助於避開可能搞垮我們財務安全的愚蠢錯覺。撲克牌遊戲中有句諺語這麼說：「如果你坐在牌桌上，找不出誰是笨蛋，請你起身離開，因為那個笨蛋就是你。」多多了解和投資人心理有關的洞見，可以保護你不要變成容易受騙上當的傻瓜。

　　傑出投資著作《投資終極戰》（Winning the Loser's Game）

作者查爾斯・艾利斯（Charles Ellis）長期觀察股市後發現，在業餘網球賽中，參賽者大多不是靠熟練的表現取分，而是靠敵方的失誤取分，投資也是如此。艾利斯指出，大部分投資人都是被自己打敗，因為他們採取錯誤的投資策略，而不是執行本書建議的被動買進並持有指數的方法。大部分投資人的錯誤行為，使股市成為一場輸家的遊戲。

2000 年初，當你看到自己買進的科技股股價節節上揚時，你很容易會以為自己是投資天才。接著，你輕易的說服自己，並相信追逐上一個波段績效最好的共同基金絕對穩賺不賠。對於那些在泡沫期間辭職去做當沖交易的人來說，看到早上 10 點買進的股票到中午已經上漲 10％，這是多麼令人雀躍的事啊。可惜這些策略最後都以災難作結，比起穩定買進並持有的投資人，頻繁交易的投資人獲利總是偏低。

要對付人類行為弱點造成的惡果，第一步是認清狀況，學會順應市場智慧。就像不使用花俏動作通常就會贏球的業餘網球選手一樣，簡單的長期持有納入市場所有股票的多元分散投資組合，通常也會賺錢。不要變成自己的頭號敵人，避免採用愚蠢的投資招數。以下是行為財務學提供的最重要洞見。

1. 避免從眾行為

行為財務經濟學家非常了解促使投資人盲從的回饋機制。當網路股或迷因股一路飆漲時，投資人很難不陷入亢奮，尤其

是周遭朋友全都在自誇從股市獲利豐厚的時候，我們很難不共襄盛舉。許多文獻都證明，朋友對一個人的投資決策影響甚巨。羅伯特・席勒與約翰・龐德（John Pound）對 131 位散戶進行意見調查，詢問有哪些因素吸引他們買進最近投資的股票，答案通常是來自熟人的建議，例如朋友或親戚推薦。洪、庫比克與史坦教授提出更完整的證據，說明周遭朋友對投資人的決策影響舉足輕重。他們發現，喜歡社交的家庭，例如和鄰居互動密切或經常上教會的人，比起不愛社交的家庭更有可能投資股市。

當一項投資成為街談巷議的話題，對財富的殺傷力可能更大。1980 年代初的金價、1980 年代末的日本房市與股市、1990 年代末與 2000 年代初的網路股、21 世紀最初十年間加州、內華達州與佛羅里達州的房市，以及 2021 年的比特幣市場、GameStop 與 AMC，都應驗了這個說法。

不變的是，在某個時期內最熱門的股票或基金，下一個時期的表現總是敬陪末座。此外，從眾行為除了誘使投資人在股市大好時一再進行更冒險的投資，也經常讓許多投資人在悲觀氣氛瀰漫時認輸。媒體往往會助長這類自我毀滅式的行為，他們的報導會擴大市場跌幅，並且誇大事件以爭取閱聽人的注意。然而，即使沒有媒體過度的渲染，大規模的市場動作也會動搖投資人，鼓勵他們依據情緒而非理性邏輯做出買賣決策。

比起簡單買進並持有市場指數型基金的投資人，共同基金

投資人總是在錯誤的時機買賣,因此從股市賺到的報酬率相對低很多。這是因為,投資人往往會在接近市場高點、大家都一頭熱的時候將資金投入共同基金,並且在市場跌到谷底、悲觀氣氛瀰漫的時候選擇抽出資金。圖 10-1 清楚描繪出這樣的狀況。我們可以從圖中看到,2000 年初股市創下新高時,新的淨現金流入共同基金;2002 年股市跌到谷底時,投資人便抽離資金。圖中也顯示,2008 年末與 2009 年初,金融危機期間市場觸底時,有空前大量的資金脫離市場,時間損失帶來的影響昭然若揭。

此外,還有選擇損失的影響。2000 年初,股市衝上高點時,資金紛紛從價值型共同基金撤出,並流入成長型共同基金;這些成長型共同基金持有的是高科技與網路產業相關個股,而價值型基金則是持有淨值與獲利表現優秀、股價相對便宜的舊經濟個股。在接下來的三年裡,價值型基金帶給投資人豐厚的報酬,而成長型基金卻一敗塗地。在 2002 年第三季,那斯達克指數從高峰重挫 80％之後,成長型基金卻出現大量贖回的情況。今日一窩蜂追逐「熱」門投資標的,他日就得面臨資金「凍」彈不得的窘境。

2. 避免頻繁交易

行為財務學專家發現,投資人在做判斷時很容易過度自信,經常會為了賺更多錢而頻繁進出市場。而且許多投資人經

圖 10-1　股市資金與股價走勢比較圖的教訓：別找時機！

常在股票與股票、基金與基金之間更換標的操作，就像在玩金拉密紙牌遊戲（gin rummy）時選牌與丟牌一樣稀鬆平常。這種做法讓投資人一無所獲，只是平白負擔龐大的交易成本，還得繳納更多交易稅。在美國，短期獲利要以一般所得稅率計算，買進並持有的投資策略則可以延後繳稅，而且如果長期持有，等到股票被當成資產分配出去時，甚至可以完全避稅。別忘了傳奇投資專家華倫・巴菲特的忠告：「懶惰是最佳的投資模式。」股票正確的持有期間是永遠。

　　過度頻繁交易的成本極高。巴伯與奧狄恩研究 1991 ～1996 年期間大約 6 萬 6,000 戶家庭的交易行為後發現，樣本中

的一般家庭年報酬率為 16.4％，而市場年報酬率則有 17.9％。相形之下，交易次數最頻繁的家庭，投資組合的年報酬率只有 11.4％。換句話說，比起投資策略較為被動的家庭，最頻繁進出股市的家庭的投資組合績效往往沒那麼好。此外，男性比女性更容易過度自信，交易次數也更頻繁。奧狄恩給男性投資人的忠告是：如果你想要投資股票（而且已經結婚），請先問問太座該不該投資。

富達投資（Fidelity Investments）在 2021 年又再做了一次這項研究，分析 2011 ～ 2020 年間 520 萬位客戶的帳戶。富達發現，女性客戶的平均績效大幅超越男性，原因在於她們的交易方式不同；或者說得更準確一點，原因在於她們「不交易」。富達男性客戶的交易頻率足足是女性客戶的兩倍。先鋒公司在這十年間也看到類似的交易模式。從這項證據顯示，交易太過頻繁，就是對財富累積有害。

3. 如果已經進場：賣賠錢部位、不賣賺錢部位

我們已經看到，人們蒙受損失時的痛苦程度，遠勝過實現獲利時的快樂程度。因此在獲利與虧損金額相同時，投資人會一反常理，願意冒更大的風險去避免損失，而不是冒險取得同等的報酬。此外，投資人可能會在股票或共同基金一再下跌時寧可被套牢，以避免實現損失，同時也避免承認錯誤。相反的，投資人通常會願意將賺錢的部位獲利了結，因為這樣就能

享受投資正確的成功滋味。

　　有時候，在市場崩盤時繼續持有已經下跌的股票是合理的策略，尤其當你有理由相信它仍然是成功的公司時更該如此，而且如果認賠出場之後股價又上漲，你會更加後悔。但是，如果繼續持有安隆與世界通訊等無力回天的股票，誤以為只要不賣出就沒有虧損，那就是不合理的做法了。「帳面虧損」和已經實現的虧損一樣都是真實的損失，決定抱股就等同於決定以目前的價格買進這檔股票。此外，在美國，如果你是用應稅帳戶持有股票，在賣出這檔股票後，政府會降低你的稅額，以緩和個人財務的衝擊。賣出賺錢的股票反而會增加你的稅務負擔。

4. 避開其他愚蠢的投資行為

提防新上市股

　　你認為可以透過某間剛上市公司的首次公開募股賺大錢嗎？特別是在 2000 年網路泡沫期間，投資新上市股似乎是致富的必經之路。在某些成功的案例中，新上市股票的股價飆漲到兩倍、三倍，其中有檔股票甚至暴漲到七倍之多。難怪有投資人開始相信，取得新上市股是在股市中發財最簡單的方法。

　　我的建議是，不要以上市價格買進，更絕對不要在高於上市價格時買進。從歷史上來看，買進新上市股票並不是好交易，研究人員評估所有新上市股票上市五年後的表現，結果發現這些個股每年的績效都比整體股市表現低 4%左右。新上市

股票在上市之後六個月左右，績效就開始走下坡，因為一般來說前六個月是閉鎖期，內部人不得賣出股票給一般大眾，一旦解除閉鎖限制，股價通常就會開始下跌。

散戶買進新上市股票的績效甚至更糟。一般人絕不會有機會以上市價格買到真正一流的股票，炙手可熱的新上市股票全都被大型法人或承銷公司中最有錢的客戶給搶走。如果你的股票經紀人打電話來說，有新上市股票可以賣給你，你已經可以確定這檔股票是蹩腳貨。因為券商只有在無法將股票賣給大型法人或頂級客戶時，才會釋出機會讓你用上市價格購買。因此，結果永遠不變，你只會買到新發行股票當中最差的股票。據我所知，除了賽馬場或是拉斯維加斯的賭桌，這可能是最容易危及財富的策略。

5. 不要輕信小道消息

我們都聽過這樣的故事：你的叔叔吉恩（Gene）知道薩伊共和國（Zaire，剛果共和國的舊稱）有一個保證賺錢的鑽石礦坑。請記住，所謂的礦坑通常是指地上有個洞，而且洞前面站著一個騙子。或是這樣的故事：有人偷偷告訴你堂哥的小姨子葛楚（Gertrude）一間小型生技公司的小道消息，他說：「這檔股票簡直太划算了，每股價格只有 1 美元，而且他們準備公布抗癌藥物的資訊。想想看，花 2,000 美元就可以買到 2,000 股。」投資建議來自四面八方，包括親朋好友、電話行銷還有

網路。不要隨之起舞，務必避開所有小道消息，它們極有可能
變成你一生中最慘烈的投資。另外請記住：別向呼吸急促的人
買任何東西。

6. 不要相信萬無一失的計畫

　　不論業餘人士或專業人士都會告訴你，有一些方式可以幫
你挑出最好的基金經理人，並且讓你在股價下跌時全身而退。
可惜，實際上這根本不可能。當然，有一些投資組合策略事後
看來確實創造出高過平均值的獲利，但是經過一段時間後，這
些獲利全都自行毀滅，甚至還有一些市場時機策略是在幾年
後、甚至數十年後才破功。不過長期來看，我同意 20 世紀初
傳奇投資高手伯納德‧巴洛克（Bernard Baruch）的說法：「只
有騙子才能夠抓住市場時機。」20 世紀末的傳奇人物伯格則
是曾經說過：「我不知道有誰能成功而且持續的抓住它（市場
時機）。」

　　投資人也絕對不應該忘記這句格言：「如果有什麼事情好
到不像是真的，那可能就不是真的。」只要留心這句格言，就
可以避免捲入有史以來最大宗的龐氏騙局，也就是 2008 年被
揭發的馬多夫詐欺案；這個案子據說造成 500 億美元損失。然
而，馬多夫案的真正騙局是，人們當真以為馬多夫能為基金投
資人每年持續賺進 10 ～ 12％獲利。

　　這件詐欺案「聰明」的地方是，馬多夫提供的報酬看似適

中又安全，他如果提供 50％的報酬，人們可能會懷疑這種不切實際的承諾，但是每年 10 ～ 12％的報酬似乎很可能實現。不過，事實上，要每一年都在股市或任何一個市場裡賺取這樣的報酬，根本是天方夜譚，所以這種說辭應該很容易讓人看出破綻。長期而言，美國股市每年平均可能有超過 9％的報酬，只不過波動很大，有好幾年就讓投資人虧損高達 40％。馬多夫要達到這種績效，唯一的方式就是做假帳。此外，不要指望監管機關幫你避開這種詐騙計謀。有人曾經警告證券管理委員會，馬多夫絕對不可能達成這種績效，但是他們並沒有採取行動。所以，唯一能保護你的是，你必須了解到，看似好到不像是真的的事情，毫無疑問肯定不是真的。

行為財務學如何擊敗市場？

部分行為學家認為，投資人經常犯的錯誤，可以為冷靜的理性投資人提供機會打敗市場。他們相信，不理性的交易會創造出可預期的股市模式，因此明智的投資人可以加以利用。不過，這些看法比前面提供的教訓更有爭議性，我們會在下一章進一步探討。

第 11 章

Smart Beta、風險平價與 ESG 投資

結果？得了吧，我得到的結果多著呢。我知道幾千種行不通的
東西。

——湯瑪斯・愛迪生（Thomas A. Edison）

隨著 21 世紀的前 25 年進入尾聲，愈來愈多投資人開始懷
疑、並不再輕信傳統選股法真的可以打造出優異的投資組合，
讓績效勝過低成本、節稅、廣基型的指數型基金。因此，數千
億美元資金陸續從主動式共同基金轉向，流入被動式指數型基
金。不過，有一群新生代的資產管理人辯稱，就算不選股也能
打敗市場。更確切的說法是，他們主張可以在不承擔額外風險
的情況下，管理一個相對被動（低周轉率）的投資組合，來實
現可靠的優異成果。

他們提出的三項新投資策略稱為 Smart Beta、風險平價以
及 ESG 投資。這些策略含蓄的承諾會改善投資組合績效，因
此吸引數千億美元的資產投入。本章的目的就是要釐清：
Smart Beta 真的夠 smart（聰明）嗎？風險平價會不會有風險

過高的疑慮？ ESG 基金可以透過為人類謀求福祉而獲得財務
上的報酬嗎？

什麼是 Smart Beta 策略？

　　關於 Smart Beta 投資策略的定義，業界與學界還沒有共
識。但是，使用這個詞的大多數人都認為，使用多種相對被
動、有規則依據的投資策略，有可能得到（比市場更高的）超
額報酬，而且只需要負擔投資在低成本、整體股市指數型基金
差不多的風險。

　　我之前提過，每一個投資組合的核心應該是低成本、節
稅、廣基型的指數型基金。藉著持有根據個股規模或股本（流
通在外股數乘以股價）調整比例、包含市場所有股票的投資組
合，投資人保證就能得到市場的報酬。此外，一般來說，比起
想要打敗大盤的主動式基金，指數型基金提供給投資人的淨報
酬通常比較高。

　　如果投資人買進一檔低成本的整體（美國）股市指數型基
金，就會得到市場報酬，同時必須承擔美國股市起伏的風險。
別忘了，第 9 章提到，市場的風險可以用貝他值衡量，而且市
場的貝他值定義是 1。投資人承擔投資股市的風險，便會獲得
風險溢酬；風險溢酬的定義是：從市場獲得比持有美國國庫券
（安全的報酬）更好的超額報酬。

接受股價起伏的風險而得到的風險溢酬一向相當可觀。從 1927 年起，股市投資人獲得的報酬（包括股利與股價上漲）平均每年比國庫券的報酬還要高大約 7 個百分點。

不過，股票也曾經長期表現不佳，那些時期的股票報酬率比安全資產還要低。例如，從 2000 年 3 月至 2009 年 3 月，股價其實是走下坡。因此，股票投資人必須接受績效有可能長期落後的事實。

我們將採用業界與學界經常使用的統計工具夏普比率（Sharpe Ratio），來評估當投資組合側重任何一個方向或同時側重許多方向時，會獲得什麼樣的效益。這項知名的統計工具是由資本資產定價模型的開發者之一威廉・夏普（William Sharpe）創造，因此得名。我們都知道，投資人想要高回報（高報酬）又想要低風險（低波動性）。夏普比率就是將這兩項要素結合在一起。在計算時，分子是投資策略帶來的報酬，通常指三個月國庫券利率的超額報酬；分母則是根據這項策略的報酬標準差（報酬率的長期波動狀況）衡量的波動性或風險。如果策略 A 能創造 10％的超額報酬，且波動性為 20％，而策略 B 的超額報酬相同，但波動性達 30％，那麼，我們就可以斷言策略 A 比策略 B 更好，因為它的夏普比率較高。換句話說，策略 A 每一單位風險獲得的報酬比較高。

$$策略\ A\ 的夏普比率 = \frac{報酬}{風險} = \frac{0.10}{0.20} = 0.50$$

$$策略\ B\ 的夏普比率 = \frac{報酬}{風險} = \frac{0.10}{0.30} = 0.33$$

採用 Smart Beta 策略的資產管理人希望我們相信,純粹的指數化投資,也就是根據公司股本規模來配置投資組合權重的做法,並不是最佳策略。他們主張,投資人可以取得比較好的「風險與報酬的取捨」(risk-return tradeoff),也就是比較高的夏普比率。做法是讓投資組合偏重某個方向,或是加重某個方向的比例,例如著重「價值」而非「成長」、小型企業而非大型企業,以及偏向相對強勢股而非相對弱勢股等。

這些資產管理人建議的其他偏重方向,還包括「體質」(包含穩定的銷售、盈餘成長與低槓桿等特質)、獲利能力、低波動性、動能與流動性。如同優秀的廚師可以善加融合許多種食物的風味,有些 Smart Beta 投資組合也調和兩種以上的側重方向。舉例來說,有些投資組合結合「價值型」與「小型股」等特質,也有一些投資組合混入前面提到的好幾種不同方向。

Smart Beta 策略和第 9 章討論的多因子模型息息相關。事實上,Smart Beta 經常被稱為因子投資法。如果投資人認為資本資產定價模型的貝他值無法完整衡量風險,可以將前面提到的調整或偏重方向視為額外的風險因子。舉例來說,如果投資組合側重較小型的企業,代表投資人推測能從小型企業獲得足

以強化整體報酬的風險溢酬。當然，這裡的 Smart Beta 指的是，藉由承擔額外風險以強化報酬的一種方法。

四種偏重方向與優缺點

1. 價值致勝

1934 年，大衛・陶德與班傑明・葛拉漢向散戶發表一項宣言，吸引許多追隨者，包括華倫・巴菲特。他們認為「價值」終會取勝；為了找到「價值」，投資人要找到符合低本益比、低股價淨值比等衡量指標的股票。這裡的「價值」是根據目前的現實狀況來衡量，而不是根據未來的成長預測來衡量。他們的理論和行為學家的看法一致，都認為投資人會對預估報酬成長的能力過度自信，支付過高的金額買進「成長股」。

我對這個想法頗有同感。我的選股法則之一就是尋找成長前景可期、還沒被市場發現，因此本益比較低的股票。這個方法經常被描述為「追求合理價位成長股」（growth at a reasonable price，縮寫為 GARP）。我曾經反覆提醒投資人，一定要留意高本益比股票所潛藏的風險。既然盈餘成長很難預測，還是選擇低本益比的股票比較好，一旦真的有成長，盈餘與本益比可能雙雙上揚，帶來加倍的獲利。但是，如果買進高本益比股票，預期的盈餘成長卻沒有出現，投資人就要面對加倍損失，因為盈餘與本益比都會下調。

　　有些歷史證據顯示，如果以資本資產定價模型衡量，即使調整風險因素，相對本益比〔以及股價淨值比、股價現金流量比與（或）股價營收比〕較低的股票報酬仍在平均水準以上。舉例來說，圖 11-1 比較每一組個股數量相同的十組股票的報酬，並且依照本益比排序。第一組本益比最低，第二組次低，以此類推。圖中顯示，當本益比遞增時，報酬會隨著遞減。

　　低本益比和低股價淨值比可以反映出風險因子。財務出現困境的公司往往本益比與股價淨值比都比較低。舉例來說，像花旗與美國銀行這樣大型的金融中心銀行，2009 年的股價淨

圖 11-1　平均年報酬 vs. 本益比

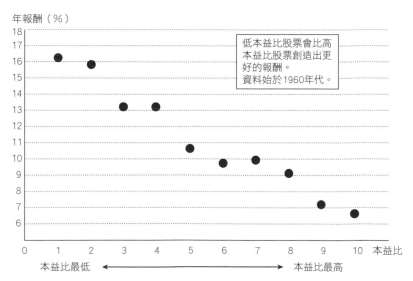

資料來源：紐約大學史登商學院（Stern School of Business, New York University）。

值比也跌到低點，但是在當時，這些機構很有可能被政府接管，導致股東權益完全消失。

價值因子的標準測量法被稱為「高減低」（HML），也就是股價淨值比最高的 30％股票減去最低的 30％股票所得的報酬。從 1927 年至 2020 年，價值因子的年度風險溢酬為 4.0％。

另一個衡量股票價值溢酬的方法是計算它的夏普比率。從 1927 年開始，價值因子（以 HML 衡量）創造的夏普比率為 0.34，這是非常可觀的報酬與風險比率，幾乎和上述市場因子的貝他值一樣大。

我們有可能買到將整體股票市場投資組合分成兩項組成要素的投資組合，如「價值型」與「成長型」組成要素。「價值型」投資組合包含本益比與股價淨值比最低的股票。先鋒集團發起的代表性「價值型」ETF 代號是 VVIAX，追蹤美國大型價值型股票指數（CRSP US Large-Cap Value Index）。先鋒 VIGAX ETF 則是追蹤 CRSP 大型股指數（CRSP Large-Cap Index）中「成長型」成分股的績效。另外，小型股整體指數也有「價值型」與「成長型」ETF 可供選擇。

2. 偏重小型股

學者發現的另一個型態是，長期而言，小型股的報酬會高於大型股。根據羅傑‧易普生（Roger Ibbotson）的研究，自 1926 年以來，美國小型股的報酬比大型股高出 2％。圖 11-2

顯示法瑪與法蘭奇的研究結果，他們把股票按照公司規模分組後發現，第一組，股本最小的 10％股票，報酬率最高；第十組，股本最大的股票，報酬率最低。此外，在貝他值相同時，小公司也比大公司的表現更好。儘管其他研究對於「規模」現象的持久性存疑，「規模」看起來的確是能夠解釋歷史報酬的一項因子。

然而，我們還是必須記住，小型企業的風險可能比大型企業更大，所以投資人本來就應該獲得比較高的報酬率。因此，規模這項風險因子，理所當然應該以額外的報酬加以補償，而不是視為市場沒有效率的原因。

3. 股市動能

針對股價變動進行的實證研究最早可以回溯到 1990 年代早期，研究發現股價的時間序列和隨機數字的排列相似。但是，最近的研究卻指出，隨機漫步模型並沒有完全成立，因為股價變動的確呈現出某些型態。從短期持有期間來看，股市中存有某種程度的動能，當股價開始上漲後，接著很有可能會繼續進一步上漲，而不是下跌；而從長期持有期間來看，股價則是終究會回歸平均值，也就是說，當股價大漲好個月或好幾年後，接下來通常會有大幅的回檔。

股價出現動能有兩個解釋，一個是根據行為科學的考量，另一個則是因為對新消息的反應遲緩。行為財務學家先驅羅伯

圖 11-2　1963 ～ 1990 年月均報酬 vs. 公司規模

小型股投資組合報酬率通常高於大型股投資組合

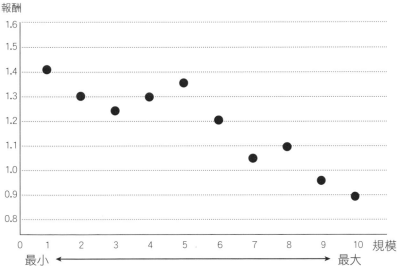

報酬

資料來源：法瑪與法蘭奇，〈預期股票投資回報的橫斷面研究〉（The Cross-Section of Expected Stock Returns），《金融期刊》（*Journal of Finance*），1992 年 6 月。

特‧席勒強調，心理的回饋機制會賦予股價一定的動能，尤其是在股市極為熱絡的時期，人們看到股價上漲就會被吸引進場，這就是所謂的「從眾效應」（bandwagon effect）。第二個解釋則是認為，在新消息出現時，投資人無法即時調整預期，尤其是公司盈餘超乎（低於）預期的新聞出現的時候。由於公司的盈餘消息只會緩慢反應在股價上，利多的盈餘驚喜可以為投資人帶來異常的高報酬。

　　股市中這些顯而易見的動能，很難解讀成是在反映風險。

不過，當市場上經常出現「動能崩潰」，就可以說是在反映風險，這是指原本最受市場青睞的股票遭逢懲罰般的反轉走勢。想當然爾，順勢操作策略絕對隱含某種程度的風險。

衡量動能時通常是檢視過去 12 個月、不含最近一個月的報酬；去除最近一個月的報酬是因為這通常是走勢反轉的時期。動能因子的衡量方法是將績效最好的 30％股票的平均報酬，減去績效最差的 30％股票的平均報酬。從 1927 年至 2020 年，橫跨超過 90 年的期間內，由作多績效最好的股票與放空績效最差的股票組成的動能策略，產生的風險溢酬是 9.1 個百分點，夏普比率是 0.59。當然，在測量上述所有因子時，我們都假設投資人會作多動能最強、價值最被低估與規模最小的股票，並且放空動能最弱、價值最被高估與規模最大的股票。這些數字都沒有計入交易成本、稅金以及其他可能的執行成本。

4. 低貝他值與高貝他值股票的報酬可能相當

還記得嗎？第 9 章的實證結果證明，貝他值和報酬之間並沒有明顯的關聯性，高貝他值股票不能創造資本資產定價模型所假設的較高報酬。不過，由於低貝他值股票的波動性比較低，投資人可以藉由持有低貝他值的投資組合來改善夏普比率。因此，低波動性可以視為改善投資人「風險與報酬的取捨」的另一項因子。

投資人可以利用這個事實來追求各種貝他值的套利交易投

資組合策略。舉例來說，利用貝他值 0.5（價格波動是整體市場波動的一半）的低貝他值投資組合，創造出和貝他值 1 的市場相同的報酬。假設市場報酬是 10%，只要融資買進低貝他值的投資組合，等於每 1 美元的市值只花 0.5 美元買進，投資人可以把貝他值變為兩倍，報酬也會變為兩倍。稍後我們將在本章的討論見到，這類技術正是所謂「風險平價」投資法的基礎。

5. 其他因子

很多人曾提出其他因子來「解釋」過去的股票報酬表現。其中最常使用的衡量數據就是企業的「獲利能力」與「體質」。

潛在問題

這個策略運用在實際投資上真的有效嗎？上述四項因子包括價值、規模、動能與低貝他值，的確在過往經驗中創造良好的風險調整後報酬。不過，在實務上，投資人卻可能無法掌握看似唾手可得的額外風險溢酬。

切記，研究人員經過計算得出的實際風險與報酬的結果，大多都假設投資組合作多一項因子，並放空另一項因子，例如作多價值型標的，放空成長型標的。但是，在實務上，這種策略可能牽涉到非常可觀的交易成本，導致難以落實。為了放空而借用股票的成本可能非常高昂，而且可以借用的股票數量也可能有限。如果因子投資的報酬不是來自承擔風險，而是源於

行為失誤，那麼這些報酬可能被套利行為消耗殆盡。尤其，隨著愈來愈多資金流向 Smart Beta 產品，這種情況會變得愈來愈明顯。事實上，隨著因子投資愈來愈廣為人知，這些因子的風險溢酬數字便跟著降低。

如果想要購買聚焦於上述四項因子的投資組合，市場上都有基金或 ETF 可供選擇。先鋒集團發起的 VVIAX ETF 正是一檔代表性的「價值型」基金，追蹤的是 CRSP 美國大型價值股指數，主要由美國的大型價值型股票組成，是一檔廣泛分散投資的指數。先鋒的 VSMAX ETF 則是追蹤小型企業（小型股）指數的績效。還有一些 ETF 的投資組合偏重比大盤強勢的股票。例如，AQR 投資公司發起的 AMOMX 基金，就納入被判定具有正向動能的大型與中型企業股票。另外，有一檔代號為 SPLV 的單一因子 ETF，則是專門投資低波動性的股票。

表 11-1 中，我們可以比較四檔單一因子 ETF 和相似的單純指數型基金的表現。我們採用先鋒集團的整體股市指數型基金（代號 VTSAX）來進行對照。結果如表中所示，單一因子基金創造的報酬，大致上只和整體指數型基金相當，甚至比較差。在這十年間，動能股的表現略優於大盤，但是價值股、小型股與低波動股的表現則不如大盤。所有的單一因子基金都曾經出現長期績效落後的情形，而且風險調整後報酬也沒有改善。從結果看來，以單一因子基金打造的 Smart Beta 投資組合實在算不上是更好的投資方式。

表 11-1　單一因子基金評估（截至 2022 年的十年數據）

因子／基金	超額報酬 vs. 整體股市指數 VTSAX	超額夏普比率 vs. 整體股市指數 VTSAX
價值 先鋒 VVIAX	−2.55	−0.15
規模 先鋒 VSMAX	−2.13	−0.30
動能 AQR AMOMX	0.23	0.02
低波動性 PowerShares 500 SPLV	−3.48	−0.08

混合因子策略

　　到目前為止，我們討論過在建構投資組合時，採用側重或偏好價值、規模或動能等單一因子的策略是否比較明智。接下來，我們可以進一步檢視混合策略，也就是同時側重或偏好不同因子，確認它是否可能創造更一致的成果。說不定藉由投資不同因子來分散風險，有助於提高報酬或降低特定報酬水準的風險程度。如果各項因子之間的相關性很低，利用因子來分散風險應該有幫助。當某些因子之間呈現負相關時，我們甚至應該預期混合策略可以帶來更高的風險調整後報酬。

　　事實上，這些因子之間的相關性的確很低，或是呈現負相關。像是動能因子和市場貝他值、價值、規模因子都呈現負相

關。所以,照理來說,我們應該能夠利用混合因子策略來掌握
潛在的分散風險利益,從而改善投資成果。舉例來說,當側重
價值的策略行不通時,動能相關的曝險部位將有助於提高報
酬。表 11-2 列出 1964 ～ 2020 年間,各項因子之間經過測量
而得到的相關性數字:

表 11-2　1964 ～ 2020 年間各項因子之間的相關性

因子	市場貝他值	規模	價值	動能
市場貝他值	1.00	0.26	− 0.27	− 0.19
規模	0.26	1.00	−0.02	− 0.12
價值	− 0.27	−0.02	1.00	− 0.16
動能	− 0.19	− 0.12	− 0.16	1.00

資料來源:安德魯‧柏爾金(Andrew L. Berkin)與賴瑞‧斯維德羅(Larry E.
Swedroe),《因子投資:聰明投資者長期操作的金融理論》(*Your Complete Guide
to Factor-Based Investing*);更新數據由斯維德羅提供。

在安德魯‧柏爾金與賴瑞‧斯維德羅合著的因子投資相關
卓越著作中,他們結合不同因子的策略來模擬投資組合的成
果。表 11-3 中顯示的混合投資組合(因子投資組合),是將資
金平均配置(各投入 25％)到四項因子中:市場貝他值、規模、
價值與動能。我們注意到,這個混合投資組合的不穩定性(即
報酬的標準差)大幅降低,夏普比率則是明顯較高。就算可以
透過加入「獲利能力」與「體質」的因子來獲得更高的夏普比
率,但代價是報酬會變得比較低。

表 11-3　斯維德羅與柏爾金模擬投資組合的報酬與風險

取自 1927 ～ 2020 年間的資料

	平均報酬率（％）	標準差（％）	夏普比率
市場貝他值	8.7	20.3	0.43
規模	3.1	13.6	0.23
價值	4.0	15.3	0.26
動能	9.1	15.6	0.59
因子投資組合	6.4	8.7	0.71

　　當然，這些模擬成果並沒有將管理費或交易成本列入考慮。此外，個別的規模、價值與動能因子投資組合都包含多空操作，[*]而且前提是執行放空交易時不會遭遇任何困難。所以，問題還是在於，實務執行面上是否真的能夠實現表 11-3 投資組合模擬成果的績效。此外，雖然多因子策略的長期表現向來不差，但耐人尋味的是，如果從截至 2022 年為止的近十年表現看來，「規模」、「價值」與「低波動」因子都沒能得到正向的績效報酬。

---

* 作者注：舉例來說，規模因子的投資組合中，包含最小型股票的多頭部位與最大型股票的空頭部位。

實務上的混合基金
空間基金管理顧問公司（DFA）

空間管理顧問公司（Dimensional Fund Advisors）是在 1980 年代初期成立，主要業務是為投資人提供投資工具，可以將混合因子策略應用到實際投資組合。這些投資組合的設計以法瑪與法蘭奇的三因子模型為依據，採用其中的規模因子與價值因子，並輔以側重「近期價格動能強勁」與「強勁獲利能力成長」因子的策略。2021 年開年時，空間基金管理顧問公司管理的資產超過 6,500 億美元。

在投資人接觸得到的基金當中，空間基金管理顧問公司的基金績效一向比其他很多 Smart Beta 基金好一點，而且基金成本通常比較低，金額僅略高於整體市值加權型 ETF 的費用率。空間基金管理顧問公司旗下的各檔基金，全部都有相對應的共同基金與交易所買賣產品，此外也可以透過投資顧問購買。公司也相當明確表示，這些產品能夠得到的任何額外報酬，都是反映著額外增加的風險。此外，和其他所有 Smart Beta 基金一樣，空間基金管理顧問公司的基金也曾出現績效落後的時期，特別是在截至 2022 年的近十年間，價值股的報酬嚴重落後於成長股。

瑞聯資產管理公司基本面指數 ™（RAFI）

Smart Beta 投資的另一個早期支持者是瑞聯資產管理公司（Research Affiliates），2021 年管理的資金超過 1,500 億美元。瑞聯資產管理公司創辦人羅伯・亞爾諾（Robert Arnott）主張，持有股本加權型（即根據每一間企業的市值來配置權重）型投資組合的人，永遠都持有比例過高的超漲成長型股票。為了規避這個「沒效率」的問題，他根據每一檔股票的盈餘、資產等經濟足跡（economic footprint）來調整投資組合的權重，並稱這個做法為「基本面指數投資」（Fundamental Indexing）。當然，這樣的權重配置方法使瑞聯資產管理公司的基金各項投資組合偏重價值與小規模，也使這些投資組合和其他多因子 Smart Beta 基金更加相似。

瑞聯資產管理公司曾經在 2009 年展現優異成果，當時銀行股的股價遠遠低於資產價值，而瑞聯資產管理公司也就顯著加重這些銀行股的部位。然而，這種策略的風險極高，因為當時並無法判斷這些問題銀行是否會被收歸國有。而在價值股表現不佳的時候，瑞聯資產管理公司的投資組合表現也會顯得疲弱。

高盛積極貝他值 ETF

高盛在 2015 年推出 Smart Beta 基金，這一檔 ETF 的交易代號是 GSLC，並且是以四項因子為基礎：價值低估、強勁的動能、體質優良與低波動性。這檔基金的費用率僅 9 個基本

點，也就是 0.09％，是所有 Smart Beta 產品中最低，也很接近
整體股市指數型基金的最低費用率。

均等權重投資組合

以均等權重（equal-weighted）投資一檔指數的所有成分
股，而不是根據成分股的股本來配置權重，這種策略也可以取
得和某些多因子模型類似的成果。因此，均等權重的策略會使
小型企業與價值型股票的權重雙雙提高，但是市值高而最受青
睞的大型成長股權重就會降低。Invesco 標普 500 等權重 ETF
（Invesco S&P 500 Equal Weight ETF，交易代號 RSP）平均投
資標準普爾 500 指數的每一檔成分股，因此配置到每一檔成分
股的權重是 1/500。和股本加權型投資組合相比，均等權重投
資組合的分散投資特性與風險特質完全不同，節稅效率也沒那
麼好。這是因為，為了維持均等權重而進行再平衡時，必須賣
出上漲最多的股票，以降低這類股票在投資組合裡的權重。

由多因子基金的長期紀錄來看，這些基金未來似乎頗有前
途。因為這些基金能受惠於不同因子之間的低相關性或負相關
性，有些還能持續提供緩慢增加的報酬，而且夏普比率和整體
股票市場指數的夏普比率非常接近。然而，矛盾的是，這些基
金在截至 2022 年為止的十年間，績效甚至比單一因子基金還
要差。而且，多因子基金的節稅效率也不太好，因為在執行這
項策略時必須進行再平衡，自然會產生應稅的資本利得。

表 11-4 多因子基金評估（截至 2022 年為止的十年數據）

基金	超額報酬 vs. 整體股市指數 VTSAX	超額夏普比率 vs. 整體股市指數 VTSAX
DFA 大型價值型股票基金 DFUVX	−2.53	−0.29
DFA 小型價值型股票基金 DFSTX	−3.75	−0.48
PowerShares RAFI PRF	−1.86	−0.15
Invesco 等權重 ETF RSP	−1.01	−0.14
高盛積極貝他值 ETF GSLC	−0.19	−0.07

給投資人的教訓

Smart Beta 策略仰賴某種型態的主動式管理。不過，這些策略並不會試圖選擇個股，而是在配置投資組合時，設法側重過去似乎有能力創造優於市場報酬的各種不同特質。側重這些因子的 Smart Beta 投資組合的費用率，經常遠低於傳統主動式基金公司的費用率，對這些因子投資組合非常有利。

但是，一般來說，Smart Beta 基金與 ETF 的紀錄都參差不齊。多因子 ETF 在過去十年間並沒有創造出超額報酬。此外，比起不需要進行再平衡的股本加權型基金，這些基金的節

稅效率更差。

　　而且，儘管多因子基金在某些時期獲得超額報酬或有利的夏普比率，我們都必須解讀為這是承擔各種風險而獲得的報酬。因此，Smart Beta 投資組合對投資人來說，可能並不是更複雜或更優質的獲利戰術。我們反而必須對這些投資組合的風險提高警覺，不要把自己困在較高風險的獲利戰術當中。

　　Smart Beta 投資組合是被大量行銷炒作的主題，而 Smart Beta 策略在未來能否成為聰明投資法，關鍵取決於執行這項策略時的市場評價。在美國走出網際網路泡沫陰影之際，「價值」因子策略的績效異常優秀，這是因為泡沫導致科技成長股的評價攀升，並且遠高於多數價值股。但是截至 2022 年的十年之間，價值因子與規模因子的績效都很差。所以投資人必須了解，當某項因子的股票價格開始偏高，也就是當 Smart Beta 基金變得愈來愈普及的時候，投資那些股票所獲得的成果就很可能會令人大失所望。在 2020 年代的前十年間，則輪到成長因子變得非常熱門。

　　許多聲名大噪的策略經常在績效成果公諸於世後失效，尤其是仰賴訂價誤謬而非風險補貼來獲取報酬的那類策略。如果你真的想冒險賭某些風險因子未來將產生較高的風險調整後報酬，那麼，最穩健的做法就是將股本加權的廣基型指數型基金列為投資組合的核心。

風險平價

瑞‧達利歐（Ray Dalio）與眾不同，他既是億萬富翁，也是世界上的暢銷書作家之一。他還在橋水聯合公司（Bridge-water Associates）管理好幾檔世界最大的避險基金，甚至開發出一檔極度成功的風險平價基金「全天候基金」（All Weather Fund）。他在《原則》（*Principles*）中說明他用來領導公司的200 多項原則。

《原則》能不能作為引導世人邁向成功之路的典範，目前仍不得而知。但不可否認的是，投資策略必須「以證據為基礎」，並且通過嚴格的辯論。不過，達利歐在橋水公司打造的工作環境一向被形容成是「有毒」的環境。

達利歐堅持，為了引導員工改進績效，必須持續不斷評估員工是否「徹底誠實」，而不是以和藹慈愛的方式帶領他們前進。橋水公司每天都會收集有關組織個別員工效率的觀察資料，他們稱為點數（dots）。公司每一場會議都會錄音，員工被迫在眾目睽睽之下接受公開批判，而且每個人都有一張詳細列滿自己弱點的棒球卡張貼在公司的網路上，每一個人都可以察看。針對不合格的員工進行公開批判就稱為「斬首示眾」。員工被告知必須學習土狼集體獵殺幼獸的殘暴方式，並且用相同的方式對待彼此。難怪有三分之一的橋水公司員工在進公司後的幾年內就選擇離開。曾經有員工向康乃狄克州人權委員會（Connecticut Commission on Human Rights）投訴，他說橋水公

司猶如「恐懼與脅迫的熱鍋」。

　　不過，不可否認，這個組織的確成功累積資產，也有些人相當欣賞這種不妥協的強硬文化，例如知名美國聯邦調查局局長、橋水公司前員工詹姆斯・柯米（James Comey）。柯米說：「我這一生在很多不同場所經歷被『拷問』的奇異經驗。我曾經在法院作證、多次向美國總統做簡報、在美國最高法院的法庭中答辯，也曾經在橋水公司被拷問。截至目前為止，橋水公司是最硬的一仗。」柯米還說如果要評判達利歐，最能貼切形容他的一句話是：「他是一個聰明的混蛋。」

　　橋水公司最大的一項商業成就在於開發「風險平價」投資方法。這套方法奠基於「一切講求證據」的原則：相對安全的資產所提供的報酬通常比較高，而且高過它的風險水準應該提供的報酬；相較之下，相對高風險的資產價格卻有可能會超漲，導致報酬低於它的風險水準應該提供的報酬。因此，投資人可藉由槓桿操作，借錢投資低風險資產來改善投資成果，並且同步提高風險與報酬。

風險平價方法

　　投資人只要利用兩種方法，便可望提高投資組合報酬與風險。其中一種方法是加重投資組合對較高風險資產的權重，例如增加普通股比例；第二種方法是建立廣泛多元分散的投資組合，但必須側重在報酬適中、期望波動性相對較低而且相對安

全資產。接著,透過槓桿來提高這種較安全資產的風險與報酬,並且在負擔每單位的風險時,帶來更好的期望報酬。當然,槓桿操作會製造一組額外的獨特風險,因為一旦碰上重創金融市場的暫時性風暴,使用槓桿的投資人比較沒有能力安然度過。不過,對於有能力承受槓桿衍生的額外風險的投資人而言,風險平價投資組合提供的超值機會可能很誘人,值得納入整體投資組合。

　　有非常多的證據顯示,散戶經常用過高的代價投入不太可能獲勝、不過一旦成功就能得到巨額潛在回報的賭注。想像一下你目前身處一座賽馬場。如果你單純下注在每一匹馬身上,絕對可以掌握勝利的彩票,因為終究會有一匹馬在競賽中勝出。不過,領取彩金後,你會發現自己虧損大約 20％的賭金,因為賽馬場會先扣除 20％的總彩金後才開始派彩。畢竟他們得繳稅、支付各種費用,還要圖一點利潤。

　　每一場賽馬都會有一些冷門的低勝算(long shot)馬,也就是被視為最不可能跑贏、因此潛在報酬最大的馬。假設回報金額非常高,高到吸引你每一場比賽都押注低勝算的馬勝出。那麼,長久下來,你雖然偶爾會贏錢,但是整體來說,還是會虧掉大約 40％的賭金。然而,如果你每一場比賽都押注最熱門的馬匹,那麼,你將有三分之一的時間會贏錢。儘管如此,長期下來你還是會虧本,但大約只會虧掉賭金的 5％。雖然世界上沒有能在賽馬場上贏錢的方法,但是持續不斷押注熱門的

馬，至少比持續不斷押注低勝算的馬還要好一點。大致上來說，投注賠率可以相當準確的預測到比賽結果，不過一般人還是在低勝算的馬上押注過多，期待可以贏一筆大錢，反而對熱門馬的押注不足。

　　在資產類別的世界裡也有分熱門馬與冷門低勝算的馬。股市和賽馬場的報酬機制非常驚人的相似，因為投資人為了取得高風險、但潛在報酬異常高的資產，也會有支付過高價格的傾向。而且非常安全的股票所提供的報酬，似乎比這些資產的風險相對應的報酬還要高。

　　在第 9 章中，我們檢視法瑪與法蘭奇的原始研究，研究顯示，高貝他值的股票（對於股價普遍下跌反應最敏感的股票）為投資人創造的報酬並沒有比相較穩定的股票多。這些發現成為風險平價策略的一項基礎。如果報酬和貝他值關係不顯著的狀況和歷史紀錄的狀況一樣，最適當的做法就是融資買進低貝他值資產，將投資組合的風險與報酬水準提高到投資人想要的水準。只要採用足夠的槓桿，就有可能將投資組合的貝他值提高到和市場投資組合貝他值一樣的水準，並賺得比市場報酬率更高的報酬。

風險平價法也可以用來投資安全的債券

　　低風險資產似乎可以創造比風險水準更高的報酬率，這項發現不只在股票市場裡明顯可見，很多不同資產類別也存在這

樣的現象。債券的波動性大約只有股票的一半，也就是說債券報酬的波動性大約比股票報酬的波動性低 50％；股票的報酬率標準差為 2％，債券則不到 1％。不過，截至 2022 年為止的 90 多年間，公司債的平均報酬率是 5.9％，相較之下，股票的平均報酬率則是 10.3％。

　　風險平價法接受這種顯而易見的實證規律性，並試圖利用這些規律性獲取利益。做法是融資購買債券來增加報酬，並將風險水準提高到和普通股投資組合相等的狀態，範例見表 11-5。表格中列出投資人在 2007 ～ 2016 年期間，以 50％融資購買債券的成果。結果顯示，投資人的報酬將因為風險倍增而獲得加倍的報酬。*

風險平價與傳統的 60 ／ 40 投資組合

　　第 8 章投資組合理論相關討論中說明的方法，也成為支持風險平價的一項另類論述。很多法人的投資組合與平衡型基金中，都包含 60％的股票與 40％的債券，或是採用 60 ／ 40 原則作為替代性的績效衡量指標。然而，風險平價或許可以提供

---

* 作者注：如果要精確計算，就必須納入槓桿部位的融資成本，例如以零風險利率貸款的成本。如果融資買進是以零風險利率的貸款來支應，採用槓桿投資債券的報酬就會降到 9.9％。不過，即使投資人的貸款利率略高於短期零風險利率，同樣能夠獲得相同的好處。投資人也可以利用衍生性金融商品市場來建立心目中的槓桿。透過衍生性金融商品進行借貸的固定成本，通常比現金融資利率還要低。

表 11-5　2007 ～ 2016 年股票與債券的風險平價報酬率實例

	平均年度報酬（％）	標準差（％）
標準普爾 500 指數	8.6	2.0
十年期美國國庫券	5.1	0.8
採用槓桿進行的債券投資（50%融資）*	10.2	1.6

＊假設貸款零成本，每投資 100 美元就有 50 美元來自貸款。

比 60 ／ 40 投資組合更好的「風險與報酬的取捨」。

　　表面上看起來，60 ／ 40 投資組合似乎經過精心設計，而且非常穩健，可以保護投資人免於受到不可避免的股市大跌走勢傷害。但是，實際上，這些投資組合大約 90％的波動性都來自投資股票的 60％部位。此外，在充滿危機的 2008 年，60 ／ 40 投資組合的市場價值還是下跌超過 25％。因此，我們可以輕易證明，60 ／ 40 投資組合可能不是最適當的投資組合。

　　如果將所有股票與債券的投資組合以及各種替代投資組合用圓點表示，再把它們產生的風險報酬特性畫成軌跡，也就是機會軌跡（opportunity locus），就會得到圖 11-3 的結果。最低風險的投資組合是由 100％的債券組成，因為債券的標準差低於股票。在這個投資組合中加入某些股票後，就可以獲得比較高的報酬率，因為根據歷史數據，股票的報酬一向高於債券的報酬。因此，當股票與債券組成投資組合，報酬的標準差可能會降低，因為債券和股票的相關性通常偏低，有時甚至呈現負

圖 11-3　風險平價 vs. 60 ／ 40 投資組合

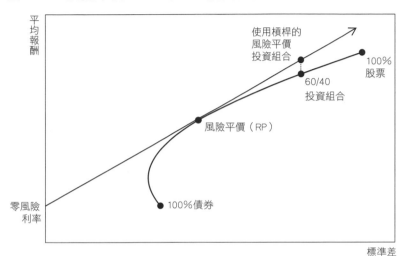

相關。然而，隨著投資組合漸漸朝 100％股票邁進，風險便會
增加，因為股票報酬的標準差超過債券報酬的標準差。

　　在彎曲的軌跡上出現的兩個額外圓點特別有意思。請注
意，包含 60％股票與 40％債券的投資組合落在軌跡上接近
100％股票投資組合的那一端。另外，請觀察從零風險利率向
上延伸並且和機會軌跡相切的線段。位於切點的投資組合我們
稱為股票與債券的風險平價投資組合（以下簡稱為 RP 投資組
合）。* 如果投資人以零風險利率融資買進 RP 投資組合，便能

---

* 作者注：請注意，RP點左方都代表投資在零風險利率標的與RP投資組合的混
　合投資組合。

沿著直線移動到 RP 點右側。這條切線上所有投資組合選項的
風險與報酬取捨，都和曲線軌跡上所有投資組合一樣好或是更
好。尤其是採用槓桿的 RP 投資組合，明顯勝過 60 ／ 40 投資
組合；它的風險和 60 ／ 40 投資組合相當，但是提供的報酬比
較高。

橋水的全天候基金

　　截至目前為止，我們只使用兩種資產類別（股票與債券）
來說明風險平價投資組合。但在實務上，風險平價投資組合會
包含更多不同的資產類別。例如，透過不動產投資信託
（REITs）指數型基金投資不動產，或是買進原物料商品基金與
抗通膨國庫券（Treasury Inflation-Protected Security，縮寫為
TIPS）；低風險的資產則可以融資買進。只要加入的資產類別
相關性比較低，或是至少相關性不高，投資組合的波動性就能
受惠於投資組合效應而降低。此外，不同資產類別會因為不同
經濟情勢產生不同的反應，所以橋水公司將它的風險平價產品
命名為全天候基金。

　　請注意，這套方法不是以主動式的投資組合管理為基礎，
投資組合中各個組成要素皆可以被指數化，或是以被動的方式
管理。不過，這套方法絕對不是根據經理人對買賣時機的直
覺，來調整各項資產類別的投資比重。此外，即使外界認為，
比起衡量整體投資組合的波動性，其他風險衡量指標（例如下

跌敏感度）更適合作為衡量風險的指標，風險平價法一樣有
效。只要調整資產配置，讓投資組合中所有組成要素貢獻相等
的風險即可。

潛在問題

　　風險平價法在 2008 年金融危機期間獲得很多人的青睞，
因為在當時，比起配置大量大型股的傳統權重型投資組合，風
險平價投資組合的績效更優越。不同風險平價方法會採用不同
的權重配置和不同的資產，但是所有投資組合中債券的權重，
通常都比標準投資組合還要高。不過，風險平價不單純是採用
槓桿加重投資債券的做法，所以我們還是必須謹慎考量可能涉
及的風險。

　　從 1980 年代初期至 2020 年代，債券創造優異的風險調整
後報酬。於是風險平價投資人得以透過槓桿買進債券，取得優
於普通股的淨報酬。不過，1980 年代初期時，美國國庫券的
殖利率高達兩位數。但是到了 2020 年，十年期國庫券的殖利
率卻掉到 1％以下。尤其，如果殖利率回升到相對正常的水
準，債券價格便會下跌，讓報酬率進一步降低。根據許多經濟
預測家的看法，整體經濟環境將維持利率低檔的狀態，如此一
來，債券不太可能再次創下類似 1982 ～ 2020 年間那麼高的報
酬率。

　　此外，槓桿操作對投資人來說可能是很危險的工具。沒有

採用槓桿操作的投資人可以在債券跌價時繼續持有，耐心等待
債券到期並期望價格回到面額。但是，採用槓桿操作的投資人
可能被迫在價格大跌期間出清手上部位，並且因此不得不將暫
時的虧損轉為永久的虧損。所以，雖然在正常的環境下，債券
報酬的波動性很低，但我們不能排除債券報酬波動性突然大幅
上升，並呈現顯著負偏態分布（negative skew）的可能性。

　　風險平價投資組合中的其他資產類別，也可能無法創造足
夠的風險溢酬，而且，某些資產類別和經濟情勢的相關性，也
可能隨著時間而變得和過去不一樣。表 11-6 顯示，橋水全天候
基金（12%策略）的實際過去績效，可以看到報酬並未超越先
鋒平衡型指數型基金（Vanguard Balanced Index Fund），夏普比
率也低得多。根據這項最早的風險平價投資組合產品最近的實
際績效而言，會發現它並未達到風險平價投資理論上的承諾。

　　風險平價投資組合不會是所有經濟環境下的最佳選擇。儘
管如此，投資人還是可以將槓桿列為一項投資工具。我個人認
為，不該小看風險平價，認為它是單純以槓桿投資固定收益證

表 11-6　1996 年 6 月～ 2021 年 12 月的已實現報酬與風險

	橋水全天候 12%策略	先鋒 500 指數旗艦	先鋒整體股票 市場指數旗艦	先鋒平衡型 指數旗艦
年化報酬率	6.73	11.14	11.14	8.69
標準差	11.00	15.11	15.62	9.45
夏普比率	0.52	0.71	0.69	0.83

券的方法，而是應該把它視為在某些情境下適合的投資策略，可以讓投資人持有廣泛多元分散的投資組合（包含外國的證券），並且藉由槓桿操作提高整體投資組合的報酬與風險。

想在投資組合裡納入較高報酬資產的高淨值投資人，以及有能力承受槓桿風險的投資人，或許可以考慮在其他資產項目加入風險平價投資組合。與其將投資組合集中到比較高報酬的投資標的，不如以槓桿操作來提升報酬，因為這樣做的成效可能比較好。

ESG 投資

在 2020 年代早期，ESG 投資成為最受歡迎的主動式管理形式。這種投資方法明確要求資產管理人考量企業對環境和社會的影響，還要注意企業的領導階層與董事會是否遵循最佳治理實務。擁護 ESG 投資的一部分支持者相信，在配置投資組合的時候納入道德考量，不但有利於社會，更能提升投資報酬。ESG 投資的信條就是：「你能夠靠著做好事而得到好報」（You can do well by doing good.）；常有人說這句話是出自班傑明・富蘭克林（Benjamin Franklin）。以貝萊德（BlackRock）為例，這是全球最大的資產管理公司，在 2021 年手中管理的資產總值將近 10 兆美元，這間公司就明確表示「永續投資」能夠提升投資報酬。彭博資訊（Bloomberg Intelligence）也預

計，到了 2025 年，ESG 相關基金的管理規模將會超過 50 兆美元（占預估總投資比重超過三分之一）。

雖然這場運動背後肯定立意良善，但在實務上，那些被納入 ESG 投資組合的企業究竟是否真的產生眾所期待的社會影響，實在太難判斷。為了滿足眾人的需求，評分機構針對上市公司提出綜合 ESG 評分。這些評分機構包括 Sustainalytics 等 ESG 專業評分企業，也有像是 MSCI 這樣的大型指數供應商，而且這些機構愈來愈能左右資本的分配流向。然而，不同的評分機構給出的分數，可能會出現極大的落差。麻省理工學院（Massachusetts Institute of Technology）的一項研究發現，評分機構之間的平均相關性只有 0.61，某些機構之間的相關性甚至低到只有 0.42。作為比較，標準普爾和穆迪評等公司（Moody's）提出的信評分數當中，有些數據的相關性甚至高達 0.99。

甚至即使是同性質的項目（例如碳排強度），某些 ESG 評分機構之間也無法達成共識。像是在電力產業中，卓越能源公司（Xcel Energy）的碳足跡可說是數一數二。這間公司大量使用煤炭發電，因此在部分評分機構的排名極低。然而，卓越能源也是美國第一間承諾將在 2050 年達到零碳排的公用事業公司，並且還在風力發電設施的建設上名列前茅。所以，我們究竟應該看卓越能源的碳足跡來決定拒絕投資，還是要看卓越能源的責任投資（responsible investment）到頭來將能減少碳排

放，所以決定踴躍投資？

　　也有一些公司的主要考量因素不在於碳排放，但 ESG 評分同樣出現顯著的差異。例如，蘋果公司（Apple）在路孚特評分機構（Refinitiv）滿分 100 的評分裡得到 73 分的高分；標準普爾全球（S&P Global）的滿分一樣是 100 分，但他們給蘋果的分數只有 23 分，在 22 間同類企業組成的類別當中這成績簡直是墊底。而且就算在同樣屬於 ESG 元素的「治理」項目，蘋果得到的分數也是天差地別。在 Sustainalytics 看來，蘋果的管理階層可以說是最佳治理的模範生，然而 MSCI 給蘋果的治理評分打出同類產業裡倒數第二的分數。

　　在考慮是否將某間企業納入或踢出 ESG 投資組合的時候，如果是以「碳足跡」與「治理」作為主要考量，會挑出怎樣的企業？縱觀規模最大的幾檔 ESG 共同基金與 ETF 當中的主要成分股，我們發現Google母公司字母公司、Meta 平台(臉書)、Visa、MasterCard 都占據頗高的比重。但這些公司的爭議可不少；想要投資 ESG 的人，如果發現自己投資的企業會侵犯個人隱私、強徵超高利率，真的覺得這些公司符合社會良知嗎？

　　ESG 投資大行其道，也讓許多企業開始「漂綠」（greenwashing），就算自己幾乎沒有、甚至根本沒有帶來任何環境效益，也會標榜自己有多麼友善生態。例如某航空公司，就聲稱自家公司的跨大陸航線平均碳排量低於競爭對手，但事實根本

正好相反。他們玩的把戲是以「每位乘客的碳排量」作為測量標準，而他們提出的數字之所以漂亮，是因為用了比較大台的飛機，還用更小的座位以便塞進更多乘客。除此之外，還有某些類似說法之荒謬，就好像在說只要把溫度的單位從華氏改為攝氏，就不會有全球暖化了！

　　許多 ESG 基金的經理人會聲稱，這種投資不但負起社會責任，還能帶來更高的報酬。在某些特定時期，某些具有特定 ESG 使命的基金確實表現出色。像是在 2020 年，由於新冠疫情全球大流行，石油價格暴跌、科技股飆漲，於是排除石油股的基金表現就相當亮眼。然而到了 2021 年，石油股卻又變成績效數一數二的優秀標的。目前還沒有任何可靠的研究，可以指出 ESG 投資能夠持續提供過人的長期報酬。像這樣的基金，多元分散的程度不如廣基型的指數型基金，風險也就可能更高。而且，這類基金的費用率也較高，而這往往就會拉低投資報酬。如果某檔 ESG 基金的經理人說這項投資能提高你的報酬，很有可能最後真正提高的只有他們收進口袋的費用。

　　目前最全面的 ESG 投資報酬調查，是由山姆・亞當斯（Sam Adams）與賴瑞・斯維德羅所提出。他們發現，雖然不同的研究會有截然不同的結論，卻沒有任何明確的證據，可以證明永續投資能提升長期基金績效。他們指出，目前實證上不同的結果，可以用短期和長期報酬的差異來解釋。由於市場上對於「符合 ESG 法規要求」的投資標的需求增加，也就可能

推動股價上漲，也提升永續性基金的報酬。但是接下來，那些所謂的「綠色」股票在售出時，也就得面對更高的估值乘數（valuation multiple）、更低的長期必要報酬率（required rate of return）。於是，所有短期的利益都必須付出長期績效的代價。想要進行永續投資的投資人，應該要有合理的預期，包括願意接受比較低的長期報酬。

　　當社會開始強調 ESG 的時候，對於企業的行為可能會有影響。要是 ESG 企業的股價會提升、資金成本會降低，就會有動力提升 ESG 評分。因此，要是社會注重永續投資，就可能讓企業的作為更正面積極。投資人對 ESG 的關注，也能鼓勵企業採取對社會有正面影響的行動，像是減少排放溫室氣體。然而，目前並沒有清楚的證據顯示，針對違反永續性的企業所採取的行動，像是撤資等，會影響到企業募資的能力。如果以為只要增加對永續性企業的投資，就足以讓國家達成相關的環境目標，也會導向錯誤的結論。想要降低某個經濟體的碳排強度，最有效的方法就是從造成汙染的經濟動機下手。有一種方法是徵收碳稅（carbon taxation），另一種方法則是由政府拍賣限量、可交易的汙染排放權證（pollution permit）。企業只要減少排放，就能省下購買汙染排放權證的成本；而如果企業的汙染防治成本特別高，也能透過購買權證的方式來應對。有些人會質疑，難道政府出售汙染排放權證就是符合道德的做法嗎？但我這裡有一個很好的答案：至少這比直接放棄這些權利

來得好。

　　顯然，許多投資人強烈希望確保投入的資金符合自己的道德原則。他們之所以投資，除了想達成財務目標，也希望能夠有情感上的好處，讓投資策略不要牴觸自己的社會價值。要是能讓自己投資的公司既對社會有益，又能把自己的荷包賺滿滿，可就太好了！然而，那些廣基型投資產品雖然號稱既能幫你賺錢、還能拯救世界，他們說到卻沒有做到。目前，管理資產規模最大的 ESG 指數股票型基金有四檔，代碼分別是 ESGU、USSG、SUSL 與 DSI。其中只有 DSI 已經繳出長期績效紀錄。在截至 2022 年為止的十年期間，DSI 的表現並不如廣基型的指數基金 VTSAX。而且，就連這些基金的持股究竟是否具備 ESG 價值，也還非常難說。此外，相較於單純的指數基金，這類基金多元分散的程度比較低、成本又比較高，長期績效很有可能表現不佳。想要靠著做好事而得到好報，結果是可能兩頭落空。

　　所以，如果你還是希望至少有部分投資說到做到、負起社會責任，到底該怎麼做？我還是相信，你的投資組合核心應該是低成本、廣泛多元分散的指數型基金，在這之後，再把部分資金配置到再生能源基金，或是其他符合你所關心的特定議題的基金。但是，購入這些基金的時候，請務必仔細查看其中具體納入哪些成分股，才能確保投資真正符合你的倫理道德目標。這時，做好盡職調查再重要也不過了。此外，也請不要自

欺欺人，不要誤以為綠色投資能帶來優於市場的報酬。想當好
人，可沒那麼容易。

綜合評論

　　投資人當然應該了解建構投資組合的各種新方法。高淨值
投資人可以考慮在整體投資組合中，增加多因子 Smart Beta 產
品或是風險平價投資組合。因子投資有可能增加報酬，但是也
必須付出一點代價，額外承擔和標準整體指數型基金略微不同
的曝險狀況。此外，投資人如果有能力承受槓桿操作固有的額
外風險，也可以考慮在投資組合中增加風險平價投資組合。此
外，所有投資人可能想讓投資組合裡有一檔或多檔專注於「環
境永續」的基金。然而，我只建議在下列兩項條件下才考慮投
資這類產品：一、成本很低；二、投資人可以透過整體投資組
合的其他部分，抵銷這類產品不利於節稅所帶來的影響。至今
我依然認為，每個人的投資組合都應該以廣基型的整體股市指
數型基金為核心。而且投資人必須面對現實，不要對這類基金
的報酬有不切實際的期許，也要清楚了解其中的陷阱。以廣基
型、多元分散的指數投資策略為核心，絕對仍然是無可取代的
做法。當然，如果投資人是為了規劃退休才開始建構股票投資
組合，標準的股本加權指數型基金是適當且必要的優先選擇。

PART 4

惬意漫步華爾街

第 12 章

個人理財的 10 項練習

就金錢投資而言，你想要的利息應該根據你想吃得好還是睡得好而定。

——肯費爾德‧摩里（J. Kenfield Morley）《我的信念》
（*Some Things I Believe*）

第四部是引導你隨機漫步華爾街的實用指南。本章會提供概括的投資建議，應該會對所有投資人有幫助，包括那些不相信證券市場非常有效率的人。在第 13 章，我會解釋股票與債券報酬近期波動的情形，以及如何預測未來。第 14 章則會提供一生的投資指南，說明不同的人生階段會對投資組合配置產生哪些影響，以及如何配置最能滿足你的財務目標。

在最後一章裡，對於多少相信效率市場理論的人，以及相信有「真正的專家」、卻不認為自己可以找到的人，我會提出三種具體的投資策略。如果你夠明智，在投入股市前應該會謹慎規劃，做出詳盡的投資計畫。股價可以隨機漫步，但你可不行。請先記取下列暖身練習的忠告，它們不僅可以幫助你做出

合理的財務決策，還可以增加稅後投資報酬率。

練習1　未雨綢繆

　　大部分的人都認為，知道應該買進哪些絕佳個股或共同基金，正是通往舒適退休生活計畫與豐厚投資組合的門票。可惜，這些門票根本不值得浪費紙張印出來。因為事實很殘酷，推動資產成長最重要的因素是儲蓄，而且是有紀律的儲蓄。如果沒有定期儲蓄計畫，不論你在投資基金上獲利5％、10％甚至15％都不重要。要保障財務安全，唯一重要的就是展開定期儲蓄計畫，並且愈早實施愈好。邁向舒適退休生活唯一可靠的路是緩慢持續的儲蓄，但是幾乎沒有人奉行這項基本原則，而且一般美國家庭的儲蓄率也低得不像樣。

　　現在就開始儲蓄非常重要。每拖延一年，最終的退休目標就愈難達成。你要相信的是時間，而不是時機。如同某間銀行櫥窗上的標語：「積少成多、積沙成塔，但要行動才算數。」

　　穩紮穩打致富的祕密在於複利的奇蹟。愛因斯坦形容複利是「有史以來最偉大的數學發現」。複利的運作方式很簡單，它指的是不只本金要賺利息，還要將這些利息累積起來後繼續再投資。

　　絕佳投資書籍《長線獲利之道》（*Stocks for the Long Run*）作者傑瑞米·西格爾（Jeremy Siegel）曾經計算過許多種金融

資產自 1802 年至 2021 年的報酬，結果顯示出複利不可思議的
威力。1802 年投資在股票上的 1 美元，到 2021 年底會增長到
5,400 萬美元。這個金額遠遠超過以消費者物價指數計算的通
貨膨脹率。圖 12-1 也顯示，美國國庫券與黃金的報酬都遠遠
不及股票。

　　如果你想要一套快速致富的投資策略，這本書並不適合
你。我把機會讓給那些江湖術士，但是你最後可能只會迅速變
成窮光蛋。想要致富，就必須穩紮穩打，而且要立即行動。

圖 12-1　總報酬指數

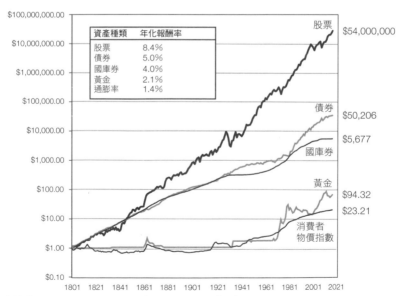

資產種類	年化報酬率
股票	8.4%
債券	5.0%
國庫券	4.0%
黃金	2.1%
通膨率	1.4%

資料來源：傑瑞米・西格爾《長線獲利之道》第六版。

年輕時不儲蓄，如果等到 50 歲才發現沒有積蓄、沒有退休金，還背著龐大的信用卡債務怎麼辦？到了那個時候，想要規劃舒適的退休生活將會變得更加困難。不過，計畫永遠不嫌晚。想要彌補逝去的時間只有一個方法，就是厲行簡約的生活方式，並且立即開始嚴格的儲蓄計畫。此外，你可能別無選擇必須繼續工作，將退休時間往後延幾年。幸好，只要利用下列說明的稅務優勢退休計畫，你會比較容易趕上進度。

所以，請讓時間助你一臂之力，提早開始定期、規律的儲蓄，生活要有節制，不要動用存款。如果需要進一步的紀律，請記住，比死亡更糟的事只有一件，那就是人還健在卻已經花完退休金。此外，如果預測可信，目前的嬰兒潮世代中有大約 100 萬人會活到至少 100 歲。

練習 2　不要被發現你兩手空空：備好現金與保險

記住莫菲定律（Murphy's Law）：可能會出錯的地方就一定會出錯。也別忘記奧圖（O'Toole）對莫菲的評語：莫菲是樂觀主義者。壞事也會發生在好人身上，生活是有風險的事業，每個人一生當中都會發生預期之外的財務需求。鍋爐很容易在家庭面臨龐大的醫療費用時爆炸，例如你可能剛好在兒子把車子撞毀之後失業。而且，誰想得到在新冠肺炎疫情期間就

連「安全」的工作都會消失不見。所以，每個家庭都需要現金
儲備和適當的保險來因應生活中的災厄。

現金

我知道許多理專會告訴你，現金不能放著不用，這樣會錯
失投資的大好機會。資產管理界將「現金如垃圾」奉為圭臬，
但是每個人都需要在身邊保留一些資金，用來支付預期之外的
醫療帳單，或是在失業時作為緩衝。假設你的工作有醫療與失
能保險的保障，那麼這筆儲備金或許可以應付三個月的生活開
銷。隨著年紀愈大，現金儲備金應該準備愈多；但是，如果你
的工作很搶手，或是你有很多可投資資產（investable assets），
儲備金可以準備少一點。此外，為了因應未來的龐大支出（比
方說，女兒的大學學費），你應該利用銀行定存等短期投資，
並且配合需要現款的日期來設定到期日。

保險

大部分的人都需要保險，尤其是有家累的人沒有買保險，
那就太輕忽隨便了。每次我們開車或穿越交通繁忙的馬路時，
其實都冒著生命危險；颱風或火災可能會毀掉我們的家園與財
產；就連讓經濟完全停擺的全球流行病都發生了；人人都需要
防患未然。

對個人而言，房屋與汽車保險絕對必要，健康與失能保險

更是不可或缺。此外人壽保險也不可少，它可以避免家中經濟支柱身故時全家生活不至於陷入困境。如果你單身而且沒有家累，自然不需要壽險。但是，如果你有家庭，又有靠你的收入撫養的年幼小孩，你就確實需要壽險，而且買的額度要足夠。

壽險產品主要有兩大類可以選擇。一種是結合保險與投資帳戶的高保費壽險；另一種是只提供死亡給付、沒有儲蓄功能的低保費定期壽險。

高保費保險的確有一些好處，而且經常被標榜具有節稅優點。保費中屬於儲蓄部分所賺取的獲利不用繳稅，適合已經用盡所有免稅退休計畫的人士。還有，無法規律儲蓄的人會發現，保費帳單可以提供必要的紀律，確保投保人在發生意外事故時可以獲得一定的理賠金為家庭提供保障，而且投資帳戶也有一筆現金價值。但是，這種類型的保單最大的受惠者正是保險業務員，他們推銷保單並藉此收取高額銷售費用。初期的保費大部分流向銷售佣金與其他管理費，不能用來增加保單的現金價值。換句話說，不是所有保費都能為你所用。因此，針對大多數人我會建議你們自行規劃：把錢拿去買定期壽險以防萬一，而剩餘的資金則是投資在個人退休帳戶等免稅計畫。這樣的計畫遠比「終生」或「變額」壽險更好。

我建議購買保證續約的定期壽險，如此一來你可以不斷更新保單也不必重新體檢。你可以考慮「遞減」的定期壽險，這類保單更新時保額會逐次降低，非常適合大多數的家庭，因為

隨著時間流逝，小孩與家庭資源都會成長，需要的保障自然跟著遞減。不過要注意，定期壽險的保費會在被保險人 60 或 70 歲以上時陡然上升，如果那個時候你還需要保險，會發現定期壽險貴到付不起。因為那個時候的主要風險不是你英年早逝，而是你可能會比你的資產更長壽。所以，想要增加資產的話，比較有效的辦法是購買定期壽險，把省下來的錢用來投資。

此外，別忘了貨比三家，尋找最划算的交易。你可以利用電話詢價或是網路查詢，確保可以得到最划算的交易。舉例來說，你可以上網站 https://www.term4sale.com/ 查看各種保險與保費金額，根本不需要找業務員。透過業務員買保險會比較貴，因為保險公司需要提高保費來支付業務員的銷售佣金。自己買保險可以得到更好的價碼。

買保險時，請避開被 A. M. Best 保險評級機構評為 A 以下的保險公司。因為一旦保險公司出現財務危機，而且無法付出保險理賠金時，這類公司的低保費可能沒辦法補償你承受的風險。不要把你的人生賭在一家資本額不足的保險公司上。

你可以到 A. M. Best 的網站 http://www.ambest.com/ 查詢保險評級，保險公司付錢請他們做評鑑。威斯研究公司（Weiss Research）提供更客觀、嚴格的評鑑結果，這是以消費者福祉為考量的公司，可以上官網 https://weissratings.com/ 查詢更多資訊。

遞延變額年金

我會避免購買這種產品，尤其是保險業務員推銷的高價位產品。變額年金本質上是具有保險特質的投資商品（一般是共同基金），保險規定當被保險人身故時，投資基金的價值低於累積保費金額，保險公司會返還已經繳納的所有保費。這些保單非常昂貴，因為要保人必須支付高額銷售佣金與大筆保費。除非被保險人在購買變額年金險之後立即身故，而且連結的共同基金隨股市下跌而重挫，否則這張保單的價值可能會變得非常低。請記住，保障財務安全的首要原則是「簡單至上」。避開複雜的財務產品，也避開一直想要推銷商品、熱心過頭的業務員。只有在一種情況下才應該考慮購買變額年金險，那就是你非常有錢，而且已經用完其他稅金遞延儲蓄替代方案。但是，即使面臨這種情況，你也應該向先鋒集團等低成本業者直接購買年金商品。

練習 3　保持競爭力：
　　　　　讓手邊現金收益可以跟上通膨

前面說過，手邊要保留一些能夠立即變現的資產以因應不時之需，例如子女學費、緊急事件，或是單純為了增加安全感也可以。不過，現在我們陷入兩難，如果把錢存在銀行裡，每年賺 1％的利息，在通貨膨脹率大於 2％的情況下，實質購買

力就會有損失。而且實際情況可能更糟，因為你收到的利息還要課所得稅。況且，從 2010 年代到 2020 年代初期，短期利率異常低落。那麼，小額儲蓄人應該怎麼辦呢？在這個利率過低的狀況下，即使沒有非常好的替代選項，市面上還是有幾種短期投資工具可以提供最好的投資報酬率。

貨幣市場基金

　　貨幣市場基金提供投資人最佳的現金儲備工具，它不僅安全，還可以依照基金帳戶餘額開立大額支票（一般至少可以開 250 美元的支票）。在 21 世紀的最初十年間，這些基金的利率一般介於 1%～5%，而到了 2010 年代與 2020 年代初期，利率多半都很低，基金收益近乎是零。並非所有貨幣市場基金的條件都相同，所以有些基金的費用率（操作與管理基金的費用）比其他基金還要高很多。一般來說，費用較低表示報酬較高，我在本書附錄中列出幾檔低費用的基金可供參考。

銀行定存

　　如果是為了日後已知的支出而預備現金，投資時應該以安全為上，並且配合需要現款的日期來設定到期日。假設你準備的現金要用在一年、兩年與三年後支付兒子的學費，這時，適當的投資計畫是購買一年期、兩年期與三年期的銀行定存各一張。銀行定存甚至比一般提供較高報酬的貨幣市場基金還安

全，而且它是可以將流動資金鎖住至少六個月的絕佳工具。

定存的確有一些缺點，例如不容易轉換成現金，而且中途解約有懲罰條款。此外，定存的利息要繳聯邦稅與地方所得稅。不過，稍後我們要討論的國庫券（短期美國政府公債）可以免除這兩種稅金。

定存利率也可能差異很大，請善用網路尋找最優惠的報酬。例如 https://www.bankrate.com/ 可以找到全美國最高的利率，網站中列出的銀行與信託機構都是美國聯邦存款保險公司（Federal Deposit Insurance Corporation）的要保機構。網站上還提供地址與電話，你可以打去詢問存款是否有保障以及目前的利率有多少。

網路銀行

投資人也可以善用網路金融機構；這些線上機構不設分行或營業員，只以電子方式處理所有業務，藉此降低成本開支。由於經營費用較低，網路銀行可以提供比一般儲蓄帳戶或貨幣市場基金更高的利率，而且和貨幣基金不同的是，網路銀行是聯邦儲蓄保險公司的要保機構，可以保證你的錢絕對安全。想要找到網路銀行，只要進入 Google 搜尋關鍵字「網路銀行」。你在 https://www.bankrate.com/ 上搜尋利率最高的銀行時，應該也會看到許多網路銀行的名字，因為市場上提供最高定存利率的銀行通常是網路銀行。

國庫券

　　國庫券也稱為 T-bill，是目前最安全的財務工具，一般認為它和現金無異。國庫券是由美國政府發行與擔保，到期日可分為四週、三個月、六個月或者一年。最低面額是 1,000 美元，而且以 1,000 美元為單位向上增加。國庫券比貨幣市場基金和銀行定存更有利的是，獲利所得可以免稅，此外，國庫券的利息通常比貨幣市場基金高。如果需要直接購買國庫券，請造訪 www.treasurydirect.gov。

免稅貨幣市場基金

　　如果你很幸運，已經達到最高的聯邦稅率級距，免稅貨幣市場基金就是你儲備資金的最佳工具。這些基金的投資組合包含州政府與地方政府發行的短期投資商品，而且如果投資組合中只有當州機構發行的證券，收入還可以免除聯邦稅與州稅。此外，它也可以開立至少 250 美元的大額支票。免稅基金的利息比不上要課稅的基金，然而達成最高稅率級距的投資人會發現，它的報酬比一般貨幣市場基金的稅後利息更高。此外，大部分共同基金組合也提供精選的免稅基金。如果你住在高所得稅率的州，從稅後獲利的角度來看，這些基金可能會相當吸引人。你應該打電話給本書附錄中列出的共同基金業者，確認他們提供的貨幣市場基金當中，哪一檔只投資你繳稅的州發行的證券。

練習4　學習節稅

網路上流傳一則笑話：

一對同齡的 78 歲老夫婦去找性治療師，醫師問：「我可以幫上什麼忙？」老先生說：「你可以看我們行房嗎？」醫師感到疑惑，但還是答應了。老夫婦完事後，醫師告訴他們：「你們行房的方式沒有什麼問題。」然後收取 50 美元診療費。老夫婦要求預約下一次門診，之後連續數週都是每週上門一次，每一次都是行房、付費然後離開。最後，醫師終於問道：「你們究竟想要找出什麼問題？」老先生回答：「我們沒有要找出任何問題。她是有夫之婦，我們不能上她家，而我是有婦之夫，去我家也不行。在假日飯店住宿要價 93 美元，希爾頓飯店的收費高達 108 美元，但是在這裡辦事只要 50 美元，而且聯邦醫療保險會退還我 43 美元。」

我提起這則笑話，不是建議你設法敲詐政府，而是建議你利用每一個節稅的機會，設法讓你的儲蓄與投資免稅。對大部分人而言，投資在個人退休計畫的所得不必課所得稅。除了超級富翁之外，幾乎所有投資人都可以用百分之百節稅的方式建

立龐大的淨值。在接下來的練習中，我會教你如何合法節稅。

個人退休帳戶

　　先談談最簡單的退休計畫，也就是直接又明確的個人退休帳戶（Individual Retirement Account，縮寫為 IRA）。以 2022 年為例，中等收入者可以從年收入當中提撥 6,000 美元，用來投資共同基金等投資工具，而且完全免稅。（高收入者的初期投資不能免稅，但是仍然可以享有下列所有稅率優勢。）如果你的稅率級距是 28％，提撥這筆錢其實只花你 4,320 美元，因為減稅措施替你省下 1,680 美元的稅金；你可以想成是由政府補貼你的儲蓄帳戶。現在，假設你的投資每年獲利 7％，你繼續每年提撥 6,000 美元到儲蓄帳戶長達 45 年，這些存入個人退休帳戶的錢所產生的利息完全免稅。像這樣透過個人退休帳戶儲蓄的投資人，最後可以獲得超過 180 萬美元，如果不好好利用個人退休帳戶的好處，相同的提撥金額最後只會產生 100 多萬美元的獲利，而且所有的利息每年都會課徵 28％的所得稅。雖然從個人退休帳戶領回資金時必須課 28％的稅（而且如果你已經退休，稅率級距甚至會更低），你最後仍然可以獲得更多資金。圖 12-2 說明，透過提供稅務優惠的帳戶投資，可以帶來極大的優勢。

　　圖 12-2 比較兩個假定帳戶的最終價值，一個是應課稅帳戶，一個是遞延稅金帳戶。在這兩種帳戶中，投資人每年提撥

圖12-2　遞延繳稅 vs. 課稅
每年投資 6,000 美元時，透過個人退休帳戶遞延繳稅的好處

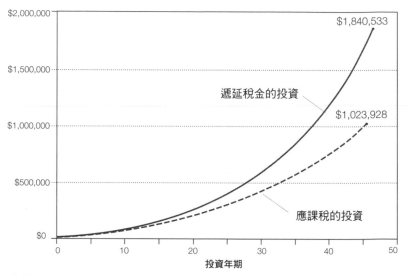

資料來源：改編自約翰・布萊南（Jack J. Brennan）《暢所欲言談投資》（*Straight Talk on Investing*）。

6,000 美元，投資時間長達 45 年，扣除手續費後每年稅前獲利為 7%。

　　很顯然，年輕時疏於及早儲蓄的人，現在必須急起直追，50 歲以上的人至少要提撥 7,000 美元。

羅斯退休帳戶

　　投資人也可以選擇另外一種形式的個人退休帳戶「羅斯退

休帳戶」（Roth IRA）。傳統個人退休帳戶提供的是「今天的好處」，也就是立即的免稅效果，但收入必須夠低才符合條件，而且資金與投資產生的收入一直到提領時才要繳稅。羅斯退休帳戶則是提供「明天的好處」，你不能立即享有免稅優惠，但是提領時連投資獲利都可以免稅。除此之外，你可以用羅斯帳戶利滾利，把個人退休帳戶的錢轉入羅斯退休帳戶，前提是你的所得收入夠低。儘管轉入羅斯帳戶的錢要繳稅，但是之後的投資收入和退休時提領的資金都不用繳稅。此外，羅斯帳戶沒有終身最低提領金額的限制，個人退休帳戶的提領年限是 70 歲 6 個月，但羅斯帳戶使用者不受限制，資金可以繼續保留在帳戶裡。因此，你可以利用這個帳戶，為下一代存下數量可觀的免稅儲蓄。

　　要知道哪一種退休帳戶最適合你、要不要換帳戶，並不是一項簡單的決策。還好，許多金融服務公司提供免費的電腦軟體，幫你分析轉換為羅斯退休帳戶是否比較有利。某些共同基金公司和經紀商也有方便的分析工具可供使用。但是，如果你已經接近退休年齡，所得稅率比較低，自然就不用轉換，特別是轉換有可能提高稅率的時候更要按兵不動。換句話說，如果你離退休還遠，目前的所得稅率低，使用羅斯退休帳戶可能比較有利。如果你的收入過高，存入一般退休帳戶的所得不能免稅，但是符合羅斯退休帳戶的使用條件，毫無疑問，就應該採用羅斯退休帳戶，反正兩種提撥款項都無法幫你避稅。

退休金計畫

雇主提供各種退休金計畫，自雇者也可以為自己設立退休金計畫。

401(k) 與 403(b) 退休金計畫

查詢雇主是否提供退休基金或獲利分享計畫（profit sharing plan），例如大多數企業雇主提供的 401(k) 儲蓄計畫，或是教育機構提供的 403(b) 儲蓄計畫。這些是儲蓄與投資的完美工具，因為你還沒看到錢，它就從你的薪資裡扣除了。此外，許多雇主會比照員工提撥的金額來提撥退休金，如此一來，員工儲存的每一塊錢都可以倍增。至 2022 年為止，每年可以提撥 2 萬 500 美元到這些計畫中，而且提撥金額不列入應課稅所得。年過 50 歲的人如果沒有做這項規劃，可能需要努力迎頭趕上，2022 年的提撥金額上限已經增加為每年 2 萬 7,000 美元。

自雇者計畫

國會為自雇者設立自雇者計畫（SEP IRA）。所有自雇者，從會計師到直銷美妝品牌雅芳（AVON）的銷售人員「雅芳小姐」、從理髮師到房仲業者、從醫生到室內裝潢人員都適用，以 2022 年的規定而言，如果年收入在 6 萬 1,000 美元以內，每年可以提撥 25％存入退休帳戶。業餘兼差從事自雇工作所

獲得的報酬也適用。存入這種帳戶的金額可以免繳所得稅，投資收入則是直到提領時才課稅。這項計畫需要自行規劃，也就是說，要如何投資，決定權在你自己。本書附錄中提及的基金公司都有相關文件可以提供給你參考。

　　數百萬納稅人目前還沒發現這項計畫的好處。我的建議是盡可能利用這一類避稅工具，能存多少就存多少。在必要時，只動用留下來支應目前生活必要費用的儲蓄，盡可能把資金投入免稅帳戶中。

用 529 計畫輕鬆為學費儲蓄

　　「529」學費儲蓄帳戶可以讓父母或祖父母贈與兒孫一筆資金，作為未來的教育費。這項計畫以相關的稅務代號命名，資金可以投入股票或債券，只要未來提款是用來支付政府核准的高等教育費用，投資收入就不用繳聯邦稅。按照 2022 年的規定，個人可以放進 529 計畫的金額達 8 萬美元，不需繳交贈與稅，也不影響遺產稅的稅務優惠，夫婦的儲蓄上限也提高到 16 萬美元。如果你的孩子或孫子計畫上大學，而你有能力將錢放進 529 計畫，毫無疑問你應該這樣做。

　　不過，有沒有哪些陷阱應該留意呢？當然有。大多數推銷這種計畫的人能拿到高額佣金，這些佣金來自你的投資報酬。所以，你要做個聰明的消費者，向先鋒等基金公司打聽不收佣金、管理費用低的計畫。儘管把資金略過稅務部門的感覺很

好，還是要注意，某些費用高的 529 計畫反倒會帶來壞處。此外，529 計畫是由各州因地制宜，有些州可以讓你將至少部分的 529 提撥款從州所得稅的應稅所得中扣除。因此，如果你居住的州提供這樣的方案，可以加入當州的計畫；但要是你居住的州沒有提供減稅優惠，也可以選擇加入猶他州等低稅率州的計畫。你還應該知道，自 529 計畫提出的款項，如果沒有用於計畫認可的教育支出（包括中年再教育或退休後教育），這些款項不僅要課徵所得稅，還要加上 10%的罰款。

　　還有一點，大專院校在決定清寒獎助學金時，可能會將 529 計畫中的資產列入考慮。因此，如果你認為子女將來有資格領取相關獎助學金，資產還是放在自己名下比較好，或者，更好的做法是放在祖父母的名下。當然，如果不可能符合清寒的標準，就找一項低收費的 529 計畫。＊

練習 5　釐清投資目標

　　許多投資人都會忽略釐清投資目標的步驟，因而損失慘重。一開始，你就要決定願意承擔的風險，以及最能配合自己的稅率級距的投資。證券市場就像一間菜色豐富的大飯店，迎

＊ 作者注：關於529計畫的詳細資訊，請參閱 www.savingforcollege.com。文中提及的 8 萬美元上限是以五年期計畫為準。

合不同的口味與需求，但是，就像沒有特定一種食物可以成為
所有人的最愛一樣，也沒有特定一種投資工具適合所有人。

　　我們都希望資產在一夜之間倍增，不過，有多少人可以忍
受資產同樣在一夜之間貶值？約翰・摩根（J.P Morgan）的朋
友因為手中的持股而憂慮到輾轉難眠，他問摩根：「我該怎麼
處理這些股票？」摩根回答：「賣到你可以好好睡覺為止。」
他可不是在開玩笑，每一位投資人都必須在吃得好和睡得好之
間找到平衡點，這件事完全由你決定。只有承受高風險才能獲
得高額的投資獲利。找到能讓你安穩睡覺的平衡點，是你必須
採取的最重要的投資步驟。

　　為了幫你提高投資意識，表 12-2 根據投資風險與預期報
酬列出安穩睡覺的程度。其中最保守的選擇是各種短期投資工
具，例如銀行存款與貨幣市場基金。如果這是能讓你安穩睡覺
的平衡點，你應該會對練習 3 的資訊有興趣。

　　抗通膨國庫券（TIPS）是第二安全的投資工具，報酬是固
定低利率（不過在 2020 年代初期是負利率）加上每年消費者
物價上漲率。它屬於長期債券，價格會隨著實質利率（名目利
率減去通貨膨脹率）波動，但是只要持有到到期日，就可以保
持實質購買力。在練習 7 當中，我會討論以小部分資金投資這
類債券的好處。

　　公司債的風險就稍微高一點了，如果你選擇這項投資工
具，夜晚便可能會有擾人清夢的混亂夢境。如果在到期日前出

售，報酬則是根據當時的市場利率而定。如果利率上升，債券的價格就會下跌，以便和新上市、票面利率較高的新債券匹敵。有時候，投資人損失的本金甚至可能超過整年的利息收入。相反的，如果利率下跌，債券的價格就會上漲，期滿前出售的實質報酬變動很大，所以債券才會比那些本金幾乎不會波動的短期投資工具的風險高。一般而言，到期日愈久的債券，風險愈高，因而殖利率也愈高。*在練習 7，你會發現一些購買債券的實用資訊。

　　沒有人可以斷言股票的報酬會是多少，但是股市就像一座賭場，機率總是站在玩家這一邊。雖然股價可能會大跌，像 2000 年代初期與 2007 年的災難，以及 2020 年初新冠肺炎全球大流行時的慘況，但是總括來說，整個 20 世紀包括股利與資本利得，股票的平均年報酬率為 9％。到了 2022 年初股價回升後，我相信美國股票的投資組合會有 4 ～ 6.5％的長期報酬率，略低於 20 世紀的平均年報酬率。其他已開發國家大企業股票的報酬率也差不多。然而，每年實際的報酬率可能跟這個數字差距頗大，不好的年頭也許損失高達 25％以上。你能

---

* 作者注：但是，到期日愈久的債券不是永遠都有高殖利率。在某些時期，短期債券的殖利率事實上反而比長期債券高。問題在於，投資人不一定能在短期資金轉投資時，再享有這樣高的殖利率。而且，短期殖利率會大幅下跌，投資人因此可以合理的預期，持續投資短期債券的報酬比不上長期債券。換句話說，即使短期債券的殖利率可能暫時高於長期債券的殖利率，承擔持有長期債券的風險依然有回報。

熬過這些失眠的夜晚嗎？

　　不然，來一個五光十色，加上立體聲的夢境如何？你也許想選一些風險較高、變動較劇烈的投資組合，像是積極的小型股共同基金。它們是新科技領域年輕公司的股票，有雄厚的成長潛力。這些公司股票的價格變動比較大，不景氣時市值可能會夭折一半；平均說來，21 世紀的報酬應該在 5 ～ 7%。小型股投資組合的報酬，通常會比市場平均值稍微高一些。如果你在空頭市場時沒有失眠問題，而且有耐心抱股，積極型股票投資組合也許很適合你。許多新興市場能提供更高的報酬，但投資人也要面對更大的價格波動。

　　對大多數人來說，商用房地產是高不可攀的投資工具，但是它的報酬卻相當大方，和股票相近。我會在練習 6 說明，投資人只要有能力，建議最好買進自用住宅。我也會討論，現今的狀況可以讓投資人更輕鬆進入商用房地產市場。我相信，在一個完全多元分散的投資組合中，不動產投資信託（real estate investment trusts，縮寫為 REITs）值得占有一席之地。

　　我知道，在表 12-2 當中，我對黃金評價不高，更忽略藝術品、創投、避險基金、期貨、加密貨幣與其他特殊的投資工具。它們當中許多工具至今表現良好，而且可以在分散投資的證券資產組合中提供理想的平衡作用。然而，它們的風險很高、價差極大，而且難以預測報酬率；我在練習 8 會進一步詳細介紹。

表 12-2　主要投資工具與安穩睡覺的程度

安穩睡覺的程度	資產類型	2022 年稅前 預期報酬（％）
半昏睡狀態	銀行存款	0～2
夜晚甜睡	貨幣市場基金	0～2
	定存	0～2.5
	抗通膨國庫券（TIPS）	0～−1 ＋通貨膨脹率
偶爾會作夢，其中可能有惡夢	高評等公司債 （高評等公用事業）	2～4.25
入睡前輾轉反側，睡醒前頻頻 作夢	美國或已開發國家績優股 的多元分散投資組合	4～6.5
	房地產	和股票差不多
常有惡夢，但長期投資會很安 心	相對高風險、小型成長股 的多元分散投資組合	5～7
鮮活的夢，而且偶爾會做惡夢	新興市場股票的多元分散 投資組合	6～9
經常失眠	黃金	無法預測

為獲得預期報酬 必須持有的時間長度	風險程度
投資期間不限，許多機構由存款日起計息至提款日為止。	本金無損失之虞，存款金額 10 萬美元以內由聯邦政府擔保，然而幾乎肯定是高通貨膨脹下的輸家。
投資期間不限，大多數基金提供支票提款的好處。	大多數基金以公債或銀行定存為投資標的，因此風險極低。通常沒有存款保險。報酬率根據預期通貨膨脹調整，隨時變動。
資金必須存滿整個期間才能享有較高的利率。	提前解約會有懲罰條款。報酬率根據預期通貨膨脹調整，隨時變動。
屬於長期投資，到期日超過五年，基礎利率因年期而定。	如果在到期日之前出售，價格難測，但長期持有可以抗通膨。
必須持有到債券到期日（5〜30 年）才能確保獲得預期報酬率。（債券必須有防止贖回條例款。）可隨時出售，但市價會隨利率變動。	持有至到期日則風險極低。到期日前出售會有中等程度以上的風險。「垃圾債券」的報酬比較高，但風險也大很多。
投資期間不限，股票可以隨時出售。左欄預期報酬為極長期投資的平均報酬，是根據目前狀況的推測，只能作為粗略的參考。	風險從中度到高度。任何一年的實際報酬都可能是負數。有時候，多元分散投資組合的實際價值損失高達 25％，甚至更多。和某些人的看法相反的是，這是長期抗通膨的好武器。
如果投資不動產投資信託，報酬和股票差不多。	同上，但不動產投資信託是多元分散投資的良好工具，也是抗通膨的好武器。
同上。左欄預期報酬為極長期投資的平均報酬，是根據目前狀況的推測，只能作為粗略的參考。	風險高。任何一年的實際報酬都可能是負數。極高風險股票的多元分散投資組合有時淨值會損失高達 50％以上。但這是對抗通膨的利器。
要準備持有十年以上。預期報酬無法準確估計。	任一年的報酬波動範圍都可能落在 50〜75％。
只要有傻瓜出現，造成新投機熱潮，就有高報酬。	風險高。被認為可以對抗世界末日與惡性通膨。能有效在多元分散投資組合中發揮平衡作用。

　　不管怎樣說，虧損對你的財務狀況造成的威脅程度，必定會嚴重影響你能否安穩睡覺的程度。所以，才會有人說「體弱多病的寡婦」不能承受太多風險。寡婦既無生活指望，也無法在投資組合之外賺錢彌補損失，任何本金或收入的損失都會立刻影響到她的生活水準。「積極年輕的職業女性」則恰好相反，既有生活指望，又有能力在遭受損失後賺錢維持生活水準。你處於生命週期中的哪一個階段，將是影響投資決策的重要因素，因此我將會在第 14 章中，用一整章的篇幅討論這個主題，說明你應該承受多少風險。

　　此外，心理狀態也影響你願意承受風險的程度。一位投資顧問建議投資人，回想自己在玩大富翁遊戲時是哪種人。你是投機者嗎？會在大馬路和公園廣場蓋旅館嗎？如果你回答「是」，表示其他玩家很少路過你的房地產，但是一旦有玩家經過，保證就能大贏一票。或者你喜歡投資聖詹姆士廣場（St. James Place）、田納西大道（Tennessee Avenue）、紐約大道（New York Avenue），賺取中等而穩定的收入嗎？想想這些問題的答案，可以幫助你了解自己的投資心態，而且你一定要了解自己。你要問自己的最重要問題是，在股票市場劇烈下跌時你的感覺如何。如果你覺得要生病了，甚至決定把所有股票賣光，而不是繼續持有分散投資的組合，那麼你並不適合持有大量股票。

　　第二個重要的步驟是，檢查你的投資報酬中，有多少要繳

給「山姆大叔」（Uncle Sam），也就是政府，以及目前你需要多少收入。不妨先查看去年的所得稅申報書（表格 1040）與應稅所得，對於高邊際稅率級距（最後收入的 1 美元所得適用的稅率）的人，地方政府公債（免稅）可能具有節稅好處。如果你的稅率級距很高，手邊不需要保留太多現金，免稅債券與低股息、長期資本利得高的股票比較適合你（資本利得在實現前不需要課稅，如果當作遺產贈與則可以免稅）。相反的，如果你的稅率級距比較低，手頭需要的現金比較多，你可能會偏好課稅債券與高股息股票，這樣一來你才不需要為了支應生活開支而定期賣股票，因而產生交易費用。

這個練習的兩個步驟是：找出你能承受的風險程度，以及確認你的稅率級距與收入需要。這兩件事看似理所當然，許多人卻都在這裡犯錯，選擇不符合風險承受度、收入與適用稅率的投資標的。

投資人也常常會像這樣，對優先順序無所適從。你不能既想保本，又一頭栽進風險最高的股票裡；不能既想要避開高邊際稅率，又要鎖定應稅公司債 6％的利息，無論它看來有多麼吸引人。然而，投資顧問的紀錄裡，充滿一籃筐投資標的和目標脫節的故事。

練習 6　從自己的房子開始投資

還記得郝思嘉（Scarlett O'Hara）嗎？她在美國內戰之後破產，但仍擁有摯愛的陶樂莊園（Tara），無論幣值如何升貶，這座位於好土地上的好房子永遠保值。只要世界人口繼續成長，他們對房地產的需求會是投資人對抗通膨最可靠的武器。

儘管房地產的報酬很難計算，但是長期而言，住宅不動產的報酬率相當豐厚。在 2007 和 2008 年時，獨棟房屋價格確實出現泡沫，但是到了 2010 年代，房價回歸「正常」。到了 2021 年，房市再度出現小型泡沫，當時有許多人決定離開擁擠的都市，新房的供給量開始穩健的成長。然而，房市不比股市有效率。每檔個股都有數百位知識豐富的投資人研究，但是只有少數房屋買家會去正確評估房地產的價值，因此價格不一定正確。在通膨節節高升的時期，房地產的報酬經常比股票高，但是通膨走緩時報酬則不及股票。總體來說，房地產是報酬優渥的良好投資，又是對抗通膨的極佳利器。

對多數人而言，房地產投資當然會以一般住家或公寓大廈為主，因為你得有個地方住，而且購屋可以享有稅率優惠，比租屋還要有利。以 2021 為準，75 萬美元以內的新購屋不動產抵押貸款利息可以扣抵所得稅，此外，不動產稅扣抵金額上限為 1 萬美元。其次，已婚夫婦的已實現住宅價值利益如果在 50 萬美元以內，不需要為這筆獲利申報所得稅。再者，住宅

所有權是強迫儲蓄的一項好方法，更何況，住宅能提供強大的滿足感。

此外，你可能也會考慮透過不動產投資信託（REITs）持有商用不動產，公寓、辦公大樓與購物中心等都包含在內，由專業房地產經營者管理。不動產投資信託本身就像股票，也在主要股票市場公開交易，它提供散戶極佳的機會，得以把商用不動產加到投資組合當中。

如果你計畫投資不動產，我強烈建議把部分資金投入不動產投資信託。而且，有非常多原因可以說明，為什麼不動產投資信託應該在投資組合中占有一席之地。首先，投資房地產的報酬率與殖利率都和股票相當。還有，如第 8 章所言，房地產可以提供分散投資的好處。房地產的報酬和其他資產的相關性通常非常低，可以降低整體的風險。不僅如此，房地產也是可靠的抗通貨膨脹工具。

可惜，要篩選數百項表現優異的不動產投資信託，實在非常難。而且，單一資產型不動產投資信託有限制，無法在不動產型態和地區上達到足夠的分散投資。買錯不動產投資信託，投資人損失不輕。還好，現在正在快速成長的房地產共同基金可以為投資人解決這方面的煩惱。這些基金精挑細選，組成多元分散投資組合的不動產投資信託，確保投資組合中包含多種類型與區域的不動產。此外，投資人可以隨時把這項資產變現。市場上也有低費用的不動產投資信託指數型基金（請參考

附錄），我相信這些基金可以繼續為投資人提供最佳的報酬。

練習 7　了解債券

坦白說，從第二次世界大戰後到 1980 年代初期，債券是很糟糕的投資工具，因為通貨膨脹完全吞噬掉債券的報酬。舉例來說，如果投資人在 1970 年代初期以 18.75 美元買進美國儲蓄債券，在 5 年後以 25 美元贖回時，會失望的發現他們的實際購買力不增反減。麻煩在於，投資人投入的 18.75 美元資金在當年可以加滿兩次油，債券到期後領回的 25 美元卻無法加滿一次油。由於通貨膨脹侵蝕的速度比利率累積複利的速度還要快，所以投資人的實際報酬是負值。難怪許多小額投資人認為債券根本不值得一提。

一直到 1980 年代初，債券的表現都很糟糕，因為它們支付的利率都敵不過通膨。但是，在這之後的 40 年，債券價格經過調整，為投資人提供絕佳報酬。此外，從 1980 到 2021 年，債券是卓越的分散投資工具，和股票關連很低或是呈現負相關。以我來看，有四種債券值得考慮：一、零息債券，能讓你在一段預定的期間鎖住高收益；二、免佣金的債券基金讓你能夠以「單位」購買債券的投資組合；三、免稅公債與公債基金，適合適用最高稅率級距的幸運兒；四、美國抗通膨國庫券。不過，根據市場情勢的不同，這些債券的投資吸引力會有

很大的差異。由於 2020 年初期的利率水準非常低，想介入債
券市場的投資人必須非常謹慎。

零息債券可以產生良好的未來報酬

　　這些債券稱為零息債券，和一般有息債券（interest-coupon-
paying bond）不同，持有人不會定期收到利息。相反的，零息
債券是以面額折價後的金額發行（例如 1 美元面額打折後變成
0.75 美元的發行價格），接著價格逐年遞增，直到回升到面
額。只要持有至到期日，投資人就能收到債券面額的總報酬。
零息債券的到期日從數月到 20 年不等。它是為未來特定時
間、特定用途儲蓄的理想工具。

　　零息債券最吸引人的地方在於，投資人不會面臨再投資的
風險（reinvestment risk）。零息債券可以保證投資人的資金持
續以到期收益率再投資。

　　不過，零息債券最大的缺點則是，國稅局要求需要繳稅的
投資人，每年必須將債券面額和買進價格的差額比例，分配申
報為年所得。但是以遞延稅金計畫投資無息債券的投資人則無
需申報。

　　這裡有兩件事要留意。購買小面額零息債券的小型投資
人，會被某些券商收取極高的手續費。此外，你也要明白，只
有在債券到期贖回時才能保證收回面額的報酬，在此之前，債
券價格可能隨利率變動而大幅波動。

適合散戶的免佣金債券基金

開放型債券（共同）基金擁有長期零息債券的部分優點，但買賣卻更方便、更便宜。我列在附錄中的這類債券基金，都是投資在長期證券上。雖然它們不保證利息能以不變的利率再投資，但的確可以提供長期穩定的收入，特別適合依靠利息生活的投資人。

債券市場和股票市場同樣有效率，所以我建議投資低費用的債券指數型基金。債券指數型基金與債券 ETF 會買進並持有各種不同的債券，績效通常比主動式債券基金更好。無論如何，你都不應該購買收取佣金的基金，可以免費取得的事物絕對不要花錢爭取。

附錄當中列出幾種類型的基金，有些是專門投資公司債，有些買進美國政府全國抵押貸款協會（Government National Mortgage Association，縮寫為 GNMA）發行的不動產抵押債權證券（Mortgage-backed Securities），有些投資在免稅債券（稍晚會討論），也有一些風險較高的高收益債券，適合想要得到較高預期報酬並願意接受額外風險的投資人。

適合高稅率級距投資人的免稅債券

如果你的所得稅率級距很高，那麼不能免稅的貨幣市場基金、零息債券、要被課稅的債券基金等，只適合用在你的退休計畫中。此外，你需要投資州政府、地方政府，以及港務局與

公路局等政府主管機關發行的免稅債券。這些債券的利息在聯邦所得稅表上不視為課稅所得，而且購買居住地的州政府公債還可以免繳州所得稅。

在 2021 年，高評等的長期公司債票面利率大約為 3％，品質相當的免稅債券票面利率大約是 2.5％。假設你的稅率級距（最後收入的 1 美元所得適用的稅率）包括聯邦稅與州稅在內為 36％，由表 12-3 中可以看出，購買免稅證券的稅後所得高出了 58 美元，顯然是比較適合你的投資。即使你的稅率級距比較低，免稅公債依然可能很划算，還是要依照購買時市場上的實際票面利率決定。不用多說，在 2021 年沒有一種債券提供真正的報酬，因為通貨膨脹率大於 2.5％。

表 12-3　免稅與應稅債券比較（票面價格 1 萬美元）

債券類型	利息給付	應繳稅額 （稅率為 36％）	稅後所得
票面利率 2.5%的免稅債券	$250	$0	$250
票面利率 3%的應稅債券	$300	$108	$192

如果你直接購買債券，而不是透過基金購買債券，建議你買進新發行的債券，避免買進已發行的債券。因為新債券的票面利率通常比市面上流通的債券高一點，而且不用付交易費。基於安全考量，我建議購買穆迪評等公司或標準普爾公司評等在 A 以上的債券，把風險局限在合理的範圍內。你也可以考

慮所謂的 AMT 債券，它適用於最低稅負制（Alternative Minimum Tax，縮寫為 AMT），因此對大部分所得可免稅的投資人不具吸引力，但是如果你不適用於這項稅制，則可透過 AMT 債券得到額外收益。

債券有一種「正面我贏，反面你輸」（heads I win, tails you lose）的惡劣特質。如果利率走揚，你持有債券的價格會下跌；如果利率走低，發行單位會提前清償債券，再以較低的利率發行新債券。為了自保，你要確定投資的長期債券列有禁止提前清償的條款，以免發行單位提早清償你的債券，再以較低的利率發行新債券。

附錄中列出一些不錯的免稅債券基金供你查閱。但是，如果你有充沛的資金要投資免稅債券，無需透過要付管理費的共同基金投資。如果你只買幾種高評等的公債，包含附有債券保險的標的，*自然沒有必要買一堆不同的證券分散投資，反而可以得到比較多利息。如果你只有幾千元，基金則可以提供比較好的流動性與分散投資作用，市面上還有集中購買單一州公債的基金，可以幫你同時免去聯邦稅與州稅。

熱門選擇：抗通膨國庫券

我們知道，預期外的通貨膨脹會對債券持有人造成嚴重傷

---

* 編注：當債券發行方無法履約，保險公司會負責償清債務。

害。通膨會提高利率，造成債券價格下跌。更糟的是，通膨會降低債券利息和本金的實質價值。現在有一種債券可以讓投資人對抗通貨膨脹的危險，就是抗通膨國庫券。這些債券能免於通貨膨脹的侵蝕，如果持有至到期日，本金的實質購買力也可以得到保障；長期的抗通膨國庫券會支付基本利率，在 2010 年代大約 1％。和一般舊式的國庫券不同，抗通膨國庫券的利息是按照消費者物價指數調整後的本金計算。如果下一年物價上漲 3％，原本面額 1,000 美元的債券，將會上漲為 1,030 美元，半年的利息給付也會隨著上漲。債券到期時，投資人得到的本金也是經過通膨調整後的面額。因此，這種債券能保證實質的報酬率，也保有本金的實質購買力。

除了抗通膨國庫券，現有的金融工具都不能提供投資人可靠的抗通膨效果。而且，它也是打造多元分散投資組合的良好標的。當通膨率上升時，股票與債券價格下跌，抗通膨國庫券可以提供比較高的名目報酬（nominal return），因此抗通膨國庫券和投資組合中其他資產的相關性低，可以有效分散投資，為一般大眾提供有效的保險。

然而，抗通膨國庫券在稅務上有一項非常不利的特質，這折損了它的好處，那就是不只利息收入要課稅，根據通膨調整增加的本金也要課稅。問題在於，增加的本金只有在到期日才會支付。如果通膨率很高，最終利息可能還是不足以支付本金上漲部分的所得稅，而且通膨愈高，問題愈嚴重。因此，抗通

膨國庫券不適合要納稅的投資人，只適合用於享受節稅優惠的退休計畫。2020 年代初期，當通貨膨脹率上升時，抗通膨國庫券的基本利率馬上變成負值；到了 2021 年底，十年期抗通膨國庫券的基本利率是 -1％，然而通貨膨脹率已經上升到 6％。

美國儲蓄債券：散戶最好的備案

除了一般的抗通膨國庫券，散戶還有一個不錯的替代方案可以選擇，那就是美國儲蓄債券（U.S. Treasury I Saving Bond）。這種債券提供固定的利率，再加上每年調整兩次的消費者物價指數上漲率，在 2022 年初交出 7.12％利率的成績，遠勝任何一種安全的配息標的。美國儲蓄債券的報酬會在期滿或賣出時支付，而且州稅與當地所得稅全免。如果你將這筆資本利得用在符合規定的高等教育費用上，利息還可以免收聯邦稅。這種債券的投資年期長達 30 年，但是你可以在投資一年後就賣出，只是會有一小筆罰金。在期滿前持有超過五年，賣出時則不需支付罰金。儲蓄債券每人每一年最多只能買 1 萬美元，所以一對夫妻每年最多可以買 2 萬美元。除此之外，投資人也可以利用聯邦所得稅退稅機制購買上限 5,000 元的儲蓄債券。這種債券可以在美國財政部網站（treasurydirect.gov）上購買，可以說是「山姆大叔」給避險投資人最好的工具。

垃圾債券可以買嗎？

債券市場能倖免於「報酬和風險相關」的投資鐵律嗎？當然不能。在大部分時期，所謂的垃圾債券（junk bond）指的是信用評等不佳、利率較高的債券，它提供投資人的淨報酬率比國庫券高出 3 個百分點。因此，就算有 1％低評等的債券無法如約交付本息而產生損失，由多種低評等債券組合而成的多元分散投資組合和國庫券組合相比，淨報酬依然比較高。許多投資顧問因此推薦由高收益債券組成的多元分散投資組合。

不過，有另一派人士建議消費者拒絕垃圾債券。大多數垃圾債券是由大批公司合併、收購、槓桿（大量舉債）收購造成的結果。建議拒絕垃圾債券的人士指出，這些低評等的債券只有在經濟情況好的時候才有能力履約，一旦經濟搖搖欲墜時就得小心。

不過，謹慎的投資人應該怎麼辦呢？這要看你承受高風險時，夜間的睡眠品質而定。高收益的垃圾債券不適合常常失眠的人，這些標的就算完全分散投資，風險依然非常高。同時，它們也不適合以利息為主要收入來源的人，當然更不適合沒有充分分散投資的人。但是，至少在過去，垃圾債券的高收益已經補償並大幅超越實際呆帳紀錄中應有的報酬。

外國債券

許多國家的債券票面利率比美國債券還要高，特別是新興

市場。以一般常識而言，通常會建議避開新興市場債券，因為它們的風險高而品質低。但是，許多新興經濟體的債務占國內生產毛額（GDP）的比例低，也比已開發世界的財政餘額（fiscal balances）表現更好。新興市場的成長也比較快，因此，對風險耐受度較高的投資人而言，在固定收益的投資組合中納入多元分散的高收益國外債券組合十分有用，當然，其中也包括新興市場債券。

練習 7A　在金融壓抑時期，以債券替代商品取代部分債券部位

對債券投資人來說，目前的超低利率是個艱鉅的挑戰。全球所有已開發國家都負擔超額債務，各國政府都像美國政府一樣，正為了應對人口老化而傷透腦筋。

對美國與各國政府來說，簡單的方法是以人為方式干預，藉此保持低利率，降低實質負擔的債務，將債務負擔丟回給債券持有人。我們之前也看過這個景象，在第二次世界大戰結束時，美國故意保持非常低的利率水準，以利償還在戰時累積的債務。這套做法讓美國債務占國內生產毛額（GDP）的比例從1946 年的122％，降至 1980 年的33％。但是，這是以犧牲債券持有人的權益作為代價，而形成所謂的金融壓抑（financial repression）。

要解決這個問題有個技巧，就是將你在正常時期持有的部分債券部位，以現金股利取代。相對穩定的股息成長股會比相同公司的債券報酬率高很多，而且未來還有成長性，這樣的公司可以威訊為例。在 2021 年底，威訊的 15 年期債券報酬率大概是 3.25％，而股票的殖利率有 4.375％，還會隨著時間成長。對於依靠股息與利息生活的退休人士而言，投資威訊的股票會比投資威訊的債券報酬更好。而且，股息成長股的投資組合波動並不見得會比同公司的債券投資組合波動還要大。所以，在金融壓抑期間，我建議債券部位必須微調，在投資組合的低風險部位中納入部分股票取代債券，會是比較適當的做法。

練習 8　投資黃金與收藏品宜謹慎

在本書先前的版本中，我對於黃金的看法和現在不同，傾向懷疑它是否應該納入完全多元分散的投資組合。1980 年代初，黃金每盎司價格漲破 800 美元時，我對黃金投資抱持極負面的看法。20 年後進入新千禧年時，黃金售價在 200 美元左右，我對黃金的看法趨於正面。如今，隨著金價維持在 1,800 美元，我反而沒什麼興趣投資。但是，我覺得可以在投資組合中納入少量黃金，黃金和證券資產報酬的相關程度極低。因此即使少量持有，例如在投資組合中占 5％，也能明顯減低整體投資組合的波動性。當高通膨再現時；黃金可能會有不錯的報

酬。但是，我誠心建議，投資黃金的目的應該僅限於達到更廣
泛的分散投資就好。

那鑽石呢？它經常被說成是每個人最好的朋友，但其實對
散戶而言有很大的風險與缺點。你要記得，投資鑽石的佣金成
本很高。就個人而言，鑑定品質也極端困難。我能保證，想賣
鑽石的傢伙肯定遠多於想買鑽石的人。

另一種流行的投資是購買收藏品。成千上萬的推銷員會向
你推銷各種東西，從雷諾瓦（Renoir）的名畫到毯子、蒂芬尼
（Tiffany）的燈飾到稀有郵票、藝術裝飾品到暈機袋。而且，
eBay 讓買賣收藏品變得很有效率。我不認為買自己喜歡的物
品有什麼不對，老天爺最清楚人們總有奇奇怪怪的品味，但是
我建議你，要因為喜歡而買，不要因為指望它能升值而買。別
忘了，贗品與假貨很常見。投資收藏品還需要付出高額的保險
費，以及永無止盡的保養維護費，所以你不僅沒有股息或利息
收入，反而要不斷支出費用。想要藉由收藏東西賺錢，你必須
具備極佳的品味與獨到的眼光。依我看來，許多自認收藏獲利
的人，其實是在收藏麻煩。

就算你幸運買到一份最終成為名作的藝術品，也不見得是
做了一次聰明的投資。2017 年 11 月，據稱是李奧納多・達文
西（Leonardo da Vinci）的作品《救世主》（*Salvator Mundi*），
在佳士得（Christie's）的拍賣會上，以超過 4 億 5,000 萬美元
售出。《華爾街日報》財經專欄作家傑森・蘇威格（Jason

Zweig）估計，這幅畫作在西元 1500 年代初期，以約當 50 萬
美元左右的金額賣出。或許對現代人來說，達文西的畫作是無
價之寶，但是如果以金融投資來說，這幅畫作的投資報酬率實
在微不足道，換算成平均年化報酬率，1519 ～ 2018 年的平均
年化報酬率僅有 1.35％。

　　另外一種受歡迎的投資是商品期貨。你不只可以買黃金，
還可以買穀物、金屬，甚至外匯等多種商品的交貨契約。這是
一個急劇波動的市場，專家可以大賺，搞不清楚狀況的散戶則
很容易大賠。我給非專業人士的建議是：不要逆勢而行。

　　我也會避開避險基金、私募股權基金與創投基金。這些基
金是基金經理人的搖錢樹，他們從中收取高額管理費與 20％
獲利，投資人不可能從中得到好處。這些基金的平均績效相當
令人失望。沒錯，最優秀的基金表現很好，但是除非你是已經
建立明確優先部位的法人，否則成功投資的機率實際上是零。
別管這些特別的商品，它們不適合你。

　　如果你覺得抵擋不了避險基金的誘惑，請謹記華倫・巴菲
特的知名賭注。2007 年年底時，巴菲特拿出 100 萬美元賭金，
並表示：「我賭未來十年，不管是誰來挑選標的，任何五組避
險基金構成的投資組合，績效都無法超越標準普爾 500 股價指
數。」他還表示，賭贏的人可以將彩金捐給心儀的慈善機構。
門徒合夥公司（Protégé Partners）接受這項挑戰，並選出五檔
以避險基金投資組合為標的的基金。賭注在 2017 年最後一天

到期，標準普爾 500 指數型基金平均年化報酬率是 7.1％，而門徒合夥公司選擇的那一籃子避險基金，每年只獲得 2.2％的報酬。這場賭注真正的贏家是巴菲特的慈善機構女孩組織（Girls Inc.），這個機構為 5 ～ 8 歲的女童提供課後照護與暑期活動計畫。輸家則是投資高成本避險基金投資組合的那些人。最後，我還會避開加密貨幣、NFT 以及吸引社群媒體的各種投資標的，它們屬於賭徒的遊戲，不該被納入退休投資組合。

練習 9　節省交易成本，尋找折扣券商

現在有許多券商提供零手續費的優惠條件，特別是如果你願意在網路上交易。在網路上買賣股票可以輕鬆透過筆電或手機完成交易。但是，我要警告你，每天在股市裡進進出出的投資人很少會獲利。不要受到零手續費的引誘，反而成為不成功的短線交易客。

談到佣金成本，各位應該留意華爾街的新玩意：綜合帳戶（wrap account）。投資人只需要繳一項費用，券商就會提供專業資產管理人的服務，為你建立納入股票、債券甚至房地產的投資組合。券商的佣金與顧問費都包含在你繳的單項費用當中，因此，綜合帳戶的費用非常高，年費通常在 3％左右；如果資產管理人選了共同基金或不動產投資信託，可能還要外加執行費與基金費用。這樣一來，你幾乎不可能打敗市場。我的

勸告是：避免使用這種帳戶。

　　此外，也要記住，在購買共同基金或 ETF 時，成本非常重要。收費最低的共同基金經常會產生最高的淨報酬率，共同基金產業可以讓你得到不用付費的東西。當然，典型的低成本基金是指數型基金，往往也可以節稅。

　　關於投資，有很多事你無法掌控。你對股票與債券市場的漲跌無能為力。不過，你絕對有能力控制投資成本。而且，打造投資組合時，你可以做到盡可能節稅。在研擬明智的投資策略時，最關鍵的做法是「控制你能控制的事物」。

練習 10　記住要分散投資

　　在這些暖身練習中，我們討論過不少投資工具。我們的華爾街隨機漫步中，最重要的一步是來到百老匯街的轉角，思考明智的股票投資策略。最後三章會詳細討論這個部分，因為我認為股票應該是大部分投資組合的基石。然而，在最後一個暖身練習當中，還是要溫習一下現代投資組合理論的重要教訓，也就是分散投資的好處。

　　聖經箴言說：「謀士眾多，所謀乃成。」這句話也可以用在投資上。分散投資可以降低風險，讓你更有可能達成符合投資目標的長期報酬。因此，在每一種投資類別中要持有各種不同的標的，雖然股票應該是投資組合的主幹，但不應該是唯一

的投資工具。只要想想淚眼汪汪的前安隆員工你就會了解；他們把所有退休金都投入安隆股票，安隆倒閉時，他們不只失去工作，連退休儲蓄也全部泡湯。不論目標是什麼，聰明的投資人總會分散投資。

另外，也請記得第 10 章提到的坑洞與絆腳石。說到投資，我們經常是自己最大的敵人。了解我們如何輕易受到自身心態所傷害，可以幫助我們在漫步華爾街時，避開可能絆倒我們的常見坑洞與陷阱。

最後檢查

既然你已經完成暖身練習，不妨花一點時間來做個總複習。由經濟學家發展出來的資產評價理論，以及專家記錄下來的投資績效，都導出唯一一項結論：沒有保證致富的捷徑，只有承擔比較高的風險（或是犧牲一些流動性），才能得到比較高的報酬。

你能夠容忍的風險，部分要由你能夠安穩睡覺的平衡點來決定。下一章將討論股票與債券投資的風險與報酬，可以幫助你明白，不同的投資工具會帶來什麼樣的報酬。但是，你承受風險的能力，也取決於你的年齡、非投資的收入來源以及收入穩定性。在第 14 章中，我會幫你建立起清楚的概念，讓你了解股票、債券、房地產與短期投資的比重應該如何分配。最後

一章則是告訴你，特定股市投資策略可以讓業餘投資人達到和
專家一樣好、甚至更好的結果。

第 13 章

股票與債券的報酬

過去一向對消息靈通的人，不至於對目前感到憂鬱悲觀。

——湯瑪士・默克雷（Thomas B. Macaulay）

《英格蘭歷史》（*History of England*）

　　本章將教你如何成為金融市場的行家。讀完這一章，儘管你依然無法預測下個月或明年的市場走勢，況且這也沒有人辦得到，但是你會有比較好的機會配置有利的投資組合。最重要的兩項投資工具「股票」與「債券」，價格變動會大到超出你的控制，但是我所提供的方法可以幫助你估計未來長期合理報酬，而且可以根據財務需求調整投資計畫。

決定股票報酬與債券報酬的因素

　　決定股票長期報酬的兩項主要因素是，買進股票時的股利收益，以及股利與獲利在未來的成長率。原則上，對於永久持股的投資人而言，股價等於現在或未來所有股利現金流量的折現值。折現的觀念反映出，明日才收到的 1 元，價值不及今日

在手上的 1 元。股票投資人買進企業的所有權，就是為了收到快速成長的股利收入。就算公司目前只支付很少量的股利、保留多數（甚至全部）的盈餘再投資，投資人也往往假定再投資可以加速未來的股利成長，或是增加盈餘成長，讓公司得以買回庫藏股。

股利現金流量的折現值（或是藉由買回庫藏股而歸還給股東的資金），可以導出一條非常簡單的公式，並算出個股或整體市場的長期總報酬：

長期股票報酬＝原始股息殖利率＋成長率

1926 ～ 2022 年間，股票的平均年化報酬率是 10% 左右；1926 年 1 月 1 日整體股市的殖利率大約有 5%，股利與盈餘的長期成長率也大約在 5%。因此，原始殖利率加上股利成長率，大約就等於股票的報酬率。

在短期內，例如一年或數年內，還有相當重要的第三項因素會決定報酬，那就是評價關係的改變。講明白一點，就是本利比（股價除以股利）或本益比的變化。本利比的增減通常會和我們比較常使用的本益比指標往同一個方向變動。

本利比和本益比的逐年變化極大。舉例來說，在極度樂觀的 2000 年 3 月初，本益比遠超過 30 倍，本利比超過 80 倍；在極度悲觀時期，如 1982 年，本益比只有 8 倍，本利比為 17

倍。這些數字也受到利率影響，利率低時，和債券競爭資金的
股票往往殖利率低、本益比高；利率高時，股票為了增加競爭
力，殖利率會提高，本益比則是降低。1968 ～ 1982 年股票的
表現遠低於平均值，每年的報酬率只有 5.5％。在這段期間一
開始，殖利率為 3％，盈餘與股利成長率則為每年 6％，比長
期平均值稍高。如果本益比與殖利率持平，股票會創造 9％的
年報酬率，6％的股利成長率相當於每年 6％的資本增值率。
但是，殖利率大幅增加（即本益比大跌）將使年平均報酬率減
少 3.5％。

　　對股市投資人而言，2000 ～ 2010 年是一段極為可怕的日
子，千禧時代變成幻滅時期。2000 年 4 月初，網路泡沫達到
高點，標準普爾 500 指數的殖利率降至 1.2％，本益比則是漲
到超過 30 倍。那個時期的股利成長其實非常強勁，每年平均
達到 5.8％，如果評價關係沒有改變，股票會產生 7％的報酬
率（1.2％的殖利率再加上 5.8％的成長率）。但是，在那十年
間，本益比重挫，殖利率上揚，評價關係的改變使報酬減少
13.5％。因此股票並沒有 7％的報酬率，反而平均每年下降
6.5％，所以許多分析師將這幾年稱為「失落的十年」。

　　許多分析師質疑，現在股利是否仍然和過去一樣重要。他
們說，公司愈來愈傾向於以買回庫藏股的方式把盈餘分給股
東，而不增加股利。這樣做有兩項原因，一是方便股東，二是
方便管理者。股東會因為稅法得到好處。長期資本利得的稅率

很低，通常只是最高股利所得稅率的零頭。買回庫藏股會減少
股票在外流通數量，每股盈餘與股價也因此上升，所以買回庫
藏股會創造資本利得。甚至當股利與資本利得稅率相同時，資
本利得稅可以遞延，直到股票出售時才繳稅，如果把股票當作
遺產贈與，則可以完全規避資本利得稅。因此，公司站在股東
的立場會傾向於買回庫藏股，而不是提高股利。

　　買回庫藏股的壞處在於自我圖利。管理階層的報酬很大一
部分來自於股票選擇權，只有在有盈餘以及股價上漲時才有價
值。買回庫藏股則可以簡單達到這個目的。股票上漲對管理階
層有利，因為股票選擇權的價值提高，而增加股利嘉惠的是股
東的荷包。1940 ～ 1970 年代，盈餘和股利以大致相等的速率
成長。然而，在 20 世紀的最後 20 年之間，盈餘成長遠大於股
利成長。長期而言，盈餘與股利可能會以大致相同的速度成
長。為了方便閱讀，我採用盈餘成長的例子來進行下列分析。

　　債券的長期報酬比股票的長期報酬更容易計算。長期下
來，債券投資人收到的殖利率約等於購買債券時的到期殖利
率。以不會定期支付利息、只在期滿支付特定金額的零息債券
而言，如果沒有違約，並且持有到期滿，購買時的票面利率就
是投資人將得到的報酬率。相較之下，定期支付利息的附息債
券，報酬率可能稍有變動，它會依照債券持有期間內利息是否
再投資、再投資利率有多高而決定。儘管如此，持有債券直到
期滿的投資人，可以相當方便的用原始殖利率來估計投資報酬。

　　但是，如果在期滿之前出售債券，報酬率就會比較難估計。此時，債券持有期間的利率（債券殖利率）變動，將會成為決定淨報酬的主要因素。利率上漲時，債券價格會下跌，原來流通在外的債券因此得以和新發行的高利率債券競爭。利率下跌時，則債券價格會上漲。一定要記住的原則是，一旦不能持有債券至到期日，投資人在利率上升時受害的程度，等同於利率下降時受惠的程度。

　　通貨膨脹是擾亂投資報酬的程咬金。對債券市場而言，通貨膨脹率上升絕對是件壞事。舉例來說，假設債券在沒有通膨的時候，票面利率為 5％，投資人的實質報酬率（已扣除通貨膨脹率）也是 5％。現在，假設通貨膨脹率由 0％上升為每年 5％，如果投資人仍然要求 5％的實質報酬率，則債券票面利率必須上升為 10％。如此一來，扣掉通貨膨脹後，投資人的報酬率才能達到 5％。但是，這表示債券價格將會下跌，以前購買 5％殖利率的長期債券投資人，則會產生重大的資本損失。除了買進第 12 章推薦的抗通膨債券的投資人，通貨膨脹可以說是債券投資人的死敵。

　　原則上，股票應該能對抗通膨，不應該受到通貨膨脹率上升之苦。至少在理論上，通貨膨脹率上升 1％，廠房、設備、存貨價值在內的所有價格也應該上升 1％，因此盈餘與股利的成長率會和通貨膨脹率同步成長，所以就算所有獲利隨通貨膨脹上升，殖利率或本益比並不需要改變。這是因為預期成長率

應該和預期通貨膨脹率一起增加。但是,接下來我們要看看實
務上是不是這樣運作。

股票市場的四大波段

　　在我們試圖規劃未來的股票與債券報酬之前,先來回顧最
近歷史上股票與債券的四個時期,看看前文提到的報酬決定因
素是否說得通。這四個時期恰好是從 1947 到 2009 年股市的四
大波段。表 13-1 顯示這四段時期,以及股票與債券投資人的
平均年報酬率。至於 2010 年代到 2020 年代的多頭市場,我們
會在下一節討論。

　　我將時期 I 稱為安穩時期,這是第二次世界大戰後的成長
期間。扣除通膨後,股票持有人獲得極佳的報酬,債券持有人

表 13-1　美國股票與債券報酬(平均年報酬)

資產類別	時期 I 1947/01 ~ 1968/12 安穩時期	時期 II 1969/01 ~ 1981/12 焦慮時期	時期 III 1982/01 ~ 2000/03 繁榮時期	時期 IV 2000/04 ~ 2009/03 幻滅時期
股票 標準普爾 500 指數	14.0%	5.6%	18.3%	− 6.5%
債券 高評等、長期公司債	1.8%	3.8%	13.6%	6.4%
平均年通貨膨脹率	2.3%	7.8%	3.3%	2.4%

的微薄報酬則不及通貨膨脹率；時期 II 我稱為焦慮時期，戰後嬰兒潮世代年輕人的反抗風潮，越戰造成的經濟與政治不穩，加上石油與食物引發的通貨膨脹，對投資人形成很不利的環境，無人得以倖免，股票與債券的報酬都不佳；時期 III 是繁榮時期，戰後嬰兒潮世代已成熟，世界和平，再加上無通膨的經濟繁榮，完全是股票與債券投資人的黃金歲月，股市與債市從來沒有過這樣豐厚的報酬；時期 IV 是幻滅時期，新世紀的光明前景並沒有反映在股票報酬上。不過，這的確為進入 2020 年代的這波大漲奠定良好的條件。

　　現在，我們來看看在這四段期間當中，投資報酬的決定因素如何演變，特別是哪些因素導致評價關係改變與利率變動。請記住，股票報酬由三項因素決定：一、購買股票時的殖利率；二、盈餘成長率；三、股票評價改變，也就是本益比與本利比的改變。另一方面，債券的報酬根據下列原因決定：一、購買時債券的原始報酬率；二、利率（殖利率）改變，價格也跟著改變，影響持有到期滿的投資人。

時期 I　安穩時期

　　消費者以大肆採購來慶祝第二次世界大戰結束。在大戰期間，他們沒有汽車、冰箱或數不盡的其他貨品，但戰後他們掏光儲蓄，創造通貨膨脹小幅上漲的景氣。然而，人們很難忘記

1930 年代的大蕭條。經濟學家（那些悲觀的科學家）擔心，需求下降可能導致經濟衰退，甚至認為經濟蕭條即將來到。哈利・杜魯門總統（Harry Truman）用一句隨後廣為人知的結論定義兩者的區別：「你失業是經濟衰退，我失業是經濟蕭條。」股市投資人也感染到經濟學家的憂慮。1947 年年初，殖利率不尋常的被推高到 5％，本益比大約 12 倍，遠低於長期平均值。

　　結果，經濟打破許多人的恐懼，並沒有落入蕭條。儘管有溫和的衰退，在 1950 與 1960 年代，經濟仍然以穩健的速度成長。1960 年代初期，約翰・甘迺迪總統（John Kennedy）提出大規模減稅方案，這項方案在他死後於 1964 年付諸執行。減稅方案的刺激，加上政府因為越戰增加支出，使得經濟強勁成長，就業率高。直到這段期間結束，通貨膨脹都不是問題。投資人變得愈來愈有信心，到了 1968 年，本益比超過 18 倍，標準普爾 500 指數的殖利率降到 3％以下。對股票投資人而言，這是極佳的狀況，初始殖利率高；盈餘與股利都強勁成長，成長率為 6.5 ～ 7％；股價評價上揚更進一步增加資本利得。表 13-2 列出 1947 ～ 1968 年期間，股票與債券不同層面的報酬。

　　債券投資人可就沒那麼幸運。由於 1947 年債券的初始票面利率低，因此即使持有至到期日，報酬注定會很低。在第二次大戰期間，美國將長期公債的票面利率限定在 2.5％以下，以便讓政府以便宜的低利率貸款籌措戰爭經費。這項政策一直

表 13-2　1947/01 ～ 1968/12 股票與債券報酬的發展

股票	初始殖利率	5.0
	盈餘成長	6.6
	評價改變（本益比增加）	2.4
	平均年報酬率	**14.0**
債券	初始票面利率	2.7
	利率上升的效果	－ 0.9
	平均年報酬率	**1.8**

延續到戰後，直到 1951 年才允許利率上升。這讓債券投資人受到雙重打擊，不僅利率遭到人為壓低，當利率得以上升時，又遭到資本損失。結果，債券投資人的名目報酬率低於 2％，實質報酬率（扣除通貨膨脹）則為負數。

時期 II　焦慮時期

　　1960 年代末期到 1980 年代初期，通貨膨脹出乎意外的加速上升，成為影響證券市場的主要因素。1960 年代中期，通貨膨脹幾乎難以察覺，僅略高於 1％。然而，在 1960 年代末期，當美國涉入越南事務愈深，就產生典型、舊式的「需求拉動」型通貨膨脹，金錢太多而商品太少，使得核心通貨膨脹率上漲到 4％或 4.5％左右。

　　然後，經濟又受困於 1973 ～ 1974 年的石油與食物危機，這正是典型的莫菲定律：可能出錯的地方一定會出錯。石油輸出國家組織（The Organization of Petroleum Exporting Countries，縮寫為 OPEC）聯手促成人為的石油短缺，而上天則造成真實的食物短缺，不只北美穀物欠收，蘇聯與撒哈拉以南非洲地區也天災連連。甚至連祕魯鯷魚也神祕的消失，而鯷魚是當地重要的蛋白質來源；別忘了，奧圖曾經說：「莫菲是個樂觀主義者。」通貨膨脹率再次上升到 6.5％。然後，1978 ～ 1979 年間一連串的政策錯誤，造成某些經濟產業需求過度，油價因此上揚 125％，通貨膨脹於是火上加油，連帶使薪資成本上漲。1980 年代初期，通貨膨脹率高於 10％，人們憂慮美國的經濟已經失去控制。

　　最後，聯準會在時任主席保羅・伏克爾（Paul Volcker）領導下，採取果斷的行動。聯準會採行極度緊縮的貨幣政策，以殺死通貨膨脹的病毒，有效控制經濟。儘管通貨膨脹率的確開始下降，美國經濟卻也奄奄一息，遭逢 1930 年代以來最嚴重的經濟衰退，失業率急速攀升。1981 年底，美國經濟不只通貨膨脹率達到兩位數，就連失業率也是兩位數。

　　表 13-3 顯示出通膨與經濟不穩對金融市場的影響。股票與債券的名目報酬已經很低，再扣除 7.8％的通貨膨脹率，實質報酬變成負數。相對的，硬資產（hard assets）如黃金、收藏品與房地產都有兩位數的豐厚報酬。

表 13-3　1969/01 ～ 1981/12 股票與債券報酬的發展

股票	初始殖利率	3.1
	盈餘成長	8.0
	評價改變（本益比下降）	− 5.5
	平均年報酬率	**5.6**
債券	初始票面利率	5.9
	利率上升的效果	− 2.1
	平均年報酬率	**3.8**

　　由於這次的通貨膨脹出乎預料，債券票面利率沒有把它納入考量，因此債券投資人災情慘重。舉例來說，在 1968 年，30 年期的長期債券到期殖利率只有 6％左右，足以補償當時的 3％通貨膨脹率，扣除通膨後的實質報酬率為 3％。不幸的是，在 1966 ～ 1981 年間的實際通貨膨脹率將近 8％，把債券的正面收益都抵銷了。收益被抵銷還算是好事，更糟的是資本損失。1970 年代後期，當通貨膨脹率以兩位數成長時，誰會願意購買票面利率只有 6％的債券？沒有人！想要賣掉債券就只能賠本出售，接手投資人的收益才能敵過更高的通貨膨脹率。當債券殖利率上漲導致風險溢酬增加時，價格也開始波動。更糟的是，稅務系統還給予殘忍的一擊，債券投資人的稅前獲利都是負數，政府卻以正常的稅率針對債券利息課稅。

　　債券沒有幫助投資人抵抗意料之外的通貨膨脹並不奇怪，

但是居然連股票都幫不上忙就奇怪了。既然股票代表那些應該和物價水準同步上漲的實質資產所有權，那麼股價也應該上漲。這就像是有個小男孩第一次上藝術博物館，被告知一幅著名的抽象畫主題應該是馬時，他慧黠的反問：「既然它『應該』是一隻馬，為什麼它不是馬呢？」如果股票應該可以對抗通貨膨脹，為什麼它們卻不能真正對抗通貨膨脹呢？

　　這個問題有許多不同的解釋，大部分都和股利與盈餘的成長不佳有關，但是在經過仔細分析後全都站不住腳。最常見的解釋是，通貨膨脹使公司獲利大幅縮水，特別是財報已經剔除通貨膨脹的因素，數字就變得更低。通貨膨脹被描述成金融「中子彈」，它讓公司組織的架構保持完整，卻將獲利的血脈摧毀殆盡。許多人認為資本主義的機器已經失去控制，所以走在華爾街上，不論是否隨機漫步，都可以說是極端危險。

　　事實上，企業獲利並不像 1980 年代初期金融界的想法一般，受到殘酷無情的通貨膨脹影響而下降。由表 13-3 可以看出，1969 ～ 1981 年期間，獲利成長 8％，超過通貨膨脹，就連股利成長率也接近通貨膨脹率。

　　電影迷們也許還記得電影《北非諜影》（Casablanca）中令人難忘的最後一個鏡頭。亨佛萊・鮑嘉（Humphrey Bogart）站在德國少校的屍體旁邊，手上握著一把冒煙的槍。法國殖民地警局長官克勞第・雷恩（Claude Rains）眼光掃過鮑嘉，看向冒煙的槍，再看到少校的屍體，最後對部下說：「少校遭到

射殺，現在開始搜索一般可疑分子。」我們也搜尋過一般可疑分子，但是還沒發現槍殺股市的兇手。

1970 年代，股票報酬下跌的主要原因，在於投資人對盈餘與股利的評價大幅下降，也就是說，他們願意為每 1 元盈餘與股利付出的金額大幅減少了。股票不能保護投資人免於受到通貨膨脹傷害，不是因為盈餘與股利的成長跟不上通貨膨脹，而是因為那段期間內的本益比幾近崩潰。

標準普爾 500 指數的本益比在 1969 ～ 1981 年期間下跌將近三分之二。本益比下跌是導致 1970 年代股市投資人報酬不佳、股票沒有反映公司盈餘與股利成長的原因。某些金融經濟學家認為，1970 年代與 1980 年代初期，股票市場的不理性導致本益比下跌太重。

當然，股市投資人很可能只是在 1980 年代初期呈現非理性的悲觀，就像他們在 1960 年代中期的非理性樂觀一樣。我雖然不認為市場總是完全的理性，但是如果要在股市和經濟學家之間選擇，我無論如何都會在股市裡下注。我懷疑當股票投資人讓股利與本益比大幅下跌時，並不是不理性心態作祟，他們只是害怕。1960 年代中期的通貨膨脹非常溫和，幾乎難以察覺，投資人因此認為經濟學家已經找到克服嚴重經濟蕭條的方法，即使輕微的不景氣也可以矯治。當時沒有人想像得到美國經濟會經歷兩位數的失業率，或是兩位數的通貨膨脹率，更不用說兩者同時發生。人們那個時候才知道，經濟情況並不如

以前想像中的穩定。股票（恕我直說，就是股票）因而被認為
風險較高，需要比較高的風險溢酬作為補償。*

因為本益比與本利比相對降低，股市可以提供比較高的風
險溢酬，使未來報酬增加，和風險較高的新環境相稱。矛盾的
是，同樣的調整，在 1960 年代末期到 1970 年代造成股票投資
報酬低落，卻使 1980 年代初期出現極有吸引力的股價水準，如
同我在本書先前版本中提及。這個情形說明，如果有人試圖解
釋十年內（或更短期間內）報酬產生的原因，評價關係的改變
會扮演相當重要的角色。1969 到 1981 年這段時期，股利的成
長率確實彌補了通貨膨脹的壓力，然而，我相信本利比與本益
比下降反映出風險上升，這才是讓股市一蹶不振的主凶。

時期 III　繁榮時期

現在來看第三個時期，自 1982 到 2000 年初，金融資產報
酬的黃金歲月。這個時期開始時，債券與股票的價格都已經根
據變動的經濟環境充分調整，甚至過度調整。調整後的價位不
僅足以對抗可能的通貨膨脹，還能提供極佳的實質報酬率。

---

* 作者注：經濟學家通常用風險溢酬來描述這種情況；所謂風險溢酬就是，預
　期報酬和完全可以預測的短期投資報酬之間的差距。按照這種說法，1960 年
　代的風險溢酬很小，大約 1% 或 2%。到了 1980 年代初期，股票與債券投資人
　要求的風險溢酬則增為 4～6%，請參見後文說明。

　　事實上，1981 年底的債券市場惡名昭彰，《波爾街日報》（*The Bawl Street Journal*）在 1981 年的年度漫畫中寫道：「債券是為了貶值而設計的固定利率投資工具。」在當時，高評等的公司債殖利率大約 13％，而基本通貨膨脹率（以一單位勞動成本的增加率來計算）只有 8％左右，因此公司債的實質報酬率大約為 5％。就過去的歷史標準看來，這真是不尋常的優厚；公司債的長期實際報酬率通常只有 2％。當然，由於債券價格波動增加，債券理所當然應該提供比過去更高的風險溢酬。但是，悲觀的法人可能過度憂慮債券投資風險。就像在最後一役奮戰的將軍一樣，投資人因為過去 15 年的經驗太過慘痛，已經不願意接觸債券。在這樣的條件下，債券投資人必然有非常優厚的預期報酬。

　　那麼股票如何呢？就像我前文所說，平均殖利率加上每股盈餘的預期成長率，就可以算出長期的股票預期報酬率。我在 1981 年的計算結果顯示，股票的預期總報酬率高於 13％，遠高於核心通貨膨脹率，以歷史標準而言也是極為優厚。

　　當時的股票價格很低，盈餘也在週期性的低檔，但是即使盈餘數字偏低，本益比仍然低得不尋常，本利比也低於平均值，股價只有公司資產重置價值（replacement value）的零頭而已。難怪我們在 1980 年代看到這麼多公司易手。只要資產能透過股市以低於直接購買成本的價格買進，就會有公司買進其他公司的股票，或是買回自家公司的庫藏股。因此我在

1980 年代初期主張，我們看到的市場情況是，證券資產的價
格已經根據通貨膨脹以及伴隨而來的更高不確定性充分調整，
甚至過度調整。表 13-4 顯示的是，1982 ～ 2000 年期間股票
與債券的報酬情況。

表 13-4　1982/01 ～ 2000/03 股票與債券報酬的發展

股票	初始殖利率	5.8
	盈餘成長	6.8
	評價改變（本益比增加）	5.7
	平均年報酬率	**18.3**
債券	初始票面利率	13.0
	利率下降的效果	0.6
	平均年報酬率	**13.6**

　　這真是投資人豐收的年代，股票與債券投資都有相當優厚
的報酬率。雖然盈餘與股利的名目成長率並沒有比令人不滿意
的 1970 年代更好，造成股市高報酬的因素有兩項。第一，初
始殖利率將近 6%，不尋常的高；第二，市場的情緒由絕望轉
為興奮。本益比從 8 倍變成 30 倍，上漲 3 倍多，殖利率僅略
高於 1%。評價改變使得股票投資的報酬由不尋常的好，變為
驚人的好。

　　同樣的，債券的初始票面利率為 13%，保證長期持有人

將會得到兩位數的報酬。如同前文所說，長期投資人看到的票面利率，就是他們會得到的報酬率。此外，利率下降，推動報酬進一步增加。再加上通貨膨脹率下降為 3％，實質報酬（已扣除通貨膨脹率）遠高於長期平均值。1982 ～ 2000 年初是投資金融資產千載難逢的時機。同時間，硬資產如黃金與石油，卻出現負報酬。

時期 IV　幻滅時期

　　緊隨著繁榮時代而來的是股市有史以來最糟糕的十年，一般將這個時期視為「失落的十年」或是「調皮年代」（the naughties），它是大部分股市投資人寧可遺忘的十年。起先是網路泡沫，緊跟著來的是毀滅性的空頭市場，後來出現另一個泡沫，猛烈衝擊世界股市，伴隨暴跌的房地產價格，完全摧毀仰賴房價上漲才能獲利的複雜抵押擔保證券。這些事件再度提醒投資人，這是個風險很高的世界，評價關係也跟著改變。

　　本益比下降而殖利率上升，這讓利用債券來分散投資的投資人能夠減輕痛苦，因為債券在這十年間產生正面報酬。表 13-5 顯示報酬在幻滅時期的發展狀況。

表 13-5　2000/04 ～ 2009/03 股票和債券報酬的發展

股票	初始殖利率	1.2
	盈餘成長	5.8
	評價改變（本益比下降）	－ 13.5
	平均年報酬率	**－ 6.5**
債券	初始票面利率	7.0
	利率上升的效果	－ 0.6
	平均年報酬率	**6.4**

2009 到 2022 年的市場

　　隨著 2009 年市場跌到谷底，標準普爾 500 指數的本益比也降到不到 15 倍的周期低點，殖利率則增加到大約 3％。這種評價關係的改變，為接下來十年的股市打造出產生正報酬的環境。由於殖利率下降、本益比提高，推動盈餘以兩位數成長，股價漲幅則更大。儘管 2020 年初新冠疫情中斷經濟活動，股價產生震盪，至 2022 年 1 月為止，股票創造出接近 17.5％的平均年報酬率。同一時期的平均通貨膨脹率為 2.3％。因此，股票創造的實質報酬率和時期 III「繁榮時期」的報酬率一樣高。此外，債券的表現也不錯。2009 年時，美國國庫券的殖利率介於 3 ～ 4％。而到 2022 年 1 月，十年期美國國庫券的殖利率低於 2％。由於殖利率略微降低，債券提供些微的資本增值，年度報酬率為 4％，扣除通貨膨脹率後約為 2％。

長期合理報酬是多少？

　　未來會是什麼模樣？該如何判斷未來數年金融資產的報酬？雖然我認為沒有人能夠預測證券市場的短期波動，但我相信，投資人可以預估金融資產的長期投資報酬區間。很顯然，希望未來股市如同 2009 ～ 2022 年，繼續提供豐厚的報酬是不切實際的想法。

　　那麼，長期合理的預期報酬是什麼？我以前使用的方法現在依然適用，我將會根據 2022 年初的狀況計算並預測長期報酬。各位也可以採用相同的方法，根據當時的資料來計算並預測長期報酬。

　　我們先看 2022 年的債券市場，就可以估計長期持有人的報酬。如果持有優良的公司債到期滿，報酬大約 3.5％。持有十年期美國國庫券到期滿，報酬大約是 2.5％。假設通貨膨脹率根據聯準會的目標發展，每年維持在不超過 2％的水準，公司債將提供投資人微薄的正投資報酬率。不過，這些債券的票面利率遠低於 1960 年代末期以來的水準，而且如果通貨膨脹率和 2021 年與 2022 年一樣增加，債券的報酬率將變成負值；如果利率上揚，債券價格就會下跌，債券報酬率甚至會變得更低；政府公債的實質報酬也會歸零，甚至跌得更低。很難想像債券投資人會得到和 2022 年一樣不錯的獲利。

　　至於 2022 年以後，股票投資人會有怎樣的報酬呢？我們

可以根據決定股票報酬的兩項因素進行合理的估計。我們知道，2022 年標準普爾 500 指數的殖利率不到 1.3％。假設長期盈餘成長率為 4.7％，這個數字和歷史上低通貨膨脹時期的成長率一致，也和華爾街在 2022 年的估計差不多。把初始殖利率加上成長率，可以得出標準普爾 500 指數的報酬率為 6％，比債券報酬稍高，但遠低於 1926 年以來的長期平均值 10％。

當然，決定短期股票報酬的最主要因素是，市場對股票評價的變化，也就是市場本益比的變動。投資人應該自問，股票市場在 2022 年的評價水準能不能夠維持下去。2022 年初，經週期性調整的本益比超過 35 倍，比長期歷史平均水準還要高很多，但是殖利率為 1.3％，遠低於歷史平均水準 4.5％。

不可否認，2022 年初的利率相當低。當利率低時，本益比就會稍高，殖利率也會比較低。但是，我們不能假設利率會永遠這麼低，通貨膨脹永遠如此輕微。畢竟，意外經常發生。

股市有個可預測的型態，可以預測長期以來最適當的股票報酬。在可預測的期間裡，整體來說，未來股市報酬的變動有高達 40％可以根據最初市場的本益比來預測。

圖 13-1 呈現出這個有趣的結果。這張圖衡量 1926 年以來美國股市每一季的本益比，而且計算出市場未來十年的報酬。觀察結果會根據最初本益比數字由低到高分成十等分。圖中顯示，投資人在市場本益比相對低的時候買進，未來會在市場中賺得更高的投資報酬；如果是在市場本益比較高的時候買進，

圖 13-1　1926 年以來從歷史本益比推測接下來十年的平均年報酬率

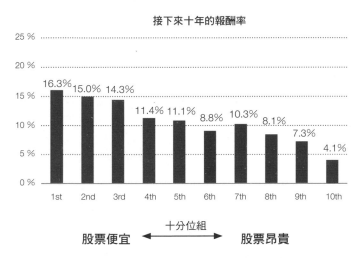

本益比十等分位組	本益比範圍
1	10.6 倍以下
2	10.6 倍至 11.8 倍
3	11.8 倍至 13.6 倍
4	13.6 倍至 15.8 倍
5	15.8 倍至 17.4 倍
6	17.4 倍至 19.3 倍
7	19.3 倍至 20.6 倍
8	20.6 倍至 23.1 倍
9	23.1 倍至 25.4 倍
10	25.4 倍以上

資料來源：路佛集團（The Leuthold Group），2022 年。

未來的投資報酬率會相對偏低。

在衡量市場的本益比時，不能使用實際的每股盈餘，而是要用經週期性調整的盈餘為基礎。因此，在計算時使用的本益比，常常被稱為週期性調整本益比（cyclically adjusted P/E multiples，縮寫為 CAPEs，又稱「席勒本益比」）。在羅伯特・席勒的網站上可以看到調整後的本益比數字，也可以看到近十年的平均盈餘（也可以用近五年平均盈餘）。2022 年，席勒本益比已經超過 35 倍，而且只衡量到 2000 年初的數據，它能相當準確的預測到未來十年的報酬能力，並且確認我們在此提出的預期狀況：未來幾年的報酬率將只有中等的個位數報酬，而且可能遠低於之前算出來的 6% 報酬率。如果你預期的投資期間少於十年，沒有人能夠正確預測你能得到的報酬。

身為華爾街的隨機漫步者，我懷疑有誰能夠預測短期股價的走勢，而且或許這樣比較好。我總會想起很久以前的廣播劇《我愛神祕故事》（I Love a Mystery）中一段我很喜歡的故事情節。故事敘述一位貪心的股市投資人，希望能有一次機會在股價變動前 24 小時事先看到報紙。由於某種無法解釋的神祕力量，他的願望實現了。他在某天傍晚收到隔天的晚報。他興奮的整晚熬夜，計畫隔天早上買進、下午賣出，這樣肯定可以打敗市場。然後，在洋洋得意未竟之前，他繼續讀完報紙，結果竟然看到自己的訃聞。第二天早晨，僕人發現他已經死去。

我很幸運，並沒有看到未來的報紙，不能事先預言今後某

段時間內股票與債券價格的走勢。然而我確信，前文提到的債券與股票長期報酬預測方法非常保守、也十分合理，可以作為21 世紀投資計畫的參考。重點是，不要從後照鏡看著過去的兩位數報酬，並依此預測未來會有同樣的獲利。在將來，我們可能會有一段時間都身處在低報酬的環境。

第 14 章

做好人生的投資規劃

人的一生中有兩個時期不應投機:無力投機時,以及有能力投機時。

——馬克·吐溫,《赤道追蹤》(*Following the Equator*)

在人生的不同階段,應該有不同的投資策略。同樣是為了退休金儲蓄,34 歲和 68 歲的人應該使用不同的金融工具來達成目標。34 歲的人正要步入薪資收入的高峰期,可以用薪資彌補風險帶來的任何損失,而 68 歲的人可能依靠投資收入來補充或取代薪資收入過活,必須控管風險。由於每個人承擔風險的能力也不同,即使是相同的金融工具,對不同的人來說可能有不同的意義。雖然 34 歲和 68 歲的人都可能投資定存,但年輕人可能是為了規避風險,年長者則是因為承受風險的能力降低;這是因為前者可以選擇承擔風險的程度,後者選擇有限。

你最重要的投資決策,也許是在不同的人生階段,決定資產配置以取得平衡,例如投資股票、債券、房地產與貨幣市場證券等。經濟學家羅傑·易普生(Roger Ibbotson)花了一輩

子的時間，研究不同投資組合的報酬。他指出，投資人的總報
酬有 90％以上取決於他所選擇的資產類別與比例，來自選擇
特定股票或共同基金的報酬只有 10％以下。在本章中，我將
說明不論你如何看待風險、如何平衡吃得好與睡得好的投資，
你的年齡、工作收入與負擔的人生責任，都會對資產配置產生
重大的影響。

資產配置的 5 項原則

在決定如何合理配置資產組合之前，有一些原則要牢記在
心。這些原則都已經在前幾章討論過，但為了幫助各位釐清，
現在再次條列如下：

1. 歷史告訴我們，風險和報酬相關。
2. 投資股票與債券的風險，視持有期間的長短而定：
   持有期間愈長，資產報酬波動的可能性愈低。
3. 定期定額投資法雖然有爭議，卻是有用的技巧，可
   以更進一步降低投資股票與債券的風險。
4. 再平衡策略可以降低風險，有時還能增加報酬。
5. 你必須釐清看待風險的心態以及承受風險的能力之
   間的區別。你能承受多少風險，取決於整體財務狀
   況，包含收入的類型與來源，不包含投資收入。

1. 風險和報酬有關

　　只有承擔比較大的風險才能提高投資報酬，這句話你大概已經聽膩了，但這是投資管理時最重要的教訓。這項基本的金融法則背後，有好幾百年的歷史資料可以背書，表 14-1 的總結顯示風險與報酬的關係。

表 14-1　1926 ～ 2020 年各類資產的平均年報酬率

	平均年報酬率	風險指數 （報酬的變動程度）
小型股	11.9%	28.2%
大型股	10.3%	18.7%
長期政府公債	5.7%	8.5%
美國國庫券	3.3%	3.1%

資料來源：Ibbotson, Duff & Phelps SBBI。

　　股票的長期報酬顯然最好。有人統計過，如果喬治・華盛頓（George Washington）把第一次拿到的總統薪水撥出 1 美元投資股票，到 2021 年為止，他的繼承人將擁有比百萬富翁多 50 倍的財產。易普生算出自 1790 年以來，股票每年可提供高於 8％的複利報酬率。而且由表 14-1 可以看出，1926 年後的獲利更豐厚，因為大型股的報酬超過 10％。但是伴隨著而來的是相當大的風險，每十年裡約有三年是虧損。所以，當你想追求比較高的報酬時，別忘了「天下沒有白吃的午餐」，高風

險是投資人為豐厚報酬付出的代價。

2. 投資股票與債券的實際風險取決於時間

持有投資標的的時間長短，也就是你的「定力」（staying power），會決定你真正承受的投資風險。因此，你所處的人生階段是你配置資產時必須考慮的關鍵因素。我們來看看，為什麼持有期間能決定投資人承受的風險。

由表 14-1 可知，過去近 90 年來，長期政府公債的平均年報酬率約為 5.7％。但是風險指標卻顯示，任何一年的報酬都可能和平均值相距甚遠。事實上，長期債券的投資報酬有好幾年都是負數。這個時期的債券平均報酬會這麼高，原因在於當時的大部分時間裡，利率都比現在高得多。時至 2022 年，美國 30 年期公債的殖利率已經降到 3％。但想要確保賺到這微薄的 3％獲利，你還得要在接下來 30 年內持續持有才行。但是，要是你買進後隔年必須賣出，報酬率可能是零，甚至如果利率急遽上升，導致債券價格下跌以因應新出現的較高利率，你可能得面臨重大虧損。我想現在你可以明白，為什麼你的年齡以及持有標的的時間長短，會決定任何一項投資方案的風險多寡。

投資股票又如何呢？增加持有期間風險有沒有可能會跟著減低？答案是「絕對可以」。股票投資的大部分風險（不是全部），可以藉由長期持有股息再投入，以及不論景氣好壞都繼

續抱股的方法加以消除；這就是前幾章提過的買進並持有策略。

　　圖 14-1 勝過千言萬語，所以我只簡略說明一下。如果你在 1950 到 2020 年持有多元分散的股票投資組合（如標準普爾 500 指數），平均來說報酬會相當豐厚，大約 10％。但是，對於夜晚難眠的投資人來說，這項投資的報酬變動實在太大。一個典型股票組合在某年的報酬率可能比 52％還要高，另一年的報酬可能是－37％，顯然，不管在哪一年，你都無法確保得到一定水準的報酬。一年期的國庫券或是由政府擔保的一年期定存，對於隔年就需要錢的人而言，應該是最佳選擇。

圖 14-1　1950 ～ 2020 年不同持有期間的股票年報酬波動範圍

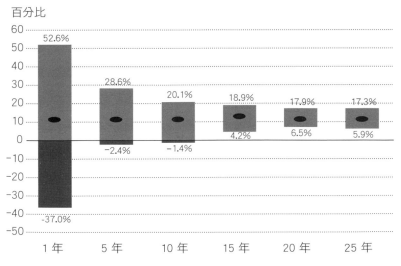

● 代表不同時期的平均年報酬率。

　　不過，如果你能夠繼續持股長達 25 年，情況會大不相同。雖然 25 年的報酬會根據實際持股的期間不同而有波動，但是差異不至於太大。舉例來說，圖 14-1 所研究的 25 年投資期間，平均年報酬率略高於 10％。如果你不幸從 1950 年開始投資，在俗稱最糟的 25 年繼續抱股，長期報酬則只有大概 4％。正因如此，「人生不同階段要有不同投資考量」這個原則才變得這麼重要。你投資的時間愈長，投資組合中的股票占比就應該愈重。一般而言，只有長期持有，才比較有可能從股票投資中獲得豐厚報酬。*

　　當投資期間拉長到 20 或 30 年時，股票通常是明顯的贏家，如同表 14-2 所示。這些資料進一步證實一項普遍的建議：在規劃投資組合時，年輕人應該比年長者持有更高比例的股票部位。

　　我不是指長期持有股票就不會有風險，持有股票愈久，投資組合最終價值的變動確實會增加。此外，我們也知道，股票曾經有數十年都是接近零報酬。但是，對於持股期間超過 25 年的投資人而言，特別是透過定期定額將股利再投入、甚至加

---

* 作者注：學術上來說，這種持有期間愈長愈可以降低風險的情況，是以第 11 章說過的報酬反轉現象為依據，有興趣的讀者可以參閱《投資組合管理期刊》（*Journal of Portfolio Management*）1989 年秋季號中保羅・薩謬爾遜（Paul Samuelson）的文章〈理性組合管理的經濟科學評判〉（The Judgement of Economic Science on Rational Portfolio Management）。

表 14-2 股票勝過債券的可能性：
1802 年以來，股票報酬率超越債券的年數比例

投資期間	股票報酬率超越債券的年數比例
1 年	60.2%
2 年	64.7%
5 年	69.5%
10 年	79.7%
20 年	91.3%
30 年	99.4%

碼的投資人而言，股票報酬很可能勝過安全的債券，甚至勝過更安全、由政府擔保的存款帳戶。

最後，年齡愈大，投資應該愈保守最重要的理由是，年長投資人有薪水可領的日子不長，萬一在股市產生虧損，他們也不能依靠薪水收入過活。將資金儲備在股市裡，會直接影響他們的生活水準，所以就算債券的穩定收入比較少，還是比較理想的投資策略。因此，他們的投資組合中，股票部位占比應該小一點。

3. 用定期定額投資降低風險

如果你像大多數人一樣，是用每年的存款買股票，逐漸累積投資組合，那麼「定期定額投資」可以提供很多好處。這種投資策略還有爭議，但的確可以幫你避開風險，以免在不當的

時機把全部資金投入股票或債券。

　　不要被這個看似複雜的名詞唬住，定期定額投資不過是在一段很長的時間中，每隔一定的時間（例如一個月或一季），以一定的金額買進投資標的（例如指數型共同基金）。以固定的金額定期買進股票，可以大大降低（而不是完全避免）股票投資的風險，讓你不會把所有股票都押在最高點買進。

　　表 14-3 假設每年投資 1,000 美元，在第一種情況中，開始投資後市場立即下跌，之後又急速上升，最後再度下跌，第五年的走勢和一開始投資時完全一樣。在第二種情況中，市場持續走高，最後整體上揚 40％。在這兩種情況中，總投資金額都是 5,000 美元，在變動市場中的投資人最後獲得 6,048 美元，擁有 1,048 美元的獲利，即使股市最後的走勢和開始投資時完全一樣。然而，在市場每年走高，最後一年上揚到 40％ 漲幅的情況中，投資人最後只獲得 5,915 美元。

　　華倫‧巴菲特對這種投資原理提出一個清楚的解釋，他在發表的文章中表示：

　　小考考題：如果你準備一輩子都吃漢堡，而且你不是畜牧業者，你應該期望牛肉價格走高或走低？同樣的，如果你準備偶爾買車，而且你不是汽車製造商，你會偏好車價高還是低？答案當然不言自明。

　　現在來看看期末考考題：如果你未來五年只想單

表 14-3　定期定額投資法

年期	變動的低迷市場			多頭市場		
	投資金額	指數型基金價格	買進單位	投資金額	指數型基金價格	買進單位
1	$1,000	$100	10	$1,000	$100	10
2	$1,000	$60	16.67	$1,000	$110	9.09
3	$1,000	$60	16.67	$1,000	$120	8.33
4	$1,000	$140	7.14	$1,000	$130	7.69
5	$1,000	$100	10	$1,000	$140	7.14
總資金	$5,000			$5,000		
總持股		60.48				42.25
平均成本	$82.67（$5,000÷60.48）			$118.34（$5,000÷42.25）		
最終價值	$6,048（60.48 x $100）			$5,915（42.25 x $140）		

純儲蓄，你應該期望股市走高或走低？許多投資人答
錯這道問題。即使這些投資人未來多年都只買股票，
他們依然會在股價上漲時得意洋洋，股價下跌時則意
志消沉。事實上，他們是對於即將要買進的「漢堡」
漲價而感到很高興，這種反應實在不合理。只有打算
在短期內出售股票的人才要在股價上揚時感到高興，
未來的買家應該會比較偏好股價下跌。

要排除投資股票的風險，定期定額投資並不是萬靈丹，在

2008 年這種崩盤時期，它不能讓你的 401(k) 退休儲蓄計畫免於重挫，因為沒有任何投資計畫可以讓你避開懲罰性的空頭市場。此外，即使在最不景氣的時候，你也必須擁有現金和信心繼續定期投資。無論金融新聞有多嚇人、能不能看到一絲一毫樂觀的跡象，你都不能中斷投資，否則你會失去這套方法的好處，無法確保部分投資是在股市邆跌之後逢低買進。定期定額投資可以幫你撿便宜，讓你的每股平均價格比你買進股票時的平均價格低。為什麼？因為你在低價時買得多，高價時買得少。

　　有些投資顧問並不偏好定期定額，因為股市持續上揚時，這就不算是最好的策略；這時你應該一開始就將所有的 5,000美元投入市場。但是，它確實提供一張對抗未來股市表現不佳的合理保單。此外，如果你倒楣到在 2000 年 3 月或 2007 年10 月等高峰期將所有資金投入股市，定期定額確實可以將事後勢必會產生的後悔感覺降到最低。為了進一步展現定期定額投資的好處，我們拋開假設來看看實例。表 14-4 是在不考慮稅金的狀況下，利用定期定額投資的結果。1978 年 1 月 1 日，原始投資金額是 500 美元，此後每月投資 100 美元到先鋒 500指數型基金（Vanguard 500 Index mutual fund）。最後，總投入金額不到 5 萬 3,200 美元，價值卻超過 146 萬美元。

　　當然，沒有人能斷言未來 45 年的報酬會和過去一樣。但是表 14-4 顯示持續採用定期定額投資的潛力。不過，還是要記住，由於股價長期會呈現上漲趨勢，這種做法對於有大筆資

表 14-4　定期定額投資先鋒 500 指數型基金

年度	累積投資的總成本	已買進股票的總價值
1978	$1,600	$1,669
1979	$2,800	$3,274
1980	$4,000	$5,755
1981	$5,200	$6,630
1982	$6,400	$9,487
1983	$7,600	$12,783
1984	$8,800	$14,864
1985	$10,000	$20,905
1986	$11,200	$25,935
1987	$12,400	$28,221
1988	$13,600	$34,079
1989	$14,800	$46,126
1990	$16,000	$45,803
1991	$17,200	$61,010
1992	$18,400	$66,817
1993	$19,600	$74,687
1994	$20,800	$76,779
1995	$22,000	$106,944
1996	$23,200	$132,768
1997	$24,400	$178,217
1998	$25,600	$230,619
1999	$26,800	$280,565
2000	$28,000	$256,271
2001	$29,200	$226,622
2002	$30,400	$177,503
2003	$31,600	$229,524
2004	$32,800	$255,479
2005	$34,000	$268,933
2006	$35,200	$312,318
2007	$36,400	$330,350
2008	$37,600	$208,941
2009	$38,800	$265,756
2010	$40,000	$306,756
2011	$41,200	$313,981
2012	$42,400	$364,932
2013	$43,600	$483,743
2014	$44,800	$550,388
2015	$46,000	$558,467
2016	$47,200	$625,764
2017	$48,400	$762,690
2018	$49,600	$729,295
2019	$50,800	$959,096
2020	$52,000	$1,135,535
2021	$53,200	$1,460,868

資料來源：先鋒集團。

金（如遺產）的投資人而言不盡然適合。

　　如果情況允許，請保留一些現金（放在貨幣市場基金），以便在市場大跌時多買一些。我這麼說並不是建議你預測市場，而是因為市場大跌時通常是買進的良機。正如同希望與貪婪會產生投機泡沫，悲觀與絕望也會造成市場恐慌。市場恐慌與病態投機熱潮一樣毫無道理。整體股市（而不是個股）的機制正好和牛頓定律相反，所有掉下去的東西必定會彈回來。

4. 再平衡策略可以降低風險，有時還能增加報酬

　　有一項非常簡單、可以降低風險的投資技巧，叫做「再平衡」，它甚至還能夠增加投資報酬。這項技術會替你重新調整不同資產（例如股票與債券）的持有比例，以配合你的年齡以及你對風險的看法與容忍度。假設你決定投資組合配置應該是股票占 60％、債券占 40％，開始進行投資計畫時，就按比例分配資金到這兩項資產中。但是，一年後，當你發現股票部位大漲，債券部位卻下跌，因此投資組合變成股票占 70％、債券占 30％，這顯然是風險較高的配置，不太符合你的風險容忍度。此時，透過再平衡策略，你會賣出部分股票（或股票型基金）並買進債券，讓資產比例恢復到股債比例為 60％與 40％。

　　表 14-5 顯示，到 2017 年 12 月為止的 20 年間，再平衡策略帶來的結果。每年最多一次，將資產組合調整回一開始設定的股債比例 60％與 40％；投資標的是低成本的指數型基金。

表 14-5 顯示，再平衡策略使投資組合的市值變動大幅降低，
同時又提高投資組合的年平均報酬率。如果沒有採用再平衡策
略，這段期間的投資組合報酬是 7.71％；再平衡策略將年報酬
率調整到 7.83％，而且波動比較小。

表 14-5　再平衡的重要性

在 1996/01 ～ 2017/12 期間，採用再平衡策略的投資組合波動較小、報酬較高

	平均年 報酬率	風險 * （波動性）
60％羅素 3000 整體股市基金 40％巴克萊綜合債券市場基金 每年使用再平衡策略†	7.83	10.40
60％羅素 3000 整體股市基金 40％巴克萊綜合債券市場基金 不使用再平衡策略†	7.71	11.63

* 報酬標準差。

† 羅素 3,000 整體股市基金（Russell 3,000 Total Stock Market Fund）代表股票部位；
巴克萊綜合債券市場基金（Barclays Aggregate Total Bond Market Fund）代表債
券部位，並且未計入稅金。

是什麼神奇力量讓遵循再平衡策略的投資人能夠在每年年
底增加報酬率？讓我們回頭想想這段期間在股票市場發生的
事。1999 年底，股市經歷前所未有的泡沫期，股價高漲，採
用再平衡策略的投資人不知道股市已經接近高峰，但他確實看
到，投資組合中的股票部位已經漲超過目標（60％），因此選
擇大量賣出股票，並且買進充足的債券，以恢復原有的比例。

接著到 2002 年底,就在股市空頭即將觸底、債市表現強勁時,投資人又發現股票比例遠低於 60％,債券比例卻遠超過40％,於是賣出債券、買進股票。到了 2008 年底,股票重挫、債券上漲時,他再度賣出債券、買進股票。我們都希望有一個小精靈可以確實告訴我們買低賣高的時機,而系統化再平衡策略就像是這個可靠的精靈一樣。

5. 風險負擔程度取決於你的態度

　　如同我在本章開頭所說,適合你的投資應該取決於投資收入以外的所得。你的賺錢能力就是負擔風險的能力,這通常和年齡有關。接下來,我會舉三個案例,幫助你了解這個概念。

　　米蕾是 64 歲的寡婦,先生剛剛過世,由於關節炎日益嚴重不得不放棄護理師工作。住家位在伊利諾州霍姆伍德村(Homewood),而且還在繳貸款,雖然貸款利率低,但每個月要繳交的貸款金額依然不少。除了每月收到的社會福利支票(Social Security check),她所賴以維生的就只有 25 萬元保險的收益(受益人是自己),以及先生過去經年累月存下來的 5 萬美元小型成長股投資組合。

　　很顯然,米蕾的財務狀況嚴重限制她承擔風險的能力。除了投資收入,她既沒有歲月可以揮霍,健康狀況也不容許她出外賺錢。此外,她又有大筆、固定的房屋貸款支出,一旦面臨投資虧損,她將無法恢復原狀。她需要一個能產生充足收入、

安全的投資組合，所以債券與高股息股票，例如不動產投資信
託的指數型基金，會是比較適合的投資選擇。高風險而且通常
不付股息的小型股，不論價格多吸引人，都不應該納入米蕾的
投資組合。

　　26 歲的蒂芬妮是單身、有野心的女性，她剛得到史丹佛
商學院企管碩士學位，並且已經加入美國銀行（Bank of
America）的培訓計畫，此外還繼承了祖母的 5 萬美元遺產。
她的目標是打造一個有規模的投資組合，作為日後購屋之用，
並且及早為退休生活做準備。

　　對蒂芬妮來說，我們可以放心的推薦她採用積極管理的投
資組合。因為她既年輕又有賺錢能力，可以在遭受財務損失時
維持原有的生活水準。雖然她的個性會決定她實際上願意承擔
的風險，但她的投資組合無疑屬於高風險高報酬的配置。因
此，比起年屆 64 歲、無法工作的米蕾，蒂芬妮更適合投資小
型成長股。

　　在本書前幾版，我介紹過卡爾的例子，他已經 43 歲，在
通用汽車公司密西根州的龐蒂雅克（Pontiac）車廠擔任領班，
年收入超過 7 萬美元。他的妻子瓊安靠著銷售雅芳產品每年可
賺進 1 萬 2,500 美元。他們有四個小孩，最小的 6 歲，最大的
15 歲。卡爾與瓊安希望每個小孩都能上大學，但他們知道自
己可能無法負擔昂貴的私立學校學費，所以希望孩子可以進入
密西根州立大學系統就讀。幸好，卡爾參加通用汽車的薪資儲

蓄計畫,並選擇投資通用汽車股票,在規律的儲蓄好幾年後,他累積下來的通用汽車股票總價值達 21 萬 9,000 美元。雖然他沒有什麼資產,但有一棟貸款快要還清的一般住房。

我認為卡爾與瓊安的投資組合問題很大。他們的收入與投資全都和通用公司綁在一起,如果通用公司的股票表現不佳,股價大跌,不只會破壞他們的投資組合,也會毀掉卡爾的生計。事實上,故事以悲劇收場,通用汽車在 2009 年宣布破產,卡爾同時失去工作與投資組合。而且,這並不是單一個案,我們一定要記住許多安隆員工得到的教訓,當安隆倒閉時,他們不僅失去工作,還失去投入安隆股票的所有積蓄。絕不要冒風險將投資組合和主要收入綁在一起。

調整各階段投資的 3 項策略

既然已經說明過背景,接下來我要提出人生各個階段的投資指南。我們先看看一些通則,這會對大多數人在不同的人生階段都有幫助。當然,沒有特定一種指南適合所有人,任何一套戰略都必須稍加修改以配合個別情況。在這裡,我要提出三項通則,幫助你建立適合的投資計畫。

1. 特定資金需求必須由特定資產支應

永遠要記住,特定資金需求必須由特定資產支應。以一對

20 幾歲的年輕夫婦為例，他們想要建立一套退休投資計畫，
他們需要的人生投資指南建議當然應該符合他們的長程目標。
但是，如果這對夫婦一年後就需要頭期款 5 萬美元買房子，支
應這項特定需求的 5 萬美元就必須投資在安全的證券上，到期
的時候才可以配合需要用錢的時機，例如投資一年期定存。同
樣的，如果在第三、四、五、六年後他們需要付大學學費，他
們也可以把資金放在到期日能配合繳款日的零息債券，或是不
同的銀行定存中。

2. 了解你對風險的忍受程度

　　投資人要對投資通則進行的最大調整，還是和個人看待風
險的態度有關。基於這個原因，我們才說成功的理財規劃比較
像是一項藝術，而非一門科學。在決定個人資金如何以適當的
比例分配到各種資產時，這項通則很有幫助，但是這樣的資產
配置是否管用，還是取決於你夜晚能否安穩入睡。風險忍受度
對於任何一項理財計畫都很重要，只有你可以決定自己看待風
險的態度。還好，股票與債券的持有期間愈長，風險就愈低，
只是你得有耐性忍受過程中投資價值每一年都會波動。2008
年股市下跌將近 50％時，你的感覺如何？當大盤在 2020 年 2
月與 3 月跌掉三分之一的那段時間，還有 2020 年 3 月 16 日那
天股價大跌 13％的時候，你每天晚上都睡得安穩嗎？如果你
因為大部分資金都投入股市而慌張，甚至生病，顯然你就需要

削減股票的投資比重。在思考你能接受的資產配置時，主觀的考量同樣扮演重要的角色，你可以根據自己看待風險的態度，合理修改我的建議。

3. 持續規律的儲蓄，即使小額儲蓄也有效果

在提出資產配置指南之前，還有一件事應該注意。如果現在沒有資產可以用來投資怎麼辦？許多財力有限的人認為，要累積一筆相當規模的投資金額根本不可能，要累積退休準備金更是遙不可及的目標。請別放棄希望！每週規律、持續不懈的儲蓄，就像加入薪資儲蓄計畫或是退休計畫一樣，終究會累積可觀的資金。你有沒有每週存下 23 美元的習慣？或是至少存下 11.5 美元？如果你可以規律的儲蓄，並且還能工作許多年，將能輕易達成存下大筆退休金的計畫。

表 14-6 顯示，初期資金為 500 美元，並且每個月持續規律存下 100 美元，並且全部投入先鋒股票指數型基金的結果。

如果你每個月只能存下 50 美元，等於每天存不到 2 美元，就把表中的數字減半；如果你每個月能存下 200 美元，就把表中的數字加倍。請選一檔免佣金指數型共同基金（no-load index mutual fund）來累積資產，此外，免手續費的 ETF 也是適合投資的標的。表 14-6 把自動再投入的利息、股息以及資本利得都算在裡面了。最後，請查看雇主是否提供類似的儲蓄計畫，如果能透過公司贊助的薪資儲蓄計畫，把自己的儲蓄結

表 14-6　如何累積退休金

初期資金 500 美元，每月投入 100 美元。

年數	累積投入資金	總價值
1	$1,600	$1,669
5	$6,400	$9,487
10	$12,400	$28,221
20	$24,400	$178,217
44	$53,200	$1,460,686

合公司的提撥，再加上所得稅抵扣，可以更快累積資產。

人生四階段投資指南

　　圖 14-2 是人生投資指南的彙整圖。在猶太法典《塔木德》（*Talmud*）中，猶太教領袖拉比以撒克（Issac）說，人應該將財富分成三部分：三分之一在土地、三分之一在商業、三分之一在手上（流動資產）。這樣的財產分配還滿合理，但是可以調整得更好，因為我們有更好的工具，並且知道每個人適用的資產分配比例不同。人生投資指南的要義我已經詳細解釋過。我建議 20 幾歲的年輕人採用非常積極的投資組合，因為這個年紀有的是時間去經歷投資週期的高峰與深谷，並且眼前又有一輩子的就業收入可期。因此投資組合中，不僅股票的比重極大，還要包括高比例的外國股票，如高風險的新興市場股票。

第 8 章說過，跨國分散投資的最大好處在於降低風險。此外，即使國際市場之間的關聯變得更加密切，跨國投資還是能讓投資人享受到世界上其他地區經濟成長的利益。

隨著年齡漸長，投資人應該逐漸減少較高風險的投資，在超低利率的時期，更要增加債券與股息成長股等債券替代商品，也要增加會提供豐厚股利的不動產投資信託。到了 55 歲，投資人就要思考如何過渡到退休生活，把投資組合轉為可以產生所得的投資；此時，債券與債券替代商品的比例要增加，股票組合改為保守與高股息股票，減少以成長為導向的股票。退休後主要的組合應該以各種債券為主。常見的做法是，讓債券占比等同你的年齡。然而，我建議即使超過 60 歲，投資組合依然要保持 40％的股票，並配置 15％到不動產投資信託，讓所得可以隨著通貨膨脹成長。事實上，自從我在 1980 年代首次提出這些資產配置建議以來，人類平均壽命已大幅提高，因此才要增加股票比例。

對於大多數人來說，打造投資組合時，我會推薦廣基型整體股市的指數型基金而不是個股；原因有二個。第一，大部分的人沒有足夠的資金自行做適當的分散投資。第二，我認為大部分年輕人沒有大筆資產，通常會以逐月投資的方式累積投資組合，所以利用共同基金來投資是非常棒的選擇。隨著資產成長，除了原本投資的美國股票基金，應該還要增加全球股票（指數型）基金的配置，藉此投資正在快速成長的新興市場股

票。當然，你不一定要採用我推薦的基金，但一定要確定你的
投資標的免佣金而且低成本。你應該也注意到，我明確的把房
地產包括在投資指南當中。前文說過，每個人都應該盡可能擁
有自己的住家。我相信每個人都應該擁有相當分量的房地產，
而且投資組合中應該包括房地產的證券，也就是第 12 章中談
到的「不動產投資信託」或「房地產共同基金」。在債券方面，
我建議持有課稅債券以及債券替代商品。但是如果你屬於最高
所得稅率級距，或者住在紐約等稅金很高的地區，而且債券部
位不在退休計畫中，建議你使用免稅貨幣市場基金與居住地州
政府的公債，因為它們可以讓你同時免除聯邦稅與州稅。

生命週期基金／目標日期基金

　　如果你想要避開諸多麻煩，不用隨年齡增加而調整投資組
合，也不用隨市場起伏波動每一年都重新再平衡資產比例，
2000 年代有一項新產品，就是為了那些設定好計畫就要拋諸
腦後的投資人而設計。這項產品稱為生命週期基金（Life-cycle
Fund），又稱為目標日期基金（Tatget Date Fund），它會自動執
行再平衡，並隨著你的年齡調整為較安全的資產配置。生命週
期基金特別適合用在個人退休帳戶、401(k) 與其他免課稅的退
休計畫；如果用在課稅的帳戶上，反而會帶來不利的結果。

　　你先挑選預定要退休的日期，再找出適當的特定生命週期

圖 14-2　人生各階段資產或儲蓄配置投資指南

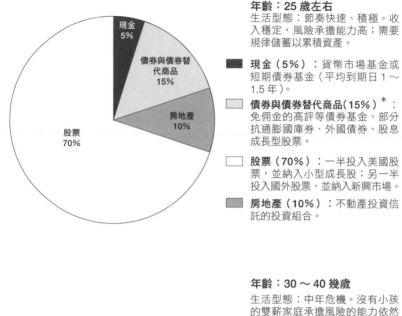

年齡：25 歲左右
生活型態：節奏快速、積極。收入穩定，風險承擔能力高；需要規律儲蓄以累積資產。

■ **現金（5%）**：貨幣市場基金或短期債券基金（平均到期日 1～1.5 年）。

▨ **債券與債券替代商品（15%）***：免佣金的高評等債券基金、部分抗通膨國庫券、外國債券、股息成長型股票。

□ **股票（70%）**：一半投入美國股票，並納入小型成長股；另一半投入國外股票，並納入新興市場。

▨ **房地產（10%）**：不動產投資信託的投資組合。

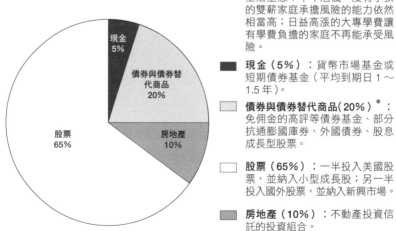

年齡：30～40 幾歲
生活型態：中年危機。沒有小孩的雙薪家庭承擔風險的能力依然相當高；日益高漲的大專學費讓有學費負擔的家庭不再能承受風險。

■ **現金（5%）**：貨幣市場基金或短期債券基金（平均到期日 1～1.5 年）。

▨ **債券與債券替代商品（20%）***：免佣金的高評等債券基金、部分抗通膨國庫券、外國債券、股息成長型股票。

□ **股票（65%）**：一半投入美國股票，並納入小型成長股；另一半投入國外股票，並納入新興市場。

▨ **房地產（10%）**：不動產投資信託的投資組合。

* 關於債券與債券替代商品，如果債券是分配在非節稅退休計畫中，應該選擇投資免稅債券。當進入超低利率時期，應該增加債券替代商品的持有部位。

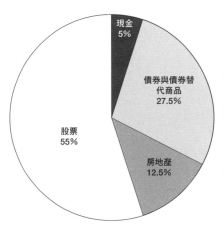

年齡：55 歲左右

生活型態：許多人還有大專學費的沉重負擔。不論生活型態如何，這個年紀的人都該考慮退休並確保收入。

■ **現金（5%）**：貨幣市場基金或短期債券基金（平均到期日 1 ～ 1.5 年）。

☐ **債券與債券替代商品（27.5%）***：免佣金的高評等債券基金、部分抗通膨國庫券、外國債券、股息成長股票。

☐ **股票（55%）**：一半投入美國股票，並納入小型成長股；另一半投入國外股票，並納入新興市場。

■ **房地產（12.5%）**：不動產投資信託的投資組合。

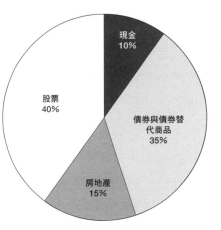

年齡：60 歲後

生活型態：享受休閒活動，但也要注意重大醫藥支出。承擔風險能力很低或是零。

■ **現金（10%）**：貨幣市場基金或短期債券基金（平均到期日 1 ～ 1.5 年）。

☐ **債券與債券替代商品（35%）***：免佣金的高評等債券基金、部分抗通膨國庫券、外國債券、股息成長股票。

☐ **股票（40%）**：一半投入美國股票，並納入小型成長股；另一半投入國外股票，並納入新興市場。

■ **房地產（15%）**：不動產投資信託的投資組合。

* 關於債券與債券替代商品，如果債券是分配在非節稅退休計畫中，應該選擇投資免稅債券。當進入超低利率時期，應該增加債券替代商品的持有部位。

基金。舉例來說，2025 年時，你是 40 歲，準備在 70 歲時退休。你應該購買「目標期限 2055 年」的生命週期基金，將後續的資金投入同一檔基金。這檔基金每年會重新平衡，股票組合會隨著時間經過而趨於保守。先鋒、富達、美國世紀（American Century）與普萊斯集團（T. Rowe Price）等主要共同基金業者全都有提供生命週期基金商品，各公司的網站都有列出生命週期基金到期日，也提供資產配置的詳細資料。當債券殖利率異常低的時候，我比較喜歡更積極的生命週期基金，因為它會加重股票的比重，減少債券的部位。對於想要以最簡單的方法來管理退休金的人來說，生命週期基金的自動導向功能讓使用者非常方便。但是，在加入之前，別忘了確認一下費用。低費用表示你可以有更多錢過更舒適的退休生活。

退休後的投資管理

每一天都有上萬名嬰兒潮世代達到 65 歲的退休年齡，這個狀況會持續到 2030 年。根據美國人口普查局的預測，有 100 多萬名嬰兒潮世代的人會活超過 100 歲，而 65 歲的人平均還有 20 年的壽命，此外，半數退休人士都活超過平均壽命。但是，嬰兒潮世代的人都沒有留心本書提出的忠告，並沒有存夠退休金。美國已經成為消費大國而非儲蓄國家，以長期聯邦預算來看，我們不可能指望政府幫助我們脫離困境。

退休準備不夠

　　根據聯邦準備理事會做的消費者財務調查，一般美國家庭幾乎沒有銀行儲蓄，而且信用卡債高築。擁有退休帳戶的人不到一半，個人財富最少的四分之一美國人當中，只有 11％有儲蓄或退休計畫。儘管較年長者（介於 55 歲到 64 歲之間）平均儲蓄金額是 30 萬 8,000 美元，這個數目仍然不足以取代家庭退休金收入的 15％。這不是一個好現象，對許多美國人而言，退休生活可能很糟糕。屆臨退休的嬰兒潮世代如果不希望晚年生活窮困潦倒，就必須面臨兩項實際的選擇：一項是開始厲行儲蓄計畫，另一項則是打破常理、英年早逝。如同導演亨利・楊曼（Henny Youngman）曾說：「如果我在 4 點前過世，我已經賺到自己需要用到的所有金錢。」

　　面臨上述情況的讀者，我無法提供簡單的解決之道，只能建議各位在退休期間繼續工作，控制支出並且盡量儲蓄。但是，即使這樣，各位還是有一線希望。拜網路之賜，有很多兼差工作可以在家裡做，特別是疫情後。退而不休還可以帶來心理與健康上的好處，有工作可做的人，會對自身的自我價值與人際關係連結感覺比較好，而且也會比較健康。的確，我會建議盡量延後退休，並且延後領取社會安全退休金，直到屆臨完全退休年齡為止，這樣可以充分提高年金。我只建議健康狀況極差、預估壽命比較短的人在可以開始領取退休金的年齡盡早領取。

投資退休儲蓄金

如果你懂得為退休生活及早儲蓄，有哪些投資策略可以幫助你確定有生之年都有錢可用？基本選項有兩個。第一，將所有或部分退休金變成年金；第二，退休人士可以繼續持有投資組合，並且設定退休提款比例，確定這個比例既可提供舒適的退休生活，又可以盡量降低提早把錢用光的風險。在這兩個選項之間，應該如何抉擇？

年金

科幻小說家席奧多爾・史鐸金（Theodore Sturgeon）創造的「史鐸金定律」（Sturgeon's Law）說：「你所聞所見的事物有95％都是垃圾。」這句話當然適用於投資界，但我衷心認為，你在本書看到的內容屬於其他的5％。關於年金的建議，我懷疑市面上錯誤資訊的比例接近99％，親切的年金業務員會告訴你，年金是退休投資問題唯一合理的解決方案，但是許多理財顧問卻可能會說：「別買年金，你會失去所有的錢。」投資人應該如何應對這麼兩極化的建議？

我們先討論什麼是年金，並且說明年金的兩個基本類型。年金通常稱為「長壽保險」，是投資人與保險公司簽訂的契約，投資人支付一筆保費，便可保障年金受益人在生存期間內每隔一段固定時間獲得年金給付。舉例來說，2022年初，65歲的

退休男性支付 100 萬美元的固定終身年金保費，每年就可以領取平均大約 6 萬 1,250 美元的年金。如果一對 65 歲的夫婦退休，想要購買連生遺族年金險（Joint and Survivor Option），只要夫妻任何一方健在就會繼續給付年金，100 萬美元保費將提供大約 5 萬 1,500 美元的固定年金。

　　當然，如果考慮到通貨膨脹，那些付出去的保費的購買力往往會隨著時間遞減，因此許多人偏好購買「變額年金」。視年金受益人選擇的投資資產類型而定（一般是共同基金），變額年金可以隨時間增加給付。如果年金受益人選擇一般股票，而且股市表現極佳，給付金額就會隨時間經過而增加，但是如果股市下跌，給付金額也會跟著減少。另外也可以購買附帶保證年金期間（guaranteed payment period）的年金，保證期間 20 年的意思是，即使年金受益人在購買年金後立即亡故，繼承人仍將獲得 20 年的年金給付。當然，年金受益人必須為這項保證付費，同意年金給付金額將大幅減少。以 70 歲的男性而言，減少的比例可能超過 20％。因此如果你真的擔心自己可能來日無多，而且身後沒有留下分文，最好縮減購買年金的退休儲蓄金比例。

　　變額年金提供解決通貨膨脹風險的方法，而另一個可行方法是考量外顯通貨膨脹因素的調整年金。這類保證自然會大幅降低一開始的給付金額，以 65 歲的夫妻投保連生遺族年金為例，100 萬美元保費提供的初始年金，每年只有 4 萬美元。

　　比起自行投資退休儲蓄金的策略，年金還有一項重大優點，就是可以保證你不會在有生之年用完積蓄。如果你有幸健健康康活到 90 歲以上，保險公司就得承擔一項風險，也就是必須支付的金額將遠遠超過保單滿期金與額外的投資獲利。不願承擔風險的投資人當然應該考慮，在退休時將部分甚至所有積蓄投入年金契約。

　　既然這樣，年金的缺點究竟是什麼？年金的潛在缺點有四項。資產年金化和遺贈動機（bequest motive）不一致、年金受益人無法彈性消費、交易成本極高，而且缺乏節稅效率。

1. 違反留下遺產的意願

　　假設某位退休人士已經存下龐大的退休儲蓄金，可以靠投資的股息與利息過著優渥的生活，雖然將資產轉換成年金可以提供更高額的年金，但年金受益人過世時，身後將不會留下任何遺產。許多人很想要留下一些錢給子孫、親戚或慈善機構，將資產完全轉換成年金和這種遺贈動機不一致。

2. 沒有彈性

　　假設一對身體健康的夫婦在 65 歲時退休，並且購買連生遺族年金險，只要夫妻任何一方健在就可領取定額年金。對於想要建構退休生活的夫婦而言，這種連生遺族年金是很常見的方式。但是，就在他們和保險公司簽約之後，這對夫婦同時發

現罹患絕症,兩人很可能都只剩下短短幾年壽命。他們很自然
的想要在有生之年完成環遊世界的心願,但年金讓他們無法在
情況改變時彈性變更消費方式。

3. 成本所費不貲

　　許多年金,尤其是保險業務員銷售的年金,都所費不貲。
買家不僅要支付投資管理費用與保險公司的費用,還要支付業
務員的銷售佣金。因此,有些年金可能是極差的投資。

4. 缺乏節稅效率

　　相較於債券,固定年金在遞延稅金上有一些優點,但是變
額年金會將具有節稅優惠的資本利得轉化為稅率更高的一般所
得。此外,將退休帳戶資產部分轉換成年金,無法抵消你必須
提領的規定最低存款。如果你將 50％的個人退休帳戶轉換成
年金,你仍然得根據規定的最低存款,提領另外一半資產。如
果你已經把這筆錢全部用完就沒有問題,但是如果你沒有用
完,就會有節稅效率的問題。

　　那麼,明智的投資人到底該怎麼做?我的規則是:起碼將
部分資產轉換成年金是有道理的,這是確保你在有生之年不會
花光積蓄又最沒有風險的方法。聲譽良好的公司擁有費用低且
不需銷售佣金的年金商品,想要在購買年金時做出明智的抉
擇,上網(http://valic.com)購買時就應該先做一些比較,你

會發現，不同公司提供的費率差異很大。

自行投資的方法

　　許多退休人士偏好繼續掌控至少一部分退休資產。假設根據圖 14-2 來投資資產，也就是近半數資產投資股票，其餘投入固定收入投資。現在你準備動用儲蓄金作為退休生活費，那麼若要確保有生之年不會用光積蓄，你可以動用多少錢？我之前的建議是使用「4％解決方案」。*但是，當利率和 2022 年一樣低的時候，採用 3.5％或 3％解決方案可以給投資人更多保障，不會在有生之年花光儲蓄。

　　採用「3.5％解決方案」時，你每年最多只能動用總儲蓄金額的 3.5％。如果遵循這個比例，你即使活到 100 歲也不可能花光積蓄，而且還可以留下一筆錢給繼承人，這筆錢的購買力和你整體退休儲蓄金的購買力相當。採用 3.5％規則時，你需要 51 萬 4,286 美元的儲蓄，才能在退休時產生每個月 1,500 美元或每年 1 萬 8,000 美元的收入。

　　為什麼是 3.5％？在未來，你的股票與債券的多元分散投資組合報酬率很可能就超過 3.5％，但是我建議限制提領率的

---

* 作者注：我在第九版建議用「4.5％解決方案」，是因為當年的債券票面利率比 2020 年代初期的實際情況高出許多。

理由有兩項。第一，你必須讓每個月的給付金額在通貨膨脹率之下隨著時間增加；第二，你需要確定可以安然度過幾年不可避免的空頭市場，股市可能會在特定時間重挫。

我們先看看 3.5％這個數字是怎麼得來的。我們在第 13 章中提到，股票可望每年創造大約 6％的長期報酬率，多元分散的債券投資組合，包含一大部分的債券替代商品，可能會產生 4％左右的報酬。因此我們可以預測，一半股票一半債券的平衡組合每年可以產生大約 5％的報酬。現在，假設長期通貨膨脹率是 1.5％，換句話說，整體投資基金必須每年上漲 1.5％才能保持購買力。所以，在正常的一年中，投資人將花費 3.5％的資金，而儲蓄金額將增加 1.5％。到了隔年，花費後的金額也同樣增加 1.5％，這樣一來，退休人士仍然可以購買相同市場中的物品。支出低於投資組合的整體報酬，就可以同時保有投資資金與年金所得的購買力。計算通則是，先估計投資基金的報酬，再減去通貨膨脹率，以決定可維持的支出水準。如果每年的通貨膨脹率如同聯準會的目標維持在 2％，那 3％的支出率會更為恰當。

將支出率設定在整體資金的預估報酬率之下，還有第二個理由。股票與債券的實際報酬每年變化很大，股票的長期報酬平均為 6％，但某幾年報酬會比較高，而某些年可能出現負成長。假設你在 65 歲時退休，卻遇到像 2008 年與 2009 年股價腰斬的嚴重空頭市場，而你每年提領 6％，儲蓄很可能會在 10

年內用盡。但是，如果你只提領 3.5％，即使活到 100 歲，也不會把錢用光。保守的支出率可以讓你有更高的機率絕不會把積蓄用完。因此，如果你還沒有達到退休年齡，請慎重考慮盡力儲蓄，這樣你到退休時，即使提領率壓低，仍然可以過著舒適的生活。

我們的退休規則還需要增加三項說明。首先，為了使提領金額隨著時間經過逐漸趨於平穩，不論你的投資資金在每年年初時達到多少，都不要只是白白花費 3.5％。由於市場會波動，每年你的花費遠比市場更不平穩也更不可靠，我的建議是一開始花費 3.5％的退休基金，然後讓你提領的錢每年成長 1.5 到 2％。這會使你在退休時所得到的收入金額趨於平穩。

其次，你會發現債券與債券替代商品的利息收入以及股票的股息，很可能會比你想要提領的 3.5％還要少，因此你必須決定要先利用哪一項資產。你應該根據資產組合的目標，賣出比重過重的部位。假設股市大漲，一開始的股債比例 50％與 50％開始傾向一側，變成 60％股票與 40％債券，你可能會很高興股票的績效表現亮麗，但你也應該擔心整體投資組合風險變大。請從投資組合的股票部位中抽走所需的多餘資金，如此一來，就可以調整資產配置，同時產生一些需要的收入。即使你不需要利用投資組合作為提領退休花費的資金來源，我還是建議你每年做一次投資組合再平衡，讓投資組合的風險和你的風險承受度保持一致。

　　第三，發展資產策略，盡量延後支付所得稅。當你開始從個人退休帳戶或 401(k) 帳戶提領聯邦政府要求的規定最低存款，你應該先花這些錢，再來動用其他帳戶。在應稅帳戶中，你已經為投資產生的股利、利息與實現的資本利得繳納所得稅，所以接下來當然應該花掉這些錢。或者，如果你還沒有達到必須開始提取規定最低存款的 70 歲 6 個月，你甚至應該要先用掉這些錢。接下來才是花掉其他遞延課稅的資產。如果你的遺產可能會列入繼承人名下，那就最後才動用羅斯個人退休帳戶。這些帳戶沒有提領規定，而且帳戶裡的資產會繼續累積免課稅的獲利。所以，總結而言，最後再動羅斯個人退休帳戶裡的錢。

　　沒有人可以保證我建議的規則可以讓你在有生之年用不完積蓄，而且根據你的健康狀況以及其他收入與資產，你可能會想要微調我的規則。如果你發現自己已經年屆 80 歲，每年可以提領 3.5％的退休金，而且擁有持續成長的投資組合，除非你深信醫療科學終將發現青春之泉，你還會活更久，不然就該考慮放鬆對財務的掌控。

第 15 章

進軍股市三大步

年收入 20 鎊，年支出 19.96 鎊，生活愉快；年收入 20 鎊，年
支出 20.06 鎊，生活愁苦。

——查爾斯·狄更斯（Charles Dickens）

《塊肉餘生錄》（*David Copperfield*）

本章要推薦特定的投資工具與購買股票的原則，以協助你
按照第 14 章的規劃來投資。到目前為止，你已經對稅務、購
屋、保險，以及如何運用手中現金做出明智的抉擇。你已經檢
討過投資目標、所處的人生階段、看待風險的態度，並決定好
投資在股市的比重。現在應該是簡單禱告，並開始大膽採取行
動的時候了，要小心的避開兩旁的陷阱。我建議的投資法能幫
你避免代價高昂的錯誤、不必要的手續費，並且在風險不變的
情況下稍微提高利息。這些方法雖然平凡無奇，但我知道，就
連資產報酬率 1% 的差異，也會決定我們日後是快樂或煩惱。

那麼你該如何買股票呢？基本上有三種方法：我稱為不需
動腦的方法、自助的方法，以及找人代打的方法。

第一種方法是購買廣基型指數型基金或是指數股票型基金

（ETF），追蹤投資組合中不同種類的股票。這種方法的另一項優點是非常簡單，就算你無法一邊漫步一邊嚼口香糖，也會知道怎麼使用這種方法。換句話說，這是讓股票市場帶著你走。對許多投資人，尤其是偏好簡單、低風險投資方式的人而言，我建議遵循市場智慧，採用國內和國外的指數型基金建立整體投資組合。但是，我會建議所有投資人，至少要將投資組合的一部分，特別是退休金部分，投資在指數型基金或 ETF。

　　第二種方法則是自己走進華爾街，挑選想要的股票，或許再加碼特定產業或國家。我建議你把最大筆的資金保留下來，為舒適的退休生活打算，並投資在多元分散的指數型基金投資組合上。但是，如果你想拿一些額外、可負擔的閒錢冒險，也很享受選股的樂趣，我已經提供一系列規則，可以幫你提高一點勝算。

　　第三種方法則是你可以好整以暇的選擇一位專業投資顧問，讓他代替你漫步華爾街。專業顧問有能力選擇最適合你的風險承受能力與風險承受意願的投資組合，也有能力確保你取得廣泛分散投資的利益。遺憾的是，多數投資顧問的收費都很昂貴，而且常牽涉到利益衝突的問題。幸好，目前有不少新一代低成本的顧問可供選擇。這些顧問經常使用自動化技術，來管理多元分散的指數型基金投資組合，而且收費非常低廉。稍後在本章中，我將會詳細說明。

　　我在本書先前的版本中提出「墨基爾策略」（Malkiel

Step），也就是以折價買進封閉型基金，讓基金價格低於所持有股票的價格。本書第一版出版時，美國股票型基金的折價甚至高達 40％。由於市場訂價的效率提高，這些基金現在的折價已經很小，但是某些類型的基金也有吸引人的折扣，特別是國外的基金，精明的投資人可加以利用。稍後，我也會在本書附錄列出有時可以撿到便宜的封閉型基金建議。

不需動腦的方法：購買指數型基金

標準普爾 500 指數代表美國股票四分之三左右的成交值，它的長期績效打敗大多數股市專家。購買這個指數中所有股票的投資組合是一種簡單的持股方法。我在本書 1973 年的第一版中就主張，小額投資人非常需要這種方法：

> 我們需要不收佣金、管理費低廉的共同基金，這種基金只投資在構成廣泛股市指數的數百種股票，不會為了找出贏家而頻頻換股操作。每當任何共同基金績效低於市場平均值時，基金發言人就急著指出：「你不可能買到市場平均指數。」現在該是投資大眾能買到這種基金的時候了。

當時，書出版後不久，指數型基金的觀念開始流行。資本

主義的一大優點是，只要市場需要某種產品，就會有人設法生產。1976 年，第一個接受一般大眾進行指數投資的共同基金誕生了。先鋒 500 指數型基金（Vanguard 500 Index Trust）投資標準普爾 500 指數中的 500 種股票，當中每檔個股的比例和它們在指數中的比例相同。每位投資人按持股比例分攤股息與資本利得或損失。現在，許多共同基金公司都提供標準普爾 500 指數型基金，而且費率只占資產比例 0.05％以下，比大多數主動式的共同基金還低得多，有些指數型基金甚至不收費。你現在可以很容易用低廉的價格購買指數型基金。你也可以購買道富全球投資管理（State Street Global Advisors）、貝萊德（BlackRock）和先鋒所提供的標準普爾 500 指數 ETF。

這項策略背後的邏輯是效率市場理論。即使市場並非極具效率，指數仍然是十分有用的投資策略。由於市場中所有股票都必須由某個人持有，因此可以推論市場中所有投資人平均會賺得市場報酬率。指數型基金以最低的費用獲得市場報酬率；一般主動式基金每年的費率大約是 1％。所以一般主動式基金所得到的報酬無法勝過股市整體的報酬，就是差在這筆會從總報酬扣除的管理費用。即使市場沒有效率，一般主動式基金還是會被管理費用拉低報酬。

本書前幾章提出的許多研究都證實，標準普爾 500 指數的表現長期優於共同基金與法人的平均績效。當然，還是有例外，只是績效明顯勝過指數型基金的共同基金實在屈指可數。

投資指數型基金

我們來總結採用指數型基金作為主要投資工具的好處。指數型基金的報酬率經常比主動式基金高，主要的兩項原因在於管理費用與交易成本。指數型基金或 ETF 的管理費近乎 0％，一般基金每年的管理費平均是 1％。還有，指數型基金只會在必要時才進行買賣，而許多主動式基金的周轉率通常接近100％，這樣的周轉率所產生的交易成本，就算保守估算也會拖累績效。即使股市不是完全有效率的在運作，整體而言，主動式基金所得到的報酬，也無法勝過股市整體的報酬，因此平均而言，主動式基金的績效低於股票指數，在於管理費用與交易成本帶來劣勢。不幸的是，這些主動式基金的經理人不能像廣播界名人加里森‧凱樂（Garrison Keillor）所杜撰的家鄉渥布岡湖，在那裡「所有孩童的身高都高過平均值」。

指數型基金還有節稅的好處，可以讓投資人延後實現資本利得，如果當作遺產還可以完全避免資本利得。根據股票長期向上的走勢，買賣股票將實現資本利得，因而產生所得稅負擔。所得稅是理財時要考量的重點，因為愈早實現資本利得將會大幅降低淨報酬。投資指數型基金並不會經常換股操作，因此可以避免資本利得的稅金。

指數型基金相對比較可以預測。購買主動式基金時，你無法確定買的基金相對於其他同類基金的表現如何。如果購買指數型基金，你知道它會和它追蹤的指數十分接近，並且將輕易

擊敗一般的基金經理人。還有,指數型基金總是百分之百投入標的。主動式基金的經理人宣稱會在正確的時機把投資轉為現金,你不應該相信他們,因為我們已經知道適時進出股市的策略無效。最後,指數型基金比較容易評價。市場上有超過5,000 檔股票型基金,投資人無法預測哪些基金未來的表現比較好。指數型基金沒有這種問題,你知道自己會得到什麼樣的報酬,投資因此變得非常簡單。

　　不過,投資人可能依然堅信卓越的基金經理人的確存在,儘管所有證據都指出相反的情況。所以,我必須指出基金經理人還有兩個問題有待解決。第一,顯然這種技巧相當罕見;第二,沒有一套有效的方法可以在這種稀有技巧公開前把它找出來。如同我在第 7 章指出,在某段期間表現最佳的基金,並不

「從高樓上一躍而下感覺很棒,
但是你的表現能打敗標準普爾 500 指數嗎?」

© 2002 by Thomas Cheney: Reprinted with permission

見得在下一段期間也表現出色。這十年間名列前矛的基金，到下一個十年就跌出榜外。保羅・薩繆爾遜（Paul Samuelson）如此詮釋這種困境：如果我們能用實證說明 20 個酗酒的人當中，有 1 個能夠學會適量飲酒，那麼，有經驗的醫生會告訴你：「就算這是真的，也要當成假的，因為你永遠沒辦法在 20 人當中挑出能夠學會適量飲酒的人，在你找到他之前，20 人當中已經有 5 人被毀了。」所以，薩繆爾遜說，投資人大可不必大海撈針了。

法人之間的股票交易就像等長運動（isometric exercise），在耗費許多精力之餘，彼此的努力還會互相抵消，交易成本也會把績效往下拉。專業資產管理人就像賽狗場裡的靈緹，永遠跑不贏機械兔子。難怪許多法人都選擇把大部分資金投入指數型基金。

那麼你呢？你買進指數型基金，就無法在高爾夫球場上吹噓自己選到股市贏家而大賺一筆的輝煌成就了。廣泛分散投資的規則可以消除慘重損失的可能，但當然也消除超高報酬的機會，所以許多華爾街評論家稱投資指數型基金為「保證平庸」。但是，經驗告訴我們，購買指數型基金可能得到比一般基金更高的報酬，因為高額顧問費與頻繁轉換標的所產生的手續費，都會降低投資報酬。但是，許多人卻覺得這種保證每次平手的股市遊戲相當有吸引力。當然，買進指數型基金的策略不是毫無風險，當股市下跌時，你的投資組合必定也會隨著下跌。

對小額投資人而言，投資指數還有其他優點。它讓你用很少的錢，就能廣泛分散投資，並降低手續費支出。指數型基金可以幫你收取它持有個股的所有股利，然後每季開一張支票把收入分給你，你也可以選擇把這筆錢再投資進去。簡單來說，指數型基金是一種明智方便的投資工具，不費吹灰之力，就能用低廉的費用得到市場報酬率。除此之外，投資指數型基金也比投資主動式基金更能節稅。

投資更廣泛的指數

我在本書 1973 年的第一版時就鼓吹指數投資策略，當時指數型基金根本還沒有誕生，但是很顯然這個觀念現在已經成熟了。目前最廣為使用的指數是標準普爾 500 指數，它相當完整的代表美國股市的大型公司。我仍然推薦「指數投資」或是所謂的「被動投資」，但是有些人誤以為指數投資就是投資標準普爾 500 指數，這樣的定義太狹隘。標準普爾 500 指數不包含成千上萬在經濟界很活躍的小公司。因此，現在我認為，如果投資人只買一種美國指數型基金，最能模擬美國市場的更廣泛指數是羅素 3000 指數、美國道瓊威爾夏 5000 指數（Wilshire 5000 Total Market Index）、CRSP 指數（CRSP Index）或者是 MSCI 美國市場指數（MSCI U.S. Broad Market Index），而不是標準普爾 500 指數。

近 90 年來股市的歷史顯示，總體而言，小型股的表現常

常優於大型股。舉例來說，根據長期歷史紀錄，小型股的投資
組合年報酬率約為 12％，而大型股（好比標準普爾 500 指數
的成分股）報酬只有 10％左右。雖然小型股的風險比大型績
優股還要高，但是重點是，完全多元分散的小型公司投資組
合，報酬很可能特別高。基於這一點，我主張投資可以廣泛代
表美國公司的指數，它們的成分股中包含許多小型、有活力，
可能正處於成長初期的公司。

　　標準普爾 500 代表美國在外流通股票 75 ～ 80％的市值，
其他數千間公司則占剩下市值的 20 ～ 25％，這些公司多半是
處於成長期的公司，能產生比較高的投資報酬，風險也比較
高。CRSP 美國整體股市指數（CRSP U.S. Total Stock Market
Index）包含所有公開交易的美國股票，羅素 3000 指數與
MSCI 指數由市場上最小型、變現率極低的股票以外的股票所
組成。有許多種共同基金是以這些廣泛的指數為主，這些基金
通常稱為「整體股市投資組合」（Total Stock Market Portfolio），
這些整體股市指數型基金的報酬，一直以來都比一般股票型共
同基金經理人的績效更好。

　　還有，買指數不像慈善事業，博愛不需要始於家門。第 8
章提過，透過在投資組合中加入房地產部位、債券或是類似債
券的證券，例如抗通膨國庫券，就可以廣泛的實現跨國的投
資，並且降低風險，這是現代投資理論的基本原則。因此，投
資人絕對不應該只買一檔美國股市指數型基金，而不持有其他

證券。但是，我這樣說不是反對指數型基金，因為目前市場上也有追蹤國際指數的指數型基金，例如，代表歐洲、澳洲、遠東的 MSCI 歐澳遠東指數、MSCI 新興市場指數（MSCI Emerging-Markets Index），以及持有不動產投資信託或公司債與政府債的指數型基金。

投資人犯下的最大錯誤之一，正是沒有充分做好跨國分散投資，因為美國經濟只占大約三分之一的全球經濟。可以肯定的是，美國整體股市投資組合確實提供全球分散投資的好處，因為許多跨國的美國公司，在海外都有相當龐大的事業。但是，全球新興市場，例如中國與印度，一直都以超越已開發經濟體的速度成長。因此，你會從以下的建議中注意到，我提議把投資組合的一大部分投資到新興市場。

中國以外的新興市場人口通常比已開發國家年輕，而擁有較年輕人口的經濟體通常會享受較快速的成長率。此外，以2022 年來說，這些經濟體的評價水準比美國更吸引人。我們已經指出，週期性調整本益比（CAPE）通常能夠準確預測已開發市場的長期股票報酬率，而這樣的評價方式在新興市場也成立。2022 年，新興市場的 CAPE 還低於 12，大約只有美國的一半。如果能以那麼低的評價水準購買股票，未來的長期報酬通常很優渥。

儘管新興市場的效率不可能比得上已開發市場，而且進入新興市場的成本和在這類市場交易的成本都很高，但是，指數

投資策略在新興市場的應用也極端有效。新興市場主動式基金的費用率比已開發市場的主動式基金高很多。此外，新興市場的流動性較低，交易成本則較高。因此，在考慮所有費用後，指數化的確是應對新興市場的絕佳投資策略。標準普爾公司在 2021 年提出報告說明，在此之前的 20 年期間，超過 95％的新興市場主動式股票基金的績效，落後標準普爾／國際金融新興市場指數（S&P ／ IFCI EM Index）。

利用特殊指數型基金建立投資組合

　　表 15-1 列出某些特殊指數型基金，投資人可以用來建立自己的投資組合。表中列出的投資比例適合 50 幾歲的年齡層。其他年齡層的投資人只要調整持有比例，也可以使用同樣的標的來建立投資組合。你也可以依據自己看待風險的態度，調整投資比重。為了追求較高報酬而願意承擔較高風險的投資人，可以增加股票的比重；需要靠投資收入生活的投資人，可以增加不動產投資信託與股利成長股的比重，因為這些標的提供的經常收益（current income）比較高。

　　另外請記住，在此，我假設你是透過節稅退休計畫持有你的多數（甚至全部）證券。所有債券投資部位都應該放在退休帳戶中，如果不放在退休帳戶內，你或許該考慮購買免稅債券，而非課稅證券。此外，如果你的股票部位放在要課稅的帳戶內，你或許可以考慮接下來要提到的投資虧損節稅策略

表 15-1　50 幾歲投資人的指數型基金投資組合

現金（5%）＊

　　　　富達政府貨幣市場基金（SPAXX）或
　　　　先鋒聯邦貨幣市場基金（VMFXX）

債券與債券替代商品（27.5%）†

　7.5%　先鋒長期公司債指數 ETF（VCLT）或
　　　　iShares 公司債基金（LQD）
　7.5%　先鋒新興市場政府債券基金（VGAVX）
　12.5%　WisdomTree 高品質股利成長 ETF（DGRW）或
　　　　先鋒股利成長基金（VDIGX）†

房地產證券（12.5%）

　　　　先鋒 REIT 指數型基金（VGSLX）或
　　　　富達房地產指數型基金（FSRNX）

股票（55%）

　27%　美國股票
　　　　嘉信整體股市指數型基金（SWTSX）或
　　　　先鋒整體股市指數型基金（VTSAX）
　14%　已開發國家股市
　　　　嘉信國際指數型基金（SWISX）或
　　　　先鋒已開發市場指數型基金（VTMGX）
　14%　新興國際市場
　　　　先鋒新興市場指數型基金（VEMBX）或
　　　　富達新興市場指數型基金（FPADX）

＊ 可用短期債券基金取代表列其中一檔貨幣市場基金。
† 我建議投資人考慮將部分債券投資投入抗通膨國庫券，雖然它不是指數型基金。在 2022 年，美國儲蓄債券也是不錯的投資選擇。或是也可以考慮股息成長基金和公司債基金，雖然也不是標準的指數型基金。

（tax-loss harvesting）。最後，請注意我列出不同基金公司所提供的指數型基金，讓你自行選擇。由於我和先鋒集團合作甚久，我希望多介紹先鋒集團以外的基金。表中所列的基金都具有收費低、免收佣金的特色，詳細資訊、電話號碼與網址請參見本章後收錄的附錄。這些共同基金也可以用 ETF 替代。

ETF 與稅金

　　前面說過，被動式的投資組合管理（也就是簡單買進並持有指數型基金）的一項好處是，交易成本與稅金可以降到最低。史丹佛大學的兩位經濟學家喬伊‧狄克森（Joel Dickson）與約翰‧修文（John Shoven）告訴我們，稅務考量是財務規劃的重要關鍵。他們使用包含 62 家共同基金的長期資料樣本並發現，如果不計入稅金，1962 年的 1 美元投資會成長到 1992 年的 21.89 美元。然而，一旦計入股息與資本利得的稅金後，高稅率級距投資人投資 1 美元到共同基金裡，資金只會成長為 9.87 美元。

　　投資指數型基金可為我們解決大部分的稅金問題。因為投資人不用經常換股操作，可以避開資本利得稅。然而，指數型基金還是有可能因為產生資本利得而被課稅，只是通常是在不得已的狀況下才會發生，例如指數中的公司被併購，或是基金被迫出售持股（投資人要贖回持份，基金只好賣股票換現金）。因此，即使是指數型基金，也不是達成稅金極小化的完美解答。

　　ETF 當中，俗稱「蜘蛛」（spiders）的標準普爾 500 指數
型基金與俗稱「毒蛇」（vipers）的整體股市基金，比一般指數
型基金更能節稅，因為它們能夠利用「現物贖回」（in-kind
redemptions）。這種贖回方式是將成本比較低的股票先用來支
應贖回要求，因為贖回對基金而言不是課稅交易，並不會產生
需要分配給其他股東的資本利得。還有，贖回 ETF 的投資人
是依照原先購買的成本來計算所得稅，而不是按基金贖回時的
價格來計算。此外，ETF 的費用也是最低。各種 ETF 不僅適
用於美國股市，也適用於國外股市。對於想要一次投資就把資
金分配到許多檔指數型基金的人而言，ETF 是絕佳工具。

　　但是，投資 ETF 需要支付交易成本，包括券商的手續
費，*以及買賣價差，免佣金的指數型共同基金比較適合長時間
小額購買的投資人。我建議避免買賣 ETF，也同意先鋒集團創
辦人伯格的看法，他說：「投資人短線進出 ETF 就是在割自己
的喉嚨。」如果你很想這麼做，就應該效法小女孩馬菲特，遠
遠躲開「蜘蛛」和它的同類。†

　　如果你想要一套簡單、經過時間驗證的方法，來取得卓越
的投資成果，可以讀到這裡為止。我所列出的指數型基金或

---

* 作者注：許多折扣券商會提供免手續費的ETF。如此一來，持有ETF並自動
　將股利再投入，就可以達到和投資共同基金一樣的效果。
† 編注：出自美國童謠，內容描述一個坐在矮凳上喝牛奶的女孩，被一隻蜘蛛
　嚇跑了。

表 15-2　ETF 建議

	代碼	費率
整體美國股市		
先鋒整體股票市場指數型基金	VTI	0.03%
SPDR 整體股票市場基金	SPTM	0.03%
已開發市場（歐澳遠東指數）		
先鋒歐洲太平洋	VEA	0.05%
iShares 核心 MSCI 國際已開發市場基金	IDEV	0.07%
SPDR 已開發國家不含美國基金	SPDW	0.04%
新興市場		
先鋒新興市場基金	VWO	0.10%
SPDR 投資組合新興市場指數型基金	SPEM	0.11%
iShares MSCI 新興市場指數型基金	IEMG	0.11%
全世界（美國除外）		
先鋒富時整體世界不含美國指數型基金	VEU	0.08%
SPDR MSCI 整體世界不含美國指數型基金	CWI	0.30%
Shares MSCI 核心整體國際股票市場指數型基金	IXUS	0.09%
整體世界（包括美國）		
先鋒整體世界股票指數型基金	VT	0.04%
iShares MSCI 整體世界指數型基金	ACWI	0.32%
美國債市 *		
先鋒整體公司債基金	VTC	0.05%
iShares 公司債券指數型基金	LQD	0.14%
嘉信美國綜合債券指數型基金	SCHZ	0.04%

* 投資帳戶需課稅的投資人，應該考慮附錄中列出的封閉式地方政府債券基金。

ETF 會提供廣泛分散投資、節稅與費用低廉的效果。如果你想要購買以市場上不同產業為主的個股與基金，請採用法人愈來愈常執行的那一套方法，也就是依照建議的投資方向將投資組合的核心指數化，然後用額外的資金進行積極投資。擁有堅強的指數型基金核心，你的投資風險就會遠低於主動式投資組合，而且即使犯下一些錯誤，也不會是致命的錯誤。

自助的方法：有效的選股規則

我建議散戶與法人採用指數投資的策略，來處理退休儲蓄等攸關重大的投資資金。然而，我也承認，很多人可能會覺得將整個投資組合指數化太過乏味。如果你有一些能夠承擔風險的額外資金，或許可以利用自己的步驟（與機智）來選擇一些贏家型股票。這些自助步驟可以提供堅持自己操作的投資人一些參考價值。

由於從小同樣受賭博衝動所折磨，我非常了解為什麼有這麼多人渴望親自挑出贏家，而且對於保證可以獲得市場平均報酬的投資不感興趣。問題在於，自己投資是勞心費事的行為，很少人能持續成功。但是，對於那些把投資視為遊戲的人，我將示範一項明智的策略，至少也可以幫助降低選股風險。

在運用我的投資策略之前，你要先知道該從哪裡取得投資資訊。大部分投資資訊可以從公共圖書館中得到。除此之外，

你還必須積極閱讀報紙金融版，尤其是《紐約時報》與《華爾街日報》。週刊方面，《霸榮》是必讀的刊物，而財經雜誌《彭博商業周刊》、《財星》和《富比士》等也對於增進投資概念很有助益。大型投資顧問公司的服務也會有幫助，你應該設法取得標準普爾公司的《展望》（*Outlook*）、價值線（Value Line）的《投資調查》（*Investment Survey*）以及晨星的資料。最後，網路上有豐富的資訊，包括分析師的建議。

　　我在 50 年前寫的本書第一版中，提出四項成功選股的規則，我發現它們到現在仍然一樣好用。這些規則我在前幾章都已經提過，現在我把它們再次條列整理並簡單說明如下：

規則 1：只購買至少能維持五年盈餘成長超過平均值的股票

　　挑出盈餘成長的股票雖然極為困難，卻是股市致勝的關鍵。持續的成長不僅能增加公司的盈餘與股利，也增加市場願意為這樣的盈餘數字付出的本益比。因此，買到盈餘快速成長的股票會有雙重好處，盈餘與本益比都增加。

規則 2：不要購買股價高於合理內在價值的股票

　　雖然我很確信你絕對無法正確推測一檔股票真正的內在價值，但我相信你應該可以大略衡量一檔股票的合理股價，市場的本益比就是很好的起點。你買進的股票應該要和這個標準相

符，至少不能高出太多。找出成長潛力尚未被市場發現、本益比還不高的股票。當成長真的兌現，你就有雙倍獲利，盈餘與本益比皆上漲。你得小心本益比極高、多年成長已經反映在價格中的股票。如果它的盈餘不增反減，你可會面臨雙重麻煩，因為本益比會和盈餘一起下滑。只要遵守這個規則，你就可以避免在 2000 年初購買天價高科技股票的投資人所犯的錯誤，不會像他們一樣遭受沉重損失。

請注意，這個策略雖然看來像目前流行的「買進低本益比股票」策略，但我沒有要為這種方法背書。在我的規則中，買進本益比略高於市場平均值的股票一樣沒有問題，只要公司的成長展望大幅高於平均值就好。你可以稱這種策略為修正版的買進低本益比股票策略，要買就買本益比相對於成長展望低的股票。只要你能夠正確的挑出成長優於平均值的公司，就會得到優於平均報酬的獎賞。

規則 3：購買有故事題材的股票，可以讓投資人建築空中樓閣

第 2 章強調過心理因素對決定股價的重要性。散戶與法人可不是會算本益比、直接複製買賣指令的電腦。他們是有情緒波動的人類，在做投資決策時受到貪婪、賭性、希望、恐懼所左右。所以，成功的投資才會需要同樣優秀的智力與心理。當然，市場也不全然主觀；當股票成長的態勢形成後，一定會吸

引跟隨者。只是股票也和人一樣，某些股票就是比較有吸引力，冷門的股票原來本益比的漲幅就會比較小。成功的要訣是走向其他投資人想要去的地方，並且提早幾個月報到。所以你得反問自己，你的股票題材是否能抓住大眾的想像力，散播有感染力的夢想？它能讓投資人建築空中樓閣，而那個空中樓閣的基礎真實穩固嗎？

規則 4 ：盡可能減少進出

　　我同意華爾街的格言「汰弱留強」，但不是因為我相信技術分析。頻繁換股沒什麼好處，只會在獲利了結時增加稅金。而且我並沒有說「絕對不賣賺錢的股票」，因為促使你買股票的環境可能改變，特別是在市場狂熱的時候，你手上許多成功的成長股可能漲過頭，在你的投資組合裡占比過重，就像1999 ～ 2000 年的網路投機泡沫一樣。但是，要找到最佳的出售時機相當難，而且可能涉及沉重的稅金成本。我的投資哲學是盡可能減少買賣次數，但對弱勢股不必留情。每年年底我都會把產生虧損的股票賣掉，鮮有例外。選在這個時間賣股是因為，申報所得稅時，虧損可以扣抵一定金額，或者沖抵已經了結的獲利，因此兌現損失能夠降低稅金。如果我所期望的成長將要實現，而且我相信持股表現終將好轉，我就會保持虧損的部位。但是，我不建議在賠錢的情況下坐視不管太久，特別是採取某些立即行動可以節稅的時候。

　　依據效率市場理論，即使採用這些明智的選股原則，也很難擁有優越的績效，非專業投資人面對的困難更多。因為財務報表不盡然能夠信賴，而且一旦故事登上報章雜誌，股價很可能已經完全反映消息。選股就如同飼養血統純正的豪豬，你必須研究再研究，打定主意，然後小心謹慎的進行。在最後的分析階段，即使我希望投資人因為遵循我的建議而成功，但是我心裡明白，選股成功大多是受到幸運女神的眷顧。

　　儘管險阻重重，挑選個股卻是一場迷人的遊戲。我相信上述規則能增加你的勝算，幫你避開高本益比或是根本不賺錢的高風險個股。如果你還是偏好自行選股，別忘了，還有許多投資人也在玩同樣的遊戲，包括專家在內，任何人能持續擊敗市場的機會都很小。然而對大多數人而言，猜贏市場是一場有趣得讓人欲罷不能的遊戲。即使你知道自己的表現不會比平均值好太多，但我相信，大部分天性投機的投資人仍然會繼續拿出部分資金加入遊戲，所以這些規則起碼可以讓你在玩遊戲的同時大幅限制風險。

　　如果你想要自行選股，我強烈建議採用混和策略，將投資組合的核心部位指數化，只用可以承擔較高風險的資金來選股。如果你的退休基金大部分都投入廣泛的指數部位，股票投資也分散投資在債券與房地產，在主要投資安全無虞的情況下，你可以安心的購買個股。

找人代打的方法：雇用華爾街專家

　　要在隨機漫步投資中賭博，還有一種更簡單的方式，你不必挑出贏家（股票），只要選出最好的教練（資產管理人）。這些「教練」就是主動式共同基金的經理人，而且數千人當中任君挑選。

　　我在本書前幾版中提出幾個人，都是長期以來紀錄輝煌的基金經理人，我也大略列出他們的投資風格。這些經理人是極少數長期下來能擊敗市場的能手，但是我現在不再列舉人名的原因有二項。

　　第一，除了華倫·巴菲特之外，那些基金經理人已經不再管理基金，而且現在巴菲特也已經 90 多歲了；即使巴菲特都曾在 2013 ～ 2022 年間發生績效落後標準普爾 500 指數的狀況，而他目前是指數化投資策略的忠實支持者。第二項理由是，我愈來愈相信，基金經理人過去的紀錄根本不足以預測未來的成功。持續表現優越的少數案例出現的機率，不比單純靠機會的機率還要高。

　　我研究過 50 多年來共同基金績效的持續性，結論是，購買目前紀錄最佳的基金，並不能保證投資人可以得到高於平均值的報酬。我曾經測試過以下做法：在每年年初依據過去 12 個月、5 年與 10 年的紀錄把基金排名，接下來再分別假設投資人購買前 10 名、前 20 名的基金，以此類推。結果是，投資人

根本不可能靠著購買過去表現最好的基金而持續擊敗市場。

我還測試過另一項策略：購買知名財經雜誌或理財顧問推薦的基金。這些基金績效的研究測試，以及本書第二部提及的學術研究都清楚的告訴我們，你不能期望優異績效能持續到未來。事實上，某時期的熱門基金，下一期的表現通常不佳。

有沒有任何方法能選出一檔主動式共同基金，而它有可能締造優於平均績效的報酬？多年來，我做過很多共同基金的報酬研究，希望能找出某些基金績效領先其他基金的原因。誠如先前的說明，過往績效無助於預測未來的報酬。最能準確預測未來績效的兩項變數是費用率與周轉率。高費用率與高周轉率會壓低報酬，尤其如果投資人是透過應稅帳戶持有這些基金，稅後報酬率被壓得更低。績效最優異的主動式基金多半只收取適中的費用率，而且周轉率很低。投資服務提供者收取的費用愈低，留給投資人的報酬就愈多。誠如先鋒集團創辦人伯格所言，在共同基金產業：「沒付出去的錢就是賺進來的錢。」

標準的投資顧問與自動化投資顧問

如果你謹慎依循本書的建議，根本就不需要找投資顧問幫忙。除非你必須應付各式各樣複雜的稅務或法律問題，否則應該有能力自行完成必要的分散投資與再平衡策略。你甚至可能會發現，全權處理自己的投資計畫真的非常有趣。

　　投資顧問的問題在於他們的收費通常很貴，而且經常會有利益衝突。很多投資顧問光是為投資人提供開立帳戶、建立適當多元分散的投資組合等服務，就收取每年相當於資產規模至少 1％的費用。根據 PriceMetrix 公司的計算，這個產業的平均收費略高於 1％。不過，多數顧問的最低年費至少為 1,000 ～ 1,500 美元，這表示小型投資人根本就被拒於投資顧問市場的大門之外。當然，除非他們願意支付遠高於自己投資組合規模的 1％費用。此外，某些顧問可能涉及利益衝突的問題，而且他們一定會採用能賺取額外佣金的投資工具。所以，投資人經常被導向一些昂貴、主動式的投資組合，而非低成本的指數型基金。如果你覺得非找投資顧問不可，一定要確認那位顧問是不是只收「純顧問費」，這種顧問不會因為推銷投資商品而獲得額外的報酬，所以，比較有可能制訂完全以投資人利益為重的決策，而非嘉惠他們個人利益的選擇。

　　完全自動化的投資服務不僅提供自動化的投資建議，也完全仰賴網際網路來招攬客戶與開立帳戶。這種顧問不提供面對面諮詢，存款、提款、轉帳、報表（當然還有投資管理作業）等，都是透過網路或行動裝置，以電子形式來進行。首先，我必須先澄清自己可能涉及的利益衝突。我是全自動化投資顧問公司 Wealthfront 公司的投資長，也是 Rebalance 顧問公司投資委員會的一員，這間公司會為客戶提供人類顧問的電話諮詢服務。

　　自動化服務會針對個別客戶的需要，量身訂作適合的投資

組合，這些投資組合會配置到幾項資產類別，以達到分散投資的目的。由於自動化投資服務將投資管理服務的管道簡化，所以能顯著降低收費，例如只收取 0.25％（即 25 個基本點），而且即使是少到只有 500 美元資金的帳戶，也只收取這麼低的費用率。千禧世代與 Z 世代尤其受這類服務吸引，畢竟他們早就習慣透過電子形式訂購或訂閱所有服務，而且很多年輕人覺得跟人類顧問交談很麻煩，在他們心目中，好的服務是方便的服務，而非有互動的服務。

　　自動化服務的流程是先從網路訪談開始。客戶會被問及薪資、稅務狀況、資產與債務等方面的現況。他們會要求客戶提供個人投資目標的相關資訊，還會讓客戶回答許多問題，以便評估風險承擔能力，以及性格上是否能接受市場的波動。客戶還必須說明投資資金是用在退休儲蓄上，或者有其他特殊用途，例如住宅頭期款儲蓄，或是疾病備用金等。客戶在態度問題（attitudinal questions）上的答案愈缺乏一致性，風險承受度就可能愈低。整體風險矩陣（risk matrix）會結合客觀與主觀分數，並加碼風險規避要素的權重。這套方法通常能抵銷投資人高估自身實際風險承受度的傾向，特別是男性投資人。

　　自動化顧問服務鼓勵客戶將其他銀行業務、退休與投資帳戶全部連結到自動化服務帳戶，這麼一來，自動化服務就可以提供和個人整體財務狀況一致的建議。此外，自動化顧問將客戶的所有金融帳戶連結在一起後，也得以提供具體的財務規

劃，以及切合客戶需求的投資管理服務。自動化服務還能針對個別客戶的退休目標，為客戶提供有關長期必要儲蓄金額的適切建議。擬定財務規劃時所需要的全部資料，都是經由電子形式收集。

從一個人的金融帳戶資料與過往的投資行為，便可以清楚得知他的實際支出習慣與看待風險的態度；這些資訊透露的訊息，一定遠比他向傳統財務顧問描述的更加精確。自動化服務將從這些資訊出發，計算出風險分數，並根據分數從一組有效的潛在投資組合中選出最適合的投資組合。自動化服務採用第 8 章說明的現代投資組合理論來選擇最適合的投資標的組合。

自動化顧問在幾項投資管理事務上，比傳統親自接洽型的投資顧問更有效率。多數自動化投資組合大部分是由指數型基金組成，只採用最低成本的指數型基金，而且是透過 ETF 來投資指數型基金。自動化顧問能建構一些確保客戶投資組合自動再平衡的計畫，使客戶持有資產的風險水準和客戶個人的風險偏好維持一致。再平衡作業經常會經由兩種方式完成：一、股息再投資；二、將新存入的現金存款配置到權重低於應有水準的資產類別。自動化程序能輕易判斷何時進行再平衡作業比較理想，也能判斷應該以什麼方式落實再平衡。

自動化顧問所採用的指數型基金已經具備節稅效益，因為這些基金都屬於被動式基金，而且不會實現資本利得；主動式基金經理人則會實現資本利得。此外，利用投資虧損來節稅的

策略能為投資人增加相當可觀的稅後報酬。雖然傳統的投資顧問也為有錢的投資人提供這項服務,但是自動化顧問會經常監控投資組合,所以能更有效運用這項策略為客戶創造利益,同時讓更廣大的客戶群得以享受到這個方法的好處。

利用投資虧損來節稅的策略堪稱稅務管理的皇冠之珠(crown jewel),執行方法是賣掉帳面虧損的投資標的,再買進和這項標的高度相關的不同投資標的來取代。經過調整,就能維持投資組合的風險與報酬特質不變,同時實現的虧損則可用來降低當期稅金。

雖然投資虧損節稅技巧只是遞延繳稅的時間,但投資人可以將節省下來的稅金用來再投資,並且長期累積複利。總之,晚繳稅絕對比早繳稅好。此外,比起你用短期資本損失抵稅時適用的稅率,你的最終長期資本利得稅課稅基礎將會降得更低。而且,根據現行稅法,如果你持有投資組合的目的是要在未來遺贈給繼承人,或是作為慈善捐獻用途,就永遠無須繳稅。

利用投資虧損來節稅的策略牽涉到為了實現損失而將某一檔證券轉換為另一檔證券的作業。不過,這個策略和傳統的指數化作業絲毫不違和。我將在下列例子中,以標準普爾 500 指數來代表市場。(相同的策略也可以用羅素 3000 指數來代表整體股票市場。)我們可以持有一個由 250 檔股票組成的樣本,藉此複製標準普爾 500 指數。選擇這些個股是為了複製產業與指數成份規模,同時將樣本和整體指數的追蹤誤差(tracking error）降到最低。

　　現在，假設大型製藥股的市場價值降低。這時，你可能會認賠賣掉默克的股票，但同時買進輝瑞的股票，如此才能繼續追蹤這檔指數。或者換一個情境來說，當汽車股下跌，你可以賣掉福特，買進通用汽車。如果將這個流程自動化，就能持續搜尋可實現的虧損。證據顯示，利用投資虧損來節稅能使投資人的年度稅後報酬提升不少。

　　賣出未實現虧損的部位所產生的虧損，可抵銷投資組合中其他環節所實現的利益。舉例來說，假定投資人因出售一棟住宅而實現房地產交易利得，或者賣出一檔主動式基金，或是贖回第 11 章說明的多因子 Smart Beta 基金而實現資本利得。這時，如果利用投資虧損來節稅，就能規避原本必須繳納的稅金，可以從所得扣除的淨稅損最高達 3,000 美元。這套方法和整體指數化作業兼容並蓄，而且能為投資人提供可靠的利益。軟體工具特別適合用來處理投資虧損節稅策略的利益最大化作業，因為自動化顧問會 24 小時不間斷的監控投資組合，能充分利用市場的暫時下跌走勢獲取利益。*

---

* 作者注：即使你沒有使用自動化顧問，還是可以自行利用投資虧損來節稅。例如，如果你持有的 MSCI 新興市場 ETF 價格下跌，你可以賣掉這一檔基金，買進先鋒的新興市場 ETF，一方面維持既有的曝險部位，一方面達到抵稅的目的。因為這兩檔 ETF 採用不同的標的指數，所以，這一買一賣的轉換作業並不會抵觸美國國稅局的監理規定。

除了全自動化服務，市面上還有一些混合式服務，也就是採用科技來協助某些功能，但又可提供限量人類顧問個人接觸的服務。先鋒個人顧問服務（Vanguard Personal Advisory Services）提供的投資組合管理服務，同時採用先鋒集團管理的基金與低成本指數化投資標的。先鋒集團的客戶可以透過電話或視訊，和顧問人員直接通話。不過，這種人類顧問接觸服務還是要付費，這項服務每年向投資人收取 0.3%（30 個基本點）的年度管理費，並設有最低投資門檻 5 萬美元，所以，這項服務的管理費與投資門檻水準通常比全自動化服務高。

再平衡顧問公司（Rebalance）是節稅型退休投資組合的專家。這些投資組合是所有投資組合服務中自動化程度最低的（投資組合是由一個投資委員會來挑選）。這間公司強調，隨時待命等候投資人電話聯繫的專屬顧問有很多好處。相關服務的年費是 0.5%（50 個基本點），但是這樣的收費水準還是比提供面對面諮詢服務的傳統顧問典型收費還要低。

折扣券商嘉信證券（Charles Schwab）已導入自家的投資組合服務，稱為嘉信智慧投資組合（Schwab Intelligent Portfolios）。嘉信規定的最低投資門檻是 5,000 美元，而且會根據投資人的年齡與目標，進行投資組合再平衡的作業。雖然表面上看來，這項服務並沒有收取手續費，但是這間公司選擇的投資組合可能包含他們自家發起的基金，而這些基金的費用率通常比單純的市值加權指數型基金還要高很多。不僅如此，嘉信要求投資

組合中必須保有相當高比重的現金。儘管嘉信號稱是自動化服務，但它挑選的投資組合不可能和自動最佳化計畫挑出的投資組合一致。

關於漫步華爾街的最後叮嚀

本書已經接近尾聲。我們來回顧一下先前的內容。顯而易見的，持續打敗平均績效的能力極端罕見。不管是分析一間公司內在價值的「基本面分析」，或是分析市場打造空中樓閣傾向的「技術面分析」，都無法創造可靠的優異成果。就選股的績效來說，射飛鏢選股所獲得的績效，經常讓所謂的專家羞愧得無地自容。

因此，對散戶有利的明智投資政策，應該依循兩個步驟來擬訂。首先，一定要了解可用的風險與報酬的取捨，其次是針對個人的習慣與需求來精選證券。本書第四部已經根據這個環節提供一份審慎的指南，包括稅務規劃、準備金管理以及投資組合配置的生命週期指南等相關熱身練習。這一章的內容涵蓋漫步華爾街的主要工作，說明購買普通股的三個重要步驟。一開始，我先是建議採納一些符合理性效率市場理論的明智策略。我最推薦的是指數投資策略，至少每一個投資組合的核心環節都必須指數化。然而，我也承認，跟投資人說「你永遠不可能打敗平均績效」，就好像告訴六歲孩童「世界上沒有聖誕

老公公」一樣掃興，最後將導致他們失去投資的興致。

　　對於無可救藥的迷戀投機操作的人，也就是堅持自行選擇個股，期望藉此打敗市場的人，建議採納我提出的四個規則。機率不是站在你這邊，不過，你當然還是有可能單純因為幸運而賺大錢。此外，我也高度懷疑市場上存在任何能找出「遺珠」的天才型投資經理人。千萬別忘了，過往的績效紀錄絕對不是推斷未來績效的可靠指南。

　　投資有點像做愛，最終來說，投資真的是一門需要某種天分的藝術，也需要某種稱為運氣的神祕力量出現才能成事。事實上，打敗平均績效的人並不多，而這些人的成功很可能有99％來自運氣。作家拉羅希弗可（La Rochefoucauld）寫道：「它們主要是由機運所造成，多半並非來自偉大的謀劃。」

　　投資遊戲還有另一個重要的層面和做愛很類似：半途而廢實在是太過掃興。如果你擁有辨識超值股票的天分，也擁有足夠的敏銳眼光能辨識出可能吸引他人參與的題材，那麼，讓市場證明你的看法正確的感覺確實很棒。即使你不那麼幸運，我的規則也將幫助你限制風險，避開因這場遊戲而產生的許多痛苦。如果你有把握賺錢，或至少有把握不會虧太多，而且如果你已經至少將投資組合的核心部位指數化，一定能透過這場遊戲獲得更多的滿足感。至少我希望本書能讓你更享受這場遊戲的樂趣。

最後一個例子

　　對我而言，撰寫這本書的眾多版本最有價值的一項特點是，我從投資人那裡收到的許多感謝信。他們告訴我，遵守超過 50 年如一日的簡單建議，結果獲益良多。那些歷久彌新的經驗教訓包含廣泛分散投資、每年重新再平衡、採用指數型基金，以及堅持到底。

　　對投資人而言，21 世紀的第一個十年是最具挑戰性的時刻，連廣泛分散投資、專門投入美國股市的整體股市基金都虧

圖 15-2　廣泛多元分散且每年再平衡的共同基金投資組合

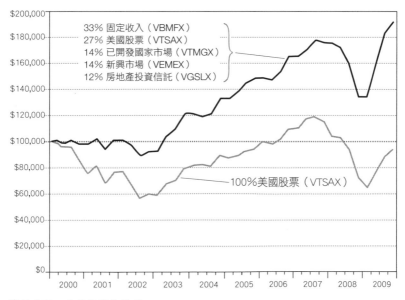

資料來源：先鋒集團與晨星。

損。但是,即使在這個可怕的十年間,遵循我所支持的永恆經
驗教訓,也可以產生令人滿意的成果。圖 15-2 顯示,先鋒整
體股市指數型基金(Vanguard Total Stock Market Fund,代號
VTSAX)的投資並沒有在「失落的十年」產生正報酬。但是,
如果投資人採納我在表 15-1 對 50 幾歲投資人的建議,採用幾
近保守比重的多元分散投資組合,即使處在投資人經歷過的任
何一個最糟糕的十年,將多元分散的投資組合每年再平衡,都
會產生令人相當滿意的報酬。此外,如果投資人也運用定期定
額策略,長期持續將少量資金加入投資組合中,成果甚至會更
好。如果你遵循簡單的規則以及本書主張的永恆教訓,你可能
會做得很好,即使在最艱難的時刻也有不錯的表現。

後記

　　眾多投資人跟隨本書建議，從主動式投資標的中抽走百億、千億資金，改為投入指數型基金。目前指數型基金約占共同基金與 ETF 投資總額的 40％以上。根據晨星的資料顯示，先鋒整體股市指數型基金的資金在 2022 年初即高達 1 兆 3,000億美元，占投資型基金總資金約 10％。這個現象促使主動式基金經理人提出一個新批評，指控指數型基金將會對股票市場與整體經濟造成極大的危險。

　　在華爾街相當受推崇的桑福特伯恩斯坦研究機構（Sanford C. Bernstein）在 2016 年發表一篇長達 47 頁的報告，標題相當聳動：《沉默邁向奴隸之身的道路：為何被動投資法比馬克思主義更糟》（*The Silent Road to Serfdom: Why Passive Investing is Worse than Maxism*）。這篇報告主張，當資本主義市場的投資人一窩蜂被動投資指數型基金，這個市場將比由政府指導所有資本投資的中央計畫式經濟體更糟。他們指控，指數投資會導致資金流向和獲利能力與成長機會等重要考量無關的各種投資標的。他們主張，唯有主動式基金經理人才能確保股票的價格

正確反映各種新資訊。這篇報告也指控，指數投資造成股票的所有權高度集中，程度達到洛克斐勒信託（Rockefeller Trust）時代以來最嚴重的狀態。

如果每個人都只投資指數型基金，未來指數投資活動的規模將繼續成長，並且成長到導致股票發生大規模訂價錯誤的程度嗎？畢竟如果每一個人都採用指數投資，還有誰能確保股價反映出和各個企業前景有關的所有資訊？有誰會換股操作來保持市場的效率？指數投資的矛盾在於，股市需要一些活躍的交易者，他們會分析新資訊、進而採取行動，把股票訂價變得有效率、又有足夠的流動性，讓投資人能夠買進與賣出。活躍交易者的角色帶來正向的影響力，決定證券的價格與資本的分配。

這就是效率市場理論賴以存在的主要邏輯支柱。如果消息的散播暢通無阻，價格將快速做出反應，呼應所有已知的訊息。但矛盾的是，活躍投資人的活動正是使未被發掘的異常獲利機會極度不可能繼續存在的因素。

我曾敘述一位財務學教授和學生在街上發現一張百元美鈔的故事。那位財務學教授大聲推理：「如果那張鈔票是真鈔，老早就被某人撿走了。」幸好那些學生對此存疑，不僅懷疑華爾街的專業人士，也懷疑許多博學的教授，所以他們撿起那張鈔票。

顯然那個財務學教授的立場相當符合邏輯。在一個有非常多明智之士努力搜尋超值機會的市場上，照理說一般人不可能永遠不管放在地上的那張百元美鈔，任由其他人漁翁得利。不

過，歷史告訴我們，無論是在什麼樣的時期，未被發掘的機會永遠都存在，因投機風潮而產生超額訂價的時期也不時出現。早年荷蘭人為了搶購鬱金香鱗莖而不惜付出天價；英國人把金錢揮霍在極度不合理恰當的泡沫上；而現代的基金公司經理人則是努力說服自己相信；有些網路股和其他股票就是不一樣，所以不管怎麼訂價都合理；這些事態眾人皆知。另外，一旦市場被悲觀情緒打敗，就算是封閉式基金這種真正符合基本面的投資機會，也會被投資人視而不見。然而，過度超漲的評價最終都會得到修正，投資人最後還是慢慢趁低買進物超所值的封閉式基金。或許這位財務學教授應該提出這樣的建議：「你最好趕快撿起那一張百元大鈔，因為如果它是真鈔，別人一定會把它撿起來。」

　　主動式基金經理人在誘因的激勵下，藉由收取高額管理費來執行「撿鈔票」的作業。未來他們將為了推銷自家的服務，繼續對外宣稱他們掌握能打敗市場，還擁有超越一般的獨到見解，即使他們實際上根本無法全體實現高於平均市場報酬的績效，完全不像加里森‧凱勒描述的神祕沃布岡湖。事實上，即使主動式基金經理人的比例縮減到總數的 10％ 或 5％，市場上還是有足夠的主動式基金經理人能推動價格反映各項資訊。換句話說，目前的主動式服務還是太多，而非太少。

　　不過，我們來做一個思考實驗，假定每一個人都採用指數投資，導致個股的價格未能反映所有新資訊，那該怎麼辦？假

定一間製藥公司開發出一種新癌症用藥,極可能讓公司的營收與盈餘增加一倍,但它的股價卻未反映這項消息而上漲。在我們這種資本家體系中,交易員或避險基金不積極追高股票價格,也沒有透過錯誤訂價獲取利潤的情況,簡直可說是匪夷所思。在一個自由市場系統,不管有多少投資人採用指數化投資,一心追尋利潤的市場參與者絕對還是會善加利用各種有利可圖的套利機會來謀利,這是可以預期的結果。事實顯示,投資績效低於指數報酬的主動式基金經理人比例隨著時間而變得愈來愈高。儘管指數投資的規模持續成長,股票市場卻變得愈來愈有效率,而非比較沒有效率。

當然,指數投資人都是一些搭便車的人,他們的確因主動操作所帶來的結果而獲利,但又沒有承擔相關的成本。不過,以一個資本家體系來說,搭其他人提供的價格訊號便車,實在稱不上什麼缺陷;這只是這種體系的根本特性罷了。在一個自由市場經濟體,每一個人都因為依賴一系列由他人決定的市場價格而受惠。

隨著指數投資持續成長,所有權愈來愈集中在指數提供者手中的程度確實會上升,而且,這些指數提供者絕對會對股東委託投票的趨勢產生愈來愈大的影響力。他們必定會使用手上的選票來確保企業採取最符合股東利益的行動。根據我長期擔任指數型基金的革命先鋒與領導者先鋒集團董事的經驗,這間管理超過 7 兆 5,000 億美元資產規模的公司從未做出會鼓勵反

競爭（anticompetitive）的投票行為。就我所知，從未有任何指數型基金利用它們的選票，共謀在任何一個產業打造企業聯合行為。

　　即使諸如黑石（Blackstone）、先鋒與道富（State Street）等公司共同持有某個產業所有大型企業的股權，也沒有任何證據顯示它們鼓勵那些大企業採取反競爭作業。事實上，那麼做也不符合它們的利益。這幾間投資公司也控制市場上每一間大型企業非常高比重的普通股，或許當它們聯合起來鼓勵航空公司調漲票價，它們持有的航空公司股票將會漲價；不過，一旦航空公司調漲票價，那些投資公司的投資組合中其他仰賴航空公司來進行商務旅行的企業，將因為成本增加而受害。指數型基金沒有誘因偏袒任何一個產業。事實上，由於指數型基金向來鼓勵企業經營階層採納根據相對績效而非絕對績效來決定薪酬的系統，所以，指數型基金明顯促進所有產業的企業之間的活力競爭。

　　指數型基金能為散戶投資人帶來極大的利益。市場競爭已促使表彰整體市場的指數型基金成本降至趨近於零。所以，現在的散戶比以前更能有效率的為退休儲蓄。指數投資已經改變千百萬名投資人的投資經驗，它提供的效率投資工具可以用來建立多元分散的投資組合，進而幫助投資人為退休儲蓄，並實現其他投資目標。我衷心希望本書能進一步推廣指數型基金，因為它們對整個社會的利益顯而易見。

附錄

基金與ETF投資指南

精精選應稅貨幣市場基金（2022 年 1 月）

	代碼	成立年度	淨資產（10億美元）2022 年	平均到期天數	近期費用率（％）
貝萊德政府貨幣市場基金 Blackrock Government Money Market Fund	MNRSV	1986	$0.11	31	0.50
富達政府貨幣市場基金 Fidelity Government Money Market Fund	SPAXX	1990	$228.58	37	0.15
美國教師退休基金會貨幣市場基金 TIAA-CREF Money Market Fund	TIRXX	2006	$1.40	48	0.22
先鋒主要貨幣市場基金 Vanguard Prime Money Market Fund	VMFXX	1981	$203	44	0.11

精選全美國免稅貨幣市場基金（2022 年 1 月）

	代碼	成立年度	淨資產（10億美元）2022 年	平均到期天數	近期費用率（％）
富達市政貨幣市場基金 Fidelity Municipal Money Market Fund	FTEXX	1980	$4.49	35	0.16
普信免稅貨幣市場基金 T. Rowe Price Tax-Exempt Money Market Fund	PTEXX	1981	$0.42	27	0.22
先鋒免稅貨幣市場基金 Vanguard Tax-Exempt Money Market Fund	VMSXX	1980	$15.73	11	0.15

精選整體股票指數型基金與 ETF（2022 年 1 月）

基金	代號	追蹤指數	成立年度	近期費用率（％）	淨資產（10 億美元）2022 年
富達整體市場指數型基金 Fidelity Total Market Index Fund	FSTVX	道瓊美國整體股票市場	1997	0.04	$54.68
嘉信整體股票市場指數型基金 Schwab Total Stock Market Index	SWTSX	道瓊美國整體股票市場	1999	0.03	$17.24
iShares 整體美國股票市場指數型基金 iShares Total U.S Stock Market Index Fund	BKTSX	羅素 3000 指數	2015	0.03	$2,143.67
先鋒 500 指數旗艦基金 Vanguard 500 Index Admiral	VFIAX	標準普爾 500 指數	2000	0.04	$453.24
先鋒整體股票市場指數旗艦基金 Vanguard Total Stock Market Index Admiral	VTSAX	CRSP 美國整體市場指數	2000	0.04	$1,400
ETF					
iShares 核心標普全美股票 ETF iShares Core S&P Total Stock Market	ITOT	標準普爾整體市場指數	2004	0.03	$41.97
嘉信美國大盤股 ETF Schwab U.S. Large-Cap	SCHX	道瓊美國大型整體股票市場指數	2009	0.03	$30.89

SPDR S & P500 ETF 信託基金 SPDR S&P 500 ETF Trust	SPY	標準普爾 500 指數	1993	0.09	$455.22
SPDR 整體股市 ETF SPDR Total Stock Marke	SPTM	道富整體股票 市場指數	2000	0.03	$6.09
先鋒整體股市 ETF Vanguard Total Stock Market Index	VTI	CRSP 美國整體市場 指數	2001	0.03	$1,260

精選房地產共同基金與 ETF（2022 年 1 月）

基金	代號	成立 年度	近期 費用率 （%）	淨資產 （10 億美元） 2022 年
柯恩史帝爾斯不動產股份基金 Cohen & Steers Realty Shares Fund	CSRSX	1991	0.88	$9.16
美國退休教師基金會房地產證券基金 TIAA-CREF Real Estate Securities Fund	TIREX	2002	0.50	$3.87
先鋒房地產指數型基金 Vanguard Real Estate Index Fund	VGSLX	2001	0.12	$91.36
ETF				
富達 MSCI 房地產指數 ETF Fidelity MSCI Real Estate	FREL	2015	0.09	$2.31
嘉信美國不動產投資信託 ETF Schwab U.S REIT	SCHH	2011	0.07	$7.29
iShares 核心美國不動產投資信託 ETF iShares Cores U.S REIT	USRT	2007	0.08	$2.75
先鋒房地產信託指數基金 Vanguard Real Estate	VNQ	2004	0.12	$83.20

精選國際指數型基金與 ETF（2022 年 1 月）

基金	代號	指數	成立年度	近期費用率（％）	淨資產（10 億美元）2022 年
DFA 國際核心股票基金 DFA International Core Equity Fund	DFIEX	MSCI 世界不含美國指數	2005	0.25	$34.68
富達國際指數型基金 Fidelity International Index Fund	FSPSX	MSCI 歐澳遠東指數	2011	0.04	$41.18
嘉信國際指數型基金 Schwab International Index Fund	SWISX	MSCI 歐澳遠東指數	1997	0.06	$8.91
先鋒已開發市場指數型基金 Vanguard Developed Markets Index Fund	VTMGX	富時已開發市場不含北美指數	1999	0.07	$157.26
先鋒整體國際股票指數型基金旗艦 Vanguard Total International Stock Index Admiral	VTIAX	富時全球全體資本市場不含美國指數	2010	0.11	$404.28
富達新興市場指數型基金 Fidelity Emerging Markets Index Fund	FPADX	MSCI 新興市場指數	2011	0.75	$6.87
ETF					
Shares MSCI 國際核心已開發市場 ETF iShares Core MSCI Intl Developed Markets	IDEV	MSCI 世界不含美國指數	2017	0.07	$6.79

嘉信國際股票 ETF Schwab International Equity	SCHF	富時已開發國家不含美國指數	2009	0.06	$29.17
SPDR 全球已開發市場不含美國 ETF SPDR Developed World ex-US	SPDW	S&P 已開發市場不含美國整體市場 BMI 指數	2007	0.04	$12.74
先鋒國際股票 ETF Vanguard Total International Stock ETF	VXUS	富時全球整體資本市場不含美國指數	2011	0.08	$404.73
先鋒富時全球不含美國 ETF Vanguard FTSE All-World ex-US Index Fund	VEU	富時整體世界不含美國指數	2007	0.08	$53.64
先鋒富時新興市場 ETF Vanguard Emerging Markets	VWO	富時新興市場指數	2005	0.10	$117.28

公司債與外國債券基金與 ETF（2022 年 1 月）

基金	代號	近期費用率（%）	淨資產（10 億美元）2022 年
富達公司債基金 Fidelity Corporate Bond Fund	FCBFX	0.45	$1.37
先鋒新興市場政府債券指數型基金旗艦 Vanguard Emerging Markets Government Bond Index Fund Admiral	VGAVX	0.25	$235.36
先鋒高收益公司債基金旗艦 Vanguard High-Yield Corporate Fund Admiral	VWEAX	0.13	$24.95
先鋒中期公司債指數型基金 Vanguard Intermediate Term Corporate Bond Index Fund	VICSX	0.07	$1.51

ETF			
Invesco 新興市場主權債投資組合 ETF Invesco Emerging Markets Sovereign Debt Portfolio	PCY	0.50	$25.55
SPDR 長期公司債 ETF SPDR Long Term Corporate Bond	SPLB	0.07	$1.05
先鋒新興市場美元政府債指數 ETF Vanguard Emerging Markets Government Bond	VWOB	0.25	$3.27
先鋒美國全體公司債 ETF Vanguard Total Corporate Bond	VTC	0.05	$705.33

股利成長型股票基金與 ETF（2022 年 1 月）

基金	代號	近期 費用率 （%）	淨資產 （10 億美元） 2022 年
WisdomTree 美國優質股利成長基金 WisdomTree U.S. Quality Dividend Growth Fund	DRGW	0.28	$7.10
先鋒股利增長指數型基金 Vanguard Dividend Appreciation Index Fund	VDAIX	0.08	$13.58
先鋒股利成長基金 Vanguard Dividend Growth Fund	VDIGX	0.26	$56.42
先鋒股票收益基金 Vanguard Equity Income Fund	VEIRX	0.19	$52.74
ETF			
iShares 核心高股利 ETF iShares Core High Dividend	HDV	0.08	$7.48
ProShares 標普 500 派息 ETF ProShares S&P 500 Dividend Aristocrats	NOBL	0.35	$6.83

嘉信美國紅利股指數 ETF Schwab US Dividend Equity	SCHD	0.06	$31.28
先鋒高息利指數 ETF Vanguard High Dividend Yield	VYM	0.06	$48.50
WisdomTree 美國大型股股利 ETF WisdomTree U.S. LargeCap Dividend Fund	DLN	0.28	$3.36

精選「Smart Beta」共同基金與 ETF（2022 年 1 月）

基金	代號	成立 年度	近期 費用率 （%）	淨資產 （10 億美元） 2022 年
DFA 美國大型價值股投資組合 DFA US Large Cap Value Portfolio	DFLVX	1993	0.22	$25.47
DFA 美國小型價值股投資組合 DFA US Small Cap Value Portfolio	DFSVX	1993	0.39	$12.70
先鋒價值股指數型基金 Vanguard Value Index Fund	VVIAX	2000	0.05	$140.20
先鋒中型股指數型基金 Vanguard Mid-Cap Index Fund	VSMAX	2000	0.05	$154.08
ETF				
PowerShares 富時 RAFI US 1000 ETF PowerShares FTSE RAFI US 1000 Portfolio	PRF	2005	0.40	$5.65
PowerShares S&P 500 等權重 ETF PowerShares S&P 500 Equal Weight Portfolio	RSP	2003	0.20	$31.26
高盛 ActiveBeta 美國大盤股 ETF Goldman ActiveBeta US Large Cap Equity	GSLC	2015	0.09	$13.25
iShares 核心美國價值 ETF iShares Core S&P US Value	IUSV	2000	0.05	$11.47

AQR 動能 ETF AQR Momentum Fund	AMOMX	2009	0.40	$1.15
PowerShares S&P 500 低波動 PowerShares S&P 500 Low Volatility Fund	SPLV	2011	0.25	$9.15
iShares 標普 600 小型價值 ETF iShares S&P SmallCap 600 Value	IJS	2000	0.25	$4.07
PowerShares 標普 500 純價值 ETF PowerShares S&P 500 Pure Value Portfolio	RPV	2006	0.35	$3.15
Principal 美國超大型股多因子 ETF Principal US Mega-Cap Multi-Factor Index	USMC	2017	0.12	$1.55
先鋒美國多因子 ETF Vanguard US Multifactor	VFMF	2018	0.19	$0.12

精選新興市場封閉式基金，基金價格相對資產價值呈現折價

（2022 年 1 月）

基金名稱（代號）	淨資產 價值 （NAV）	價格	折價 幅度	說明
坦伯頓巨龍基金（TDF） Templeton Dragon	$18.17	$16.64	− 8.5%	香港、中國、台灣
摩根士丹中國基金（CAF） Morgan Stanley China	$21.64	$19.78	− 9.4%	中國
印度基金（IFN） India Fund	$24.33	$22.20	− 8.8%	印度證券
中國基金（CHN） China Fund	$20.00	$18.54	− 7.3%	大中華地區企業股票型證券
墨西哥股權指數型基金（MXE） Mexico Equity Index Fund	$11.31	$9.09	− 19.6%	墨西哥證券
亞伯丁新興市場基金（AEF） Aberdeen Emerging Market	$8.87	$8.10	− 8.7%	所有新興市場

坦伯頓新興市場基金（EMF） Templeton Emerging Market	$18.21	$16.30	−10.5%	所有新興市場

精選市政債券封閉式基金，基金價格相對資產價值呈現折價

（2022 年 1 月）

基金名稱（代號）	淨資產價值（NAV）	價格	折價幅度	說明
貝萊德市政債券收益投資基金(BBF) Blackrock Municipal Income Investment	$15.63	$14.67	−6.1%	全美國
Invesco 市政債券信託基金（VKQ） Invesco Municipal Trust	$13.03	$12.16	−6.7%	全美國
紐文增值市政債券價值基金（NEV） Nuveen Enhanced Municipal Value Fund	$15.61	$15.06	−3.5%	全美國
貝萊德加州市政債券基金（BFZ） Blackrock CA Municipal	$15.60	$14.08	−9.7%	加州
紐文免最低稅負市政信用收益基金（NVG） Nuveen AMT-Free Municipal Credit Income Fund	$17.13	$16.66	−2.7%	全美國
紐文俄州市政收益基金（NUO） Nuveen Ohio Qualified Muni Income Fund	$17.20	$15.61	−2.6%	俄亥俄州
貝萊德賓州市政債券收益基金(MPA) Blackrock PA Municipal Yield	$16.02	$15.61	−2.6%	賓夕法尼亞州
紐文紐約優質市政收益基金（NAN） Nuveen NY Quality Municipal Income Fund	$15.27	$14.11	−7.6%	紐約州
紐文紐澤西優質市政收益基金(NXJ) Nuveen NJ Quality Municipal Income Fund	$16.21	$14.61	−9.9%	紐澤西州

財經企管 BCB798

漫步華爾街（50週年增訂版）
超越股市漲跌的成功投資策略
A Random Walk Down Wall Street: The Best Investment Guide That Money Can Buy

作者 —— 墨基爾 Burton G. Malkiel
譯者 —— 楊美齡、林麗冠、蘇鵬元、陳儀、林俊宏

副社長兼總編輯 —— 吳佩穎
財經館副總監 —— 蘇鵬元
責任編輯 —— 王映茹
封面設計 —— 謝佳穎

出版者 —— 遠見天下文化出版股份有限公司
創辦人 —— 高希均、王力行
遠見・天下文化 事業群榮譽董事長 —— 高希均
遠見・天下文化 事業群董事長 —— 王力行
天下文化社長 —— 王力行
天下文化總經理 —— 鄧瑋羚
國際事務開發部兼版權中心總監 —— 潘欣
法律顧問 —— 理律法律事務所陳長文律師
著作權顧問 —— 魏啟翔律師
社址 —— 臺北市 104 松江路 93 巷 1 號
讀者服務專線 —— 02-2662-0012 | 傳真 —— 02-2662-0007；02-2662-0009
電子郵件信箱 —— cwpc@cwgv.com.tw
直接郵撥帳號 —— 1326703-6 號　遠見天下文化出版股份有限公司

電腦排版 —— bear 工作室
製版廠 —— 中原造像股份有限公司
印刷廠 —— 中原造像股份有限公司
裝訂廠 —— 精益裝訂股份有限公司
登記證 —— 局版台業字第 2517 號
總經銷 —— 大和書報圖書股份有限公司 | 電話 —— 02-8990-2588
出版日期 —— 1996 年 7 月 15 日第一版第一次印行
　　　　　　2023 年 4 月 28 日第八版第一次印行
　　　　　　2024 年 10 月 1 日第八版第七次印行

國家圖書館出版品預行編目（CIP）資料

漫步華爾街：超越股市漲跌的成功投資策略／墨基爾（Burton G. Malkiel）著；楊美齡、林麗冠、蘇鵬元、陳儀、林俊宏譯 .-- 第八版 .-- 臺北市：遠見天下文化，2023.04
504 面；14.8×21 公分 .-- （財經企管；BCB798）

譯自：A Random Walk Down Wall Street: The Best Investment Guide That Money Can Buy

ISBN 978-626-355-188-6（精裝）

1. CST: 投資 2. CST: 證券投資 3. CST: 投資技術

563.5　　　　　　　　　　112005580

定價 —— 700 元
ISBN —— 978-626-355-188-6 | EISBN —— 9786263551954（EPUB）；9786263551961（PDF）
書號 —— BCB798
天下文化官網 —— bookzone.cwgv.com.tw